VOISENON
CONTES
LÉGERS
SUIVIS DES
ANECDOTES LITTÉRAIRES

NOUVELLE ÉDITION, AVEC UNE NOTICE SUR L'AUTEUR

PARIS
E. DENTU, LIBRAIRE-ÉDITEUR
PALAIS-ROYAL, 15-17-19, GALERIE D'ORLÉANS

UN FRANC LE VOLUME BROCHÉ
CARTONNÉ EN TOILE ANGLAISE IMPRIMÉE, **1 FR. 25**

BIBLIOTHÈQUE CHOISIE
DES CHEFS-D'ŒUVRE FRANÇAIS ET ÉTRANGERS
EN VENTE :

ANDRÉ CHÉNIER. Œuvres poétiques	1 vol.
OVIDE. L'art d'aimer. Les Amours	1 vol.
VOLTAIRE. Candide. Zadig et l'Ingénu........	1 vol.
HAMILTON. Histoire amoureuse de la Cour d'Angleterre (Mémoires du Ch^r de Grammont).	1 vol.
XAVIER DE MAISTRE. Œuvres complètes.	1 vol.
BOCCACE. Contes...................	1 vol.
BRILLAT-SAVARIN. Physiologie du goût....	1 vol.
DIDEROT. Contes, Nouvelles et Mélanges.....	1 vol.
P.-L. COURIER. L'ane, Daphnis et Chloé, etc.	1 vol.
SUÉTONE. Rome galante sous les douze Césars	1 vol.
STERNE. Voyage sentimental, etc..........	1 vol.
MARGUERITE DE VALOIS. Contes de la Reine de Navarre	1 vol.
J. DE LA FONTAINE. Contes et nouvelles...	1 vol.
BRANTÔME. Vies des Dames Galantes.......	1 vol.
CHAMFORT & RIVAROL. Œuvres choisies.	1 vol.
MOLIÈRE. Œuvres choisies..............	1 vol.
MIRABEAU. Lettres d'amour à Sophie	1 vol.
BEAUMARCHAIS. Théatre choisi.........	1 vol.
LESAGE. Le Diable Boiteux	1 vol.
GŒTHE. Werther, Hermann et Dorothée	1 vol.

Chaque volume, imprimé avec soin sur beau papier vélin glacé, contient 300 à 350 pages, et environ 10.000 lignes.

EN PRÉPARATION 20 VOLUMES

UN FRANC LE VOLUME

NOUVELLE BIBLIOTHÈQUE CHOISIE
DES ROMANS CONTEMPORAINS
EN VENTE : 140 VOLUMES

Par MM. Alfred Assollant, Élie Berthet, F. du Boisgobey, Champfleury, Jules Claretie, E. Daudet, Charles Deslys, Étienne Énault, Émile Gaboriau, Emmanuel Gonzalès, Lamartine, G. de La Landelle, Auguste Maquet, X. de Montépin, Victor Perceval, Ponson du Terrail, Émile Richebourg, Albéric Second, Paul Saunière, Tony Révillon, André Theuriet, Pierre Zaccone, etc., etc.

BIBLIOTHÈQUE CHOISIE

DES

CHEFS-D'ŒUVRE FRANÇAIS ET ÉTRANGERS

XXI

CONTES LÉGERS

DE

VOISENON

IMP. GEORGES JACOB, — ORLÉANS.

VOISENON

CONTES LÉGERS

SUIVIS DES

ANECDOTES LITTÉRAIRES

Nouvelle édition, avec une notice sur l'auteur

PARIS

E. DENTU, ÉDITEUR

LIBRAIRE DE LA SOCIÉTÉ DES GENS DE LETTRES

PALAIS-ROYAL, 15-17-19, GALERIE D'ORLÉANS

1885

NOTICE SUR VOISENON

Claude-Henri Persée de Voisenon, *l'un des quarante de l'Académie française, naquit en 1708, au château de Voisenon, près de Melun (Seine-et-Marne). Sa mère mourut d'anémie peu de temps après sa naissance, et il fut confié à une nourrice asthmatique qui lui donna son infirmité. Toute sa vie sa santé fut chancelante; il disait en riant:* « *La nature m'a fait dans un moment de distraction.* »

L'intelligence du jeune Claude était si vive et si précoce qu'elle frappait tous ses professeurs. A douze ans, ayant lu la Henriade, il adressa à Voltaire une pièce de vers qui lui valut cette réponse: « *Vous aimez les vers; vous en ferez de charmants; venez me voir, et soyez mon élève.* »

Voisenon resta pendant toute sa vie l'ami de Voltaire.

L'auteur de la Henriade, recherché et choyé par toute la société d'alors, ne tarissait pas en éloges sur l'esprit, les mérites de son jeune ami; l'abbé de Bernis voulut le voir et lui offrit sa protection. Voisenon brilla bientôt dans tous les salons à la mode. Le marquis de Polignac l'avait surnommé:

Petite poignée de puces, *tellement il était pétulent, primesautier, amusant et piquant dans la conversation.*

A vingt ans, il composa une comédie en un acte et en vers, qui fut jouée sur un théâtre de société, sous le titre de l'Heureuse ressemblance. *Il écrivit ensuite d'autres petites pièces :* l'Aube de Molière, l'École du monde, le Retour de l'aube de Molière.

« *Esprit superficiel, frivole, voluptueux, dit M. Desnoiresterres, Voisenon trouva que les petites sentes sablées, peignées, fleuries, où la rose croît sans épines, étaient bien plus son fait que les routes escarpées et pierreuses, et il s'élança tout papillonnant dans cette voie des petits vers et de la petite poésie, peu tenté d'imiter Fontenelle, qui avait un peu hanté tous les chemins, à sa manière, il est vrai.* »

Après avoir été pendant quatre ans grand vicaire à Boulogne-sur-Mer, Voisenon reçut l'abbaye royale du Jard, qui lui donnait pleine liberté sur le choix de sa résidence. Il revint à Paris, où il se retrouva au milieu de ses joyeux compagnons d'autrefois, et il se mit de nouveau à faire des vers. Les femmes s'arrachaient ses madrigaux; et bien qu'il fût laid comme un singe, les bonnes fortunes ne lui manquèrent pas. Voici, d'après Stendhal, une petite aventure de sa vie galante. Le duc de Sône le surprend une nuit avec sa femme. L'abbé dit à la duchesse de faire semblant de dormir, et se met à lire tranquillement. Quand le duc paraît sur la porte, l'abbé, le doigt posé sur la bouche, lui fait signe de se taire, et lui raconte tout bas qu'il a gagé de s'introduire dans le lit de la duchesse à une heure du matin, sans qu'elle s'en aperçût. — « *Mais, est-il déjà une heure ?* » *fit le mari; et pendant qu'il consulte la pendule, l'abbé se lève, s'habille et s'en va.*

M. Denoiresterres nous apprend, du reste, que la lecture au lit était une des occupations favorites de Voisenon. Plus tard, quand l'abbé rencontra de tendres consolations près de la jolie Mme Favart, devenue une grosse et réjouie commère, le duc de Lauraguais prétend qu'on le trouvait le matin lisant son bréviaire entre les draps. Mme Favart, en cornette de nuit, répondait : Amen.

Voisenon était le poète attitré de Mme de Pompadour, mais ses poésies sont oubliées aujourd'hui, sa prose seule, qui n'était pas destinée à la publicité, a passé à la postérité.

Voisenon excelle dans le petit conte badin et léger. Il n'y faut chercher ni émotion, ni profondeur ; c'est plein d'esprit et habilement troussé ; voilà tout. Ses écrits ne sont que des badinages, d'amusantes extravagances, écrits pour tourner en ridicule cette mode des contes bleus et des voyages imaginaires qui s'était emparée de tous les écrivains du temps. Chose curieuse, Voisenon fut pris au sérieux, personne ne voulut voir dans ses écrits l'épigramme et le persiflage ; ces bagatelles littéraires eurent un succès prodigieux.

« Ses contes ravissants, a dit un de ses biographes, M. Uzanne, sont l'emblème de l'homme et de l'écrivain. »

Voici le portrait que Casanova a tracé de Voisenon :

« Cet aimable abbé avait une petite santé attachée à un très petit corps, il était tout esprit et gentillesse, et fameux par ses bons mots saillants, tranchants, et qui, pourtant, n'offensaient personne. Il était impossible qu'il eût des ennemis, car sa critique blessait à fleur de peau. Un jour qu'il venait de Versailles, lui ayant demandé ce qu'il y avait de nouveau :

— « Le Roi bâille, me dit-il, parce qu'il doit venir demain au Parlement pour y tenir un lit de justice.

— « *Pourquoi appelle-t-on cela un lit de justice ?*

— « *Je n'en sais rien, si ce n'est parce que la justice y dort.* »

Voisenon fut reçu de l'Académie française, le 4 septembre 1772 ; il y succéda à M. Joliot de Crébillon.

L'année auparavant, il écrivait de Cauterets, où il avait été soigner son asthme, sa goutte et sa jaunisse : « *Je me baigne tous les jours, je ressemble à une allumette que l'on soufre... M. le maréchal de Richelieu a tant de confiance dans la vertu des eaux qu'il m'écrit exprès pour m'annoncer que, lorsque je repasserai par Bordeaux, il m'amènera une jolie femme dès que je serai couché, qu'il fermera la porte et ne l'ouvrira qu'à bonne enseigne.* »

Le côté libertin et plein de franchise de ces jolis abbés musqués du XVIIIe siècle ne se révèle-t-il pas tout entier dans ces quelques lignes ?

Les anecdotes littéraires *que nous avons ajoutées à la fin de ce volume sont peut-être les pages les plus spirituelles et les plus vives qu'ait écrites Voisenon ; en tout cas, elles sont les plus piquantes. Elles nous montrent les grands hommes et les grandes dames du XVIIIe siècle dans le déshabillé le plus complet.*

Voisenon mourut en 1775, dans son château, voisin de son abbaye de Jard.

CONTES LÉGERS

LA
NAVETTE D'AMOUR

Nous ne sommes plus dans le siècle de la science; cela m'afflige et ne m'étonne pas : il est plus aisé de dire vingt bons mots que de faire une découverte; je l'ai bien éprouvé par ce qu'il m'en a coûté pour devenir savant. On me saurait quelque gré, si l'on voyait les volumes immenses que j'ai parcourus pour découvrir l'origine des navettes; je ne l'ai trouvée dans aucun. Le hasard me l'a procurée en feuilletant un manuscrit chinois dans la bibliothèque d'Avignon : en voici la traduction fidèle.

C'était au temps des étrennes, temps abusif, où la tromperie fait son trafic, où la fausseté court les rues et donne ses premiers acomptes. Il n'y avait aucune maison à Tunquin où l'on ne trouvât des amis lourds, des vers plats, et des magots de porcelaine, bien moins magots que ceux qui les avaient donnés.

Je ne parle pas des parents ; les cousins du jour de l'an sont bien plus importuns que les cousins du mois de mai.

La ville était remplie de femmes sensibles qui attendaient pour quitter leurs amants qu'elles en eussent reçu les étrennes. L'amour se vendait chez les joailliers, et sa valeur courante suivait celle des diamants.

L'amour pur, l'amour vrai était dans un asile champêtre, à deux lieues de Tunquin. Il habitait avec la princesse Zizis et le prince Mirza. Zizis était devenue veuve trois mois après son mariage ; ils lui avaient paru longs. Cet hymen, qui s'était fait au préjudice de l'amour, avait tourné à son profit; il rendait Zizis maîtresse de ses actions : c'est une grande facilité pour ne pas rester longtemps maîtresse de son cœur.

Mirza était son plus proche voisin ; il ne dépendait que de lui ; il était joli, il était riche, il était prince : voilà bien des dangers dont il fit des perfections.

Il sentit combien un prince court de risques étant livré à lui-même. Il était sans parents qui pussent le conduire ; quand il en aurait eu, c'est un faible secours : l'autorité qu'ils ont détruit presque toujours la confiance qu'on leur doit. Mirza méritait des amis ;

mais qu'est-ce que les amis d'un prince ? Souvent des pièges.

Tout homme indépendant n'a d'autres moyens que l'amour pour s'éclairer et pour s'instruire ; c'est ce parti que prit Mirza, sans s'en douter lui-même : il vit Zizis et l'admira.

Elle se tenait toujours à la campagne ; elle se connaissait ; elle avait une beauté modeste, un esprit simple, une raison douce, une âme tendre ; qu'aurait-elle fait à la ville ?

Elle reçut les visites de Mirza ; elle étudia son caractère ; elle vit que ce n'était encore ni un sot, ni un fat, mais qu'il ne tiendrait qu'à la femme qu'il aurait qu'il devînt l'un ou l'autre.

Elle résolut de ne point l'avoir, et d'en faire un homme aimable. Voilà deux choses bien difficiles ; le succès de l'une des deux doit suffire pour contenter une femme sensée. Zizis convint avec Mirza qu'ils se verraient souvent, mais à la condition que tous leurs entretiens ne rouleraient que sur la raison et l'amitié, et que jamais on n'y ferait entrer ces mots de beauté ni d'amour. « J'y consens, répondit Mirza ; le mot de beauté ne sortira pas de ma bouche ; mais je dirai souvent : belle Zizis. A l'égard du mot d'amour, je vous avoue qu'il ne me sera pas difficile de ne le point prononcer ; c'est un sentiment que je redoute. Je ne veux connaître que l'amitié ; c'est un ami que je cherche, je crois l'avoir trouvé en vous, charmante Zizis ; vous me donnerez des conseils, ils se graveront dans mon cœur ; mes perfections, si j'en acquiers, deviendront votre ouvrage ; elles m'en seront plus chères ; la différence de notre sexe ne servira qu'à jeter des nuances plus douces sur notre amitié ; elle en deviendra plus intéressante. Permettez, belle Zizis, permettez, poursuivit-il avec transport, que je serre et que je baise vos mains, pour vous marquer toute ma reconnaissance. »

Zizis était enchantée de voir dans le prince une amitié si vive.

Tandis qu'ils s'occupaient à se jurer ainsi une renonciation totale à l'amour, on vint leur annoncer qu'un jeune marchand demandait s'ils ne voulaient rien. On le fit entrer ; il étala bien des fanfreluches, bien des colifichets qui séduisaient les yeux et n'étaient bons à rien.

— Pourquoi tant de choses inutiles ? dit Zizis.

— C'est ce qui me fait vivre, repartit le marchand ; les jeunes gens en donnent bien davantage que des choses qui leur sont nécessaires ; il semble qu'ils se fassent un plaisir d'acheter leur portrait. Tenez, poursuivit-il, voilà un bijou qui deviendra bien à la mode ; on appelle cela une *navette ;* c'est la première qui paraît.

— Je l'aime d'autant plus, dit Zizis, qu'elle est toute simple ; elle n'est que de bois. Il est vrai qu'il est bien poli et bien beau : comment appelez-vous ce bois-là ?

— C'est du myrte, répondit le jeune marchand d'un ton ingénu.

Il jeta cependant de certains regards malins sur la princesse, qui la firent rougir.

— C'est une galanterie trop médiocre, reprit Mirza,

pour que vous ne me permettiez pas de vous la faire. Quel en est le prix ?

— Je la donnerai pour rien à la princesse, répliqua le marchand ; acceptez-la, de grâce, je ne vous fais que crédit ; un temps viendra où vous me la payerez bien ; je vais seulement vous en montrer l'usage. Vous aurez l'attention d'avoir toujours de la soie gris de lin, pareille à cet échantillon, tout comme cet écheveau. Lorsque vous serez seule, et même dans le monde, vous formerez un petit nœud comme celui-ci toutes les fois que vous songerez à la personne pour laquelle vous avez le plus d'amitié. Vous serez bien aise, à son retour, de lui prouver, par la quantité de nœuds que vous aurez faits, combien vous y avez pensé : vous m'avouerez que c'est un amusement bien innocent.

Zizis prit la navette, essaya de s'en servir, et réussit très bien.

— A présent, dit le marchand, il est juste que je donne aussi les étrennes à ce joli prince. Daignez accepter cette plume, avec ces petites tablettes : vous avez sans doute, aussi bien que la princesse, de l'amitié pour quelqu'un ; quand vous serez absent, vous écrirez toutes les remarques que cette amitié-là vous aura fait faire. Adieu, leur dit-il, dans un an, je vous donne rendez-vous, à pareil jour, dans la ville de Tunquin.

A peine fut-il parti, que Mirza alla à la chasse, et Zizis resta seule : elle voulut prendre l'air dans ses jardins. Elle entendit un rossignol, elle s'arrêta, tomba dans la rêverie et fit des nœuds. Elle poursuivit sa promenade ; elle aperçut deux papillons qui se tournaient, se caressaient et se joignaient ; ce spectacle l'amusa, elle fit des nœuds. A quelques pas de là, elle découvrit deux tourterelles dont les deux becs se touchaient ; cette rencontre l'occupa, elle fit des nœuds.

En revenant, elle remarqua des fleurs doucement agitées par les caresses du zéphyr, elle fit des nœuds.

Elle entra pour ordonner le souper ; à chaque plat qu'elle commandait, elle ne manquait pas de dire : « Il me semble que le prince aime ce ragoût-là (ce que c'est que l'amitié !) ; » elle fit encore des nœuds.

Mirza trouva la navette faite.

Elle le questionna sur sa chasse ; elle était moins bonne que de coutume ; il avait perdu presque tout son temps à écrire sur ses tablettes ; c'étaient des observations qu'il avait mises en vers. Cela m'empêchera de les rapporter. Ce n'est pas que je n'aie beaucoup de respect pour des vers de prince ; mais je craindrais que cela ne fît languir.

Ils passèrent leur soirée à dire du mal de l'Amour : ils convinrent que, pour avoir ce plaisir-là, il serait permis de le nommer. L'Amour riait de leurs injures. Tout ce que demande ce dieu, c'est qu'on parle de lui. Zizis employait ses journées à faire des nœuds et Mirza à écrire sur ses tablettes. Il était attentif, dès que la princesse était éveillée, à lui apporter les fleurs qu'elle aimait le mieux : elle avait la même attention à les placer près de son cœur ; elle en mettait aussi dans sa coiffure : des fleurs qu'on tient d'une main chère valent mieux que des diamants. Venait-il des visites du voisinage, Zizis, quoique polie, paraissait ennuyée, et cet ennui trop marqué les abrégeait toujours : Zizis ne se plaisait qu'avec Mirza ; ils étaient trop heureux lorsqu'ils se trouvaient seuls.

Tandis qu'ils passaient leur vie dans cette indifférence, le jeune marchand vint les chercher pour les mener à Tunquin.

— Pourquoi sortir d'ici, dit Zizis, nous y sommes si bien ?

— Cependant, repartit le jeune marchand, la saison est bien avancée. Les soirées sont si longues !

— Ah ! répondit Zizis, c'est le plus beau temps de l'année ; Mirza n'est pas si longtemps à la chasse.

— Ce sentiment d'amitié, reprit le jeune marchand, m'assure que vous avez fait une grande quantité de nœuds.

— Je n'ai pas cessé un instant, répondit-elle ingénument.

— Et les tablettes de Mirza ?

— Il n'y a plus de blanc du tout, reprit-il ; tenez, examinez.

Le marchand les prit et les parcourut.

— Il y a, dit-il, dans ces vers-là plus de sentiment que de poésie ; mais, n'importe, j'approuve qu'un prince fasse des vers médiocres pour se mettre en état de connaître les bons et de protéger ceux qui les font. Je voudrais à présent, poursuivit-il, voir tous les nœuds qu'a faits Zizis.

On les apporta ; ils ne pouvaient pas tenir dans la salle.

— Allons dans le jardin, dit le jeune homme, nous ne manquerons pas d'espace; l'étalage de ce travail pourra faire un spectacle intéressant.

On se transporta dans le bosquet le plus vaste; le marchand mit la main sur les nœuds.

— Je vais, dit-il, vous montrer à quoi cela sert.

Dans l'instant, l'air, qui était froid, s'adoucit; une chaleur tempérée parut sortir de la terre; les oiseaux se crurent au printemps et se firent l'amour; les arbres même furent émaillés de fleurs, et leurs rameaux se rapprochèrent.

— Que veulent dire ces prodiges? s'écrièrent Zizis et Mirza.

— Ils signifient, répondit le jeune homme, qu'il n'y a aucun jour d'hiver pour les gens qui s'aiment de bonne foi.

Zizis et Mirza se regardèrent; mais leur surprise augmenta bien davantage lorsqu'ils virent tous les nœuds se dévider, s'étendre et former un réseau qui les enveloppa tous deux.

Le jeune marchand parut à leurs yeux avec un flambeau, un carquois, mais point d'ailes. La piété, le respect et le zèle de Beaucis et de Philémon firent moins d'impression sur leur cœur lorsqu'ils s'aperçurent que leur hôte était un dieu.

— Qui êtes-vous donc? dit Zizis en tremblant.

— L'Amitié, répondit l'Amour.

— L'Amitié? reprit Zizis.

— Oui, repartit ce dieu; voilà à peu près comme elle est faite lorsqu'elle règne entre homme et femme. Vous êtes certains d'être amis; voilà comme on se rend dignes d'être amants. A présent, devenez époux. Augmentez votre bonheur en affermissant de plus en plus cette gaze qui vous environne ; il ne faut qu'un rien pour la déchirer ; je ne vous quitterai pas, et je choisis vos deux cœurs pour asile.

Zizis et Mirza s'unirent et, par amitié, passèrent la nuit ensemble : ils furent heureux pendant toute leur vie ; le tableau d'une si belle union blessa la vue du plus grand nombre. La navette de bois parut plate et ignoble au yeux de la sotte vanité qui en fabriqua d'or. La mode les adopta et leur donna la vogue.

Depuis ce temps, elles ont pris le dessus, la navette de myrte n'ose plus former des nœuds qu'en cachette pour unir deux cœurs entre mille ; c'est la navette de l'amour ou du sentiment qui se fixe au bonheur particulier. La navette d'or tourne seule en public pour lier tout le monde et n'attacher personne : c'est la navette du ridicule qui circule sans cesse pour l'amusement général.

TANT MIEUX POUR ELLE

CONTE PLAISANT

CHAPITRE PREMIER

Qui promet plus qu'il ne tient.

Le prince *Potiron* était plus vilain que son nom ; le prince *Discret* était charmant ; la princesse *Tricolore* était plus fraîche, plus brillante qu'un beau jour de printemps : elle détestait *Potiron*, elle adorait *Discret*, et fut forcée d'épouser *Potiron*. Tant mieux pour elle.

Il n'y a point d'art dans cette façon de conter. On fait le dénouement en même temps que l'exposition ; mais on n'est pas dans le secret du Tant mieux, et c'est ce que je vais développer avec toute la pompe convenable à la gravité du sujet.

Potiron, quoique laid, sot et mal fait, n'était pas

légitime : sa mère était si exécrable, qu'aucun homme n'avait eu le courage de l'épouser, mais sa richesse lui tenait lieu de charmes : elle achetait ses amants, et n'avait d'autre arithmétique que le calcul de son plaisir, elle le payait selon le temps qu'elle le goûtait, elle ne donnait jamais que des acomptes, *Potiron* avait été fait à l'heure.

Il avait la tête monstrueuse, et jamais rien dedans ; ses jambes était aussi courtes que ses idées, de façon que, soit en marchant, soit en pensant, il demeurait toujours en chemin ; mais comme il avait ouï dire que les gens d'esprit font des sottises et n'en disent guère, il voulut trancher de l'homme d'esprit ; il résolut de se marier.

Madame sa mère, la fée *Rancune*, rêva longtemps pour savoir à quelle famille elle donnerait la préférence de ce fléau, et son choix s'arrêta sur la princesse *Tricolore*, fille de la reine des Patagons. Cette reine méprisait son mari et ne se souciait pas de ses enfants, faisait grand cas de l'amour et peu de ses amants : elle avait plus de sensations que de sentiments, elle était heureusement née. Un an après son mariage, elle mit au jour un prince qui promettait beaucoup. Il s'éleva dans le Conseil une grande discussion au sujet de son éducation. Le roi prétendait qu'à titre d'étranger, il avait le droit de mettre son fils au collège des Quatre-Nations. La reine s'y opposa ; le roi insista : la reine répliqua ; l'aigreur se mit de la partie, et le petit prince, qui vraisemblablement avait un bon caractère, mourut pour les mettre d'accord.

La reine, qui voulait renouveler la dispute, se détermina à avoir un autre garçon : elle en parla à ses amis, elle devint grosse, elle en fut enchantée ; elle n'accoucha que d'une fille, elle en fut désespérée. On délibéra longtemps pour savoir comment on nommerait cette petite princesse. La reine alors n'avait que trois amants, dont l'un était brun, l'autre blond, le troisième châtain. Elle donna à sa fille le nom de *Tricolore;* ce qui prouve que cette majesté avait une grande idée de la justice distributive. Le roi, qui n'était pas un bon roi, parce qu'il n'était qu'un bonhomme, crut ouvrir un avis merveilleux, en proposant de conduire sa fille dans une maison de vierges. La reine le contraria, et dit qu'elle ne le voulait pas, de peur que sa fille ne connût les ressources avant de connaître le plaisir. Le monarque ne répondit rien, faute de comprendre. J'imagine qu'il ne fut pas le seul, mais on vit sourire cinq ou six courtisans, ce qui fit croire qu'ils y entendaient finesse. Il y a des sots qui sont heureux au rire ; le hasard les sert souvent comme des gens d'esprit.

Tricolore fut élevée à la cour, elle eut le bonheur de plaire, parce que personne ne lui en enseigna les moyens ; on négligea son éducation, on ne se donna pas la peine de gâter son naturel ; elle était simple, naïve, ne se croyait pas aimable, et cependant désirait qu'on l'aimât beaucoup. Les femmes la trouvaient bornée, les hommes lui jugeaient des dispositions, et la reine, qui commençait à en être jalouse, crut qu'il était temps de la marier, et de l'envoyer dans les pays étrangers. On la fit mettre dans les petites affiches : on va voir ce qui en arriva.

CHAPITRE II

Façon de faire des entrevues.

La reine reçut beaucoup d'ambassadeurs au sujet du mariage de la princesse. Il ne fut cependant question ni de sa figure, ni de son caractère ; on ne chercha ni à la voir, ni à la connaître ; on fit des perquisitions exactes sur l'étendue de ses revenus ; on ne demanda point son portrait, mais on prit l'état de ses biens.

La reine, de son côté, eut la prudence de prendre des mesures aussi sensées pour le bonheur de sa fille : elle fut fort tentée de la donner au fils du roi de *Tunquin*, parce que son ambassadeur était beau et bien fait. Elle était sur le point de se décider, lorsque le prince *Discret* lui fit demander la faveur d'une audience. La reine, toujours pleine de dignité, mit son rouge, plaça ses mouches, prit son déshabillé, et s'étendit sur son petit lit en baldaquin.

— Grande reine, dit le prince en faisant une profonde inclination, je crains bien de manquer de respect à votre Majesté.

— Cela serait plaisant, répliqua la reine, d'autres que moi s'offenseraient de ce début, je ne le trouve point du tout révoltant.

— Madame, poursuivit le prince, j'ai une demande

à vous faire, je ne m'adresse qu'à vous, et point au roi. Je suis le fils de la fée *Rusée*.

— Vous tenez d'elle, à ce qu'il me paraît, dit la reine, d'ailleurs votre air est intéressant ; vous avez de grand yeux noirs, je parierais que vous n'êtes pas capable de mauvais procédés.

— J'en ai même de bons, repartit le prince, le plus souvent qu'il m'est possible. Ah ! Madame, continua-t-il en soupirant, que *Tricolore* est aimable !

— C'est une assez bonne enfant, reprit la reine, cela n'a encore idée de rien : je ne sais, mais si j'étais homme, je ne pourrais pas souffrir les petites filles ; je vois cependant qu'elles sont à la mode ; le goût se perd, il n'y a plus de mœurs.

— C'est parce que j'en ai, dit le prince, que j'ai des vues sur la princesse.

— Des vues ! interrompit la reine ; qu'est-ce que c'est que des vues sur ma fille ? Vous commencez à me manquer de respect.

— Ce serait bien contre mon intention, répondit *Discret* : je veux seulement prouver à votre majesté...

— Que vous n'avez point d'usage du monde, dit vivement la reine : je vois que vous voulez platement devenir l'époux de *Tricolore* ; vous ne vous rendez pas justice, en vérité, prince, vous valez mieux que cela.

En ce moment, la reine fit un mouvement qui laissa voir sa jambe ; elle l'avait très bien faite : le prince était jeune, il était susceptible ; la reine s'en aperçut, et reprit ainsi la conversation :

— Je ne vous crois pas sans ressources, au moins.

Le prince avait toujours les yeux fixés sur cette jambe.

— En vérité, Madame, poursuivit-il, plus je vous examine, plus je trouve que Mademoiselle votre fille vous ressemble.

— Il peut bien y avoir quelque chose, dit la reine, et vous voulez donc absolument l'épouser ?

— J'avoue, s'écria le prince, que c'est l'unique objet de mon ambition.

La reine prit le prétexte du chaud pour se découvrir la gorge.

— Eh bien, continua-t-elle, il faut faire l'entrevue.

— Madame, reprit le prince, j'ai l'honneur d'être connu de la princesse ; je lui fais quelquefois ma cour, et je crois pouvoir me flatter qu'elle ne blâmera pas la démarche que je fais : ainsi une entrevue me paraît totalement inutile.

— Que vous êtes neuf ! dit la reine, je suis bien sûre que vous ne voyez jamais ma fille que lorsqu'elle tient appartement ; la conversation ne peut rouler alors que sur des sujets vagues ; il n'est pas possible de s'étudier, ni de se connaître : il faut se voir en tête à tête.

Le prince, comblé de joie, approuva beaucoup et dit avec transport :

— Oui, je conçois, Madame, qu'une entrevue est nécessaire.

— Elle se fait à présent, répondit la reine en fixant le prince.

Il parut étonné; il regarda de tous les côtés, pour savoir s'il n'apercevrait pas *Tricolore*.

— Ma fille a confiance en moi, reprit la reine; je suis une autre elle-même; c'est moi qui la représente; elle vous acceptera si vous me convenez. Tout ce que je crains, poursuivit-elle avec un air modeste, c'est que ma fille ne vous convienne pas.

Le prince connut les desseins de la reine; il vit qu'il n'obtiendrait *Tricolore* qu'à ces conditions. La reine était encore aimable; il se détermina, et s'exprima en ces termes:

— Cette façon de faire l'entrevue augmente mon bonheur.

En même temps il serra la main de Sa Majesté, qui le lui rendit bien, et qui laissa échapper ces mots:

— Prince, en vérité, je crois que vous conviendrez à ma fille.

— Je suis bien certain, continua-t-il vivement, que mon bonheur dépend d'elle.

— Elle est contente de l'entrevue, répliqua la reine.

Discret s'imagina en être quitte.

— Je puis donc me flatter, dit-il en soupirant, que le mariage se conclura?

— Oui, sans doute, poursuivit la reine, vos caractères se rapportent; mais vous savez aussi bien que moi que les grands s'épousent d'abord par procureur: c'est moi qui suis chargée de la procuration de ma fille.

Discret ne put pas se méprendre au sens de ce discours; il était embarqué; il eût perdu toutes ses espérances, s'il eût seulement balancé: il fut infidèle par sentiment. La conversation cessa, le plaisir fut en même temps senti et contrefait. La reine reprit la parole par monosyllabes, et finit par dire en soupirant :

— Ah! prince! cher prince, épousez encore ma fille!

CHAPITRE III

Elle ne s'y attend pas.

La reine alla chercher *Tricolore* accompagnée du prince.

— Eh bien, ma fille, lui dit-elle, convenez que vous avez eu bien du plaisir.

Tricolore rougit, le prince se déconcerta, la reine s'étonna.

— Je vois, s'écria la princesse, que le prince *Discret* ne l'est pas, et qu'il vous a tout dit.

Le prince reprit son sang-froid, et convint qu'il y avait bien eu quelque chose entre la princesse et lui, mais que ce n'était qu'une misère.

— Apparemment, dit la reine, que vous l'avez trouvée seule. Que faisait donc sa dame d'honneur ?

— Il y a à parier, répliqua *Discret*, qu'elle faisait alors ce que fait souvent la vôtre, à ce que j'imagine.

— Je veux absolument, continua la reine, savoir l'historique de cette aventure.

— Il ne sera pas long, reprit *Discret* en soupirant : j'eus le bonheur de trouver un soir la princesse livrée à elle-même ; elle lisait un roman nouveau ; j'eus peur que cela ne la dégoûtât de l'amour : je fis une dissertation sur les sentiments ; elle parut me prêter toute son attention. Me flattant de l'intéresser, je pris sur moi de vaincre ma timidité, je lui peignis l'état de mon cœur : je m'aperçus qu'elle voulait m'interrompre ; mais sa politesse naturelle, que sans doute elle tient de vous, Madame, me laissa achever. J'eus la témérité de lui baiser la main ; elle me laissa faire, parce qu'elle prévoyait bien que cette faveur ne tirerait pas à conséquence.

— Comment, dit la reine, vous en restâtes là ?

— Oui, Madame, répondit *Discret*. Comme la princesse n'a pas tant d'usage du monde que Votre Majesté, elle ne sait pas si bien faire les honneurs de chez elle.

— Voilà qui est bien, interrompit la reine, le mariage aura lieu.

Elle donna en conséquence les ordres nécessaires ; elle songea aux apprêts, commanda les équipages, leva les étoffes, et fit imprimer les billets.

Le roi fut étonné de la nouvelle ; il l'avait pourtant apprise par la Gazette, mais il n'en croyait rien. Il fit venir la princesse et la reine, et demanda si on le prenait pour le roi de carreau.

— Non, Monsieur, répliqua la reine, car il me fait souvent beau jeu ; d'ailleurs vous savez en votre conscience que vous n'avez aucun droit sur la princesse. Le mariage se fera; j'ai consulté les pères.

— Et moi, je vous soutiens qu'il ne se fera pas, s'écria la fée *Rancune*, que l'on vit paraître dans une désobligeante tenue avec son fils *Potiron* sur le strapontin; je prétends que la princesse donne sa main à mon bel enfant que voilà.

— C'est ce que nous verrons, dit la fée *Rusée*, qui arriva dans un cabriolet, attelé à six renards.

— Unissons-nous, Madame, dit à l'instant la reine, je compte sur votre protection.

— Je vous l'accorde, répondit la fée *Rusée*, et je vous en donne une preuve bien éclatante.

Elle la serra au même instant contre la muraille, la toucha de sa baguette, et la reine des Patagons devint une fort belle figure de tapisserie. *Tricolore* fit un cri, la fée *Rancune* une grimace, le prince *Potiron* un gros éclat de rire, le prince *Discret* une question, et le roi des Patagons un remerciement.

Que c'est une belle chose que les événements dans un conte! La métamorphose de la reine était un trait de la plus fine politique; la tristesse de la fée *Rancune* en était une preuve : la fée *Rusée* était triomphante; cependant elle ne le sera pas toujours. Que d'aventures opposées et contraires va produire le choc de ces deux puissances!

— O mon fils! s'écria la fée *Rusée*, que de plaisirs! que de peines! Comment pourrez-vous soutenir et les uns et les autres? Allons prendre conseil de notre grand instituteur.

CHAPITRE IV

Qui ne dit pas grand'chose.

Le grand instituteur habitait depuis quelque temps avec une fée qui ne lui faisait point payer de loyer, mais qui ne le logeait pas pour rien. Cette fée était une petite vieille, qui avait le visage frais, l'esprit serein, et l'âme jeune; elle renfermait ses passions, et faisait parade de ses goûts; elle les avait tous. Elle applaudissait aux opéras français, et ne donnait que des concerts italiens. Elle avait deux cuisiniers; l'un était pour la vieille cuisine, et l'autre pour la nouvelle : le premier était pour le dîner des savants et l'autre pour donner à souper à de jolies femmes. Elle ne sortait que pour le spectacle; elle n'allait dans aucune maison, mais la sienne était toujours ouverte: elle était persuadée qu'on ne doit point chercher le tourbillon, lorsqu'on n'est plus dans l'âge d'y pouvoir jouer un rôle, mais qu'il faut l'attirer chez soi, pour en juger les personnages. Elle aimait à raisonner le matin avec des gens d'esprit, à se dissiper le soir avec de la jeunesse. Elle se garantissait de l'ennui, dès qu'elle voyait qu'on s'amusait; et le plaisir s'éloignant d'elle, elle avait du moins l'adresse d'en rapprocher la perspective.

Comme elle craignait la solitude, tous ses palais

touchaient aux différentes maisons du roi des Patagons. C'était une fée suivant la cour; on n'était pas du bon air, lorsqu'on ne lui avait pas été présenté. Elle crut que c'était là le seul motif qui engageait la fée *Rusée* à lui amener le prince *Discret*. Elle le trouva fort bien, et lui dit que sa figure était plus à la mode que son nom. La conversation roula d'abord sur des lieux communs ; ce sont de bons amis qui ne manquent jamais au besoin : on parla ensuite de l'événement du jour. La fée *Rusée* dit que la reine était changée en figure de tapisserie. La petite vieille s'écria aussitôt : « Tant mieux. »

— Madame, reprit le prince, je vous avoue que je n'ai pas assez de pénétration pour sentir l'à-propos de ce tant mieux-là. J'aime avec passion *Tricolore*.

— Tant mieux, dit la fée.

— Je crains, repartit *Discret*, que ce ne soit tant pis. La reine approuvait mon amour; maintenant elle n'est plus en état de me donner son agrément.

— Tant mieux, poursuivit la fée.

— Je ne vous conçois pas, dit le prince : son père est vertueux, mais faible ; la fée *Rancune* en obtiendra la princesse pour son fils *Potiron*.

— Tant mieux, s'écria la fée d'une voix haute, tant mieux, mon cher enfant. A votre âge, on sent fortement; mais on ne va pas loin, à moins que d'être un de ces hommes privilégiés, tels que le grand instituteur.

C'est un ami des dieux qui tire parti de tout ; il contemple sa gloire dans le passé, son plaisir dans le présent, et son bonheur dans l'avenir. Rien ne l'afflige, rien ne le décourage ; c'est pour cela qu'on le nomme le grand instituteur de tous les tant mieux du monde : je vais vous le chercher, il vous consolera.

— Madame, dit le prince à sa mère lorsqu'ils furent seuls, connaissez-vous ce Monsieur Tant mieux-là?

— Oui, mon fils, répliqua la fée ; c'est un saint personnage qui fait beaucoup de bien ; il se met à la portée de tout le monde. Voit-il une femme qui n'est plus jeune? il dit aussitôt : « Tant mieux ; » et peut-être n'a-t-il pas tort, il y a plus de tant mieux qu'on ne croit dans une femme d'un certain âge. En aperçoit-il une qui tient encore à la naïveté de l'enfance ? il ne manque pas de dire : « Eh! tant mieux » ; et je pense, mon fils, que vous n'avez pas de peine à en imaginer les causes. Lui apprend-on qu'une femme aime son mari à la folie? « Tant mieux », s'écrie-t-il à l'instant ; pour aimer son mari, il faut avoir une âme bien sensible : cette femme appartiendra un jour à la société ; c'est un effet pour le commerce. Est-il instruit qu'un époux est détesté? « Ah! que c'est bien tant mieux! » dit le saint homme en roulant des yeux affectueux ; c'est une preuve que cette dame a bien de la justesse d'esprit ; je lui juge un beau naturel.

— Vous me paraissez au fait du sien, dit le prince.

La discrétion l'empêcha de poursuivre, et dans l'instant la petite fée revint, accompagnée du grand instituteur.

CHAPITRE V

Où le prince n'est pas gâté.

C'était un homme de cinq pieds six pouces, bien campé sur ses pieds, la jambe peut-être trop fournie, mais mieux cependant qu'une qui l'eût été moins; des épaules larges et effacées, de belles dents, des yeux à fleur de tête et un nez d'espérance. Je ne sais pas s'il avait beaucoup d'esprit ; mais tout cela vaut mieux que de bons mots. Comme il était prévenu que la fée *Rusée* venait le consulter, il avait pris son visage de prophète; il la salua légèrement, et regarda le prince comme un répondeur de messes.

— Seigneur, lui dit-elle respectueusement, votre réputation est si étendue, que j'ai cru devoir vous demander conseil. Vous savez mes bontés pour la reine?

— Oui, reprit-il froidement, je suis instruit de tout; le bonheur de votre fils est votre unique objet. Il est fort amoureux, cela est assez plat; il veut que sa femme soit sage, cela est assez plaisant.

— Elle ne le sera donc pas? dit vivement le prince.

— Vous ou moi l'en empêchera, repartit le pontife. Vous voulez vous marier, et n'être pas trompé? Ce serait être un original sans copie. Madame votre mère, qui a garanti son mari d'un pareil ridicule, a prévu la misère de vos préjugés, et y a pourvu par la métamorphose de la reine.

— Je ne vous comprends pas, interrompit le prince avec un ton d'impatience ; vos discours sont absolument inintelligibles.

— Je le crois bien, dit la petite fée. Oh ! c'est un bel esprit, que notre instituteur.

— J'en reviens, dit le prince, à l'enchantement de la reine.

— Doucement, dit le grand instituteur, cela ne vous regarde point ; ce ne sera point vous qui le romprez, ce sera moi.

— Et comment cela ? répliqua le prince.

— Ah ! comment cela ? reprit le grand instituteur avec un air ironique. Vous savez comme vous avez fait l'entrevue de *Tricolore* chez la reine ?

Le prince rougit, les deux fées rirent, et le prêtre continua ainsi :

— Vous savez comment vous avez fait cette entrevue, n'est-il pas vrai ? Convenez-en de bonne foi.

— Eh bien, sans doute, dit le prince, je le sais ; que cela prouve-t-il ?

— Cela prouve, répondit le grand instituteur, que votre science est celle des entrevues, et que la mienne à moi, est celle de rompre des enchantements. Chacun a ses talents ; je n'en dirai pas davantage.

— J'y consens, poursuivit le prince ; mais, du moins, tirez-moi d'un doute cruel : lequel, de *Potiron* ou de moi, sera assez fortuné pour posséder la princesse ?

— Vous allez le savoir clairement, repartit le prophète.

Il fit alors trois tours dans la chambre, marqua trois fois trois croissants, ce qui en faisait neuf, leva trois fois les yeux du côté de la lune, fit trois grimaces, trois cabrioles, trois éclats de rire, et prononça cet arrêt infaillible :

« *Le prince* Discret *aura la princesse* Tricolore *et ne l'aura pas; tant mieux pour elle. Le prince* Potiron *aura la princesse* Tricolore *et ne l'aura pas; tant mieux pour elle et pour moi.*

— L'habile homme ! dit la fée *Rusée.*

— Ah! le grand homme ! dit la petite vieille.

— Ah ! le sot homme ! dit le prince *Discret.*

Alors l'instituteur toujours poli, quoique inspiré, fit une révérence à la fée *Rusée,* présenta la main à la petite vieille, et prit congé du prince, en lui disant :

— Demeurez toujours le bien illuminé.

CHAPITRE VI

Suite des tant mieux,

Le prince resta fort sot : ce n'est pas le seul agréable à qui cela soit arrivé. Madame sa mère fut elle-même embarrassée; mais le grand instituteur était bien loin de se trouver en pareil cas; la fée *Rancune* l'attendait dans son cabinet avec la princesse *Tricolore;* elles étaient venues accompagnées du roi des Patagons et du beau *Potiron*. On peut être mieux en écuyers.

La reine ne fut pas plus tôt métamorphosée, que le roi se crut capable de gouverner, parce qu'il n'avait plus personne pour le conduire. Il tint tête à la fée *Rancune;* il insista sur le mariage de *Tricolore* avec le prince *Discret*, et se fonda sur la volonté de la reine.

— Si ce n'est que cela, lui répondit la fée, je vais vous mettre à votre aise sur ce petit scrupule. Souvenez-vous que le destin a déclaré que la reine ne serait en droit de marier que les enfants dont vous seriez père.

— Voilà qui est bien, dit le roi, je n'aime point à disputer; mais, en ce cas, votre fils pourra me ressembler.

Potiron, qui savait vivre, lui répliqua poliment :

— Vous croyez que tout le monde est aussi paresseux que vous : je me charge d'être le père de mes enfants; mais je veux savoir si personne ne se mêlera de mes affaires, et c'est pour cela qu'il faut aller trouver le grand instituteur.

Du plus loin qu'il l'aperçut, il lui cria:

— Divin oracle, je veux me marier.

— Et moi, je ne le veux pas, poursuivit *Tricolore*.

— Eh bien, repartit le grand instituteur, vous avez raison tous les deux.

— Nous venons vous demander, dit la fée *Rancune*, ce qui en arrivera.

— Bien des choses, répondit l'homme inspiré. Je dois premièrement vous avertir que le mari de la princesse et son amant seront deux. Écoutez-moi... l'avenir se découvre à mes regards...

Le prince Discret *aura les prémices de la princesse; tant mieux pour elle. Le prince* Discret *n'aura pas les prémices de la princesse; tant mieux pour moi.*

— Vous n'avez pas le sens commun, dit à l'instant *Tricolore*; voilà deux oracles qui se contredisent.

— Ils n'en sont pas moins vrais, repartit le prophète.

— Je puis donc m'attendre, dit *Potiron*, que si j'épouse cette demoiselle, je n'en aurai pas les gants?

— Cela demande explication, répliqua le grand instituteur. Elle vous apportera ses prémices, cela est certain; mais il faudra qu'auparavant elle ait eu dix-sept enfants.

— Voilà un honnête homme, dit *Tricolore*, qu'il faut loger aux Petites-Maisons.

— Ne vous en moquez pas, interrompit le roi ; voilà le style de la chose.

Le grand instituteur reprit son enthousiasme.

— Je vois encore, continua-t-il, d'autres événements qui vous feront trembler, et qui sont pourtant des tant mieux.

Tricolore, loin d'être intimidée, fut rassurée par ces paroles ; elle se flatta que le bonheur du prince *Discret* serait peut-être un de ces tant mieux-là,

L'homme le conjectura sur sa physionomie, et prononça ces mots terribles :

— Je sais ce que vous pensez ; mais, ô princesse ! que vous vous abusez ! vous donnerez la mort à votre amant, et ce sera tant mieux pour lui.

— O ciel ! s'écria *Tricolore*, cela se pourrait-il ?

— Mais, dit *Potiron*, cela ne laisse pas que de faire un joli caractère : si elle traite ainsi un amant, jugez de l'accueil qu'elle fera à son mari.

— Son mari, reprit le prophète, en sera quitte pour la colique.

— Ah ! je ne balance plus, repartit *Potiron*, elle sera ma femme.

— Ah ! fée *Rusée* ! poursuivit la princesse en criant de toutes ses forces, ah ! fée *Rusée !* le souffrirez-vous ? Ah ! fée *Rusée*, secourez-moi.

La fée *Rusée* écoutait finement à la porte avec Monsieur son fils. Elle parut sur-le-champ, marmotta quelques mots, posa sa main sur le joli visage de *Tricolore*, qui devint une perdrix bien gentille.

— Tant mieux, dit le grand instituteur.

Dans le même instant, la fée toucha de son petit doigt le prince *Discret*, qui, comme vous croyez bien, parut en coq-perdrix, fier, et tout plein d'amour.

— Tant mieux, s'écria encore le grand instituteur.

On se représente la joie de nos amants ; mais qu'on juge de leur désespoir, lorsque la fée *Rancune* saisit *Tricolore*, en disant : « Doucement, doucement, ma mie, nous vous mettrons en cage : comme vous êtes bien amoureuse, vous ferez une chanterelle admirable ; vous appellerez souvent ; Monsieur *Discret* ne manquera pas d'arriver ; mon bel enfant *Potiron* se cachera ; c'est ce qu'il fait de mieux : je lui donnerai un bon fusil, il tuera son rival le coq, et puis je ferai si bien que son mariage s'accomplira. » Le roi des Patagons, qui se souvint que l'oracle avait prédit à la princesse qu'elle donnerait la mort à son amant, ne put s'empêcher de pousser un soupir, et de dire : « Ah ! pauvre prince, te voilà expédié. — Et *Tricolore* aussi, continua le grand instituteur ; ce sera bien tant mieux pour elle. »

CHAPITRE VII

Qui est très court, et que l'on trouvera peut-être trop long.

Le prince *Discret*, devenu coq-perdrix, fut moins tendre et plus ardent ; c'est prendre un bon parti. La princesse *Tricolore*, enfermée dans sa cage, sentit, à n'en pouvoir douter, qu'elle ne ferait pas la bégueule. Le prince *Potiron* fit préparer ses armes, et la fée *Rancune* ordonna que l'on fît un grand trou. (Le lecteur touche au grand intérêt.) Le soleil commençait à baisser, et le calme du soir assurant les habitants des plaines, les invitait à profiter de leur bonne santé. *Potiron* partit, arriva, se plaça; on posa la cage à dix pas de lui, et la fée *Rancune* se retira à l'écart. *Tricolore*, qui connaissait cette espèce de trafic, se promit bien de ne pas donner le plus petit appel; mais chez une perdrix, comme chez bien d'honnêtes personnes, souvent le physique l'emporte.

Tricolore, qui sentait le coq à cœur-joie, laissa involontairement échapper des *kériques, kériques*. *Discret*, en cet instant, secoua ses ailes, se redressa, s'éleva sur ses pattes, se rengorgea, tourna autour de la cage, se plaça dessus, en redescendit, alla vis-à-vis la perdrix, passa la tête à travers les barreaux, présenta son bec, et fit des cris d'amour.

Outré de dépit, *Potiron* le coucha en joue, et tira le déclin : mais tel maître, telle arme; celle de *Potiron* fit *crac* ; il se hâta de réparer la chose; mais *crac* encore, et toujours *crac*.

— Ah! maudite arme, ah! chienne de patraque! s'écriait-il écumant de fureur.

Tandis qu'il perdait son temps, le coq ne perdit pas le sien; il fit si bien, qu'il souleva la porte de la cage, et fut le plus heureux des coqs à la barbe de son rival. *Potiron* ne pouvait pas sortir de son trou; son ventre était trop gros, ses jambes trop courtes ; il se mit à crier de toutes ses forces :

— Hé! ma chère mère, ma chère mère, venez donc vite empêcher ce vilain.

La fée *Rancune* ne fit qu'un saut; elle avait déjà la main sur le prince *Discret:* mais la fée *Rusée*, qui était présente, quoiqu'on ne la vît point, rendit dans l'instant son fils invisible comme elle. *Rancune* le chercha en vain.

— Madame, dit *Potiron*, voilà une princesse qui a bien peu de pudeur.

— Je l'en punirai, répondit la fée; mais on doit respecter son fruit.

On la rapporta au palais, elle pondit ses dix-sept œufs; il ne s'en trouva pas un de clair: ainsi *Tricolore* eut dix-sept perdreaux du premier lit, sans avoir cependant perdu ses prémices de princesse. Un des oracles du grand instituteur se trouva vérifié. Dès que ses enfants furent revêtus de queues, on les mit en liberté, et la fée *Rusée* rendit à la mère sa forme naturelle.

— Ah! Madame, s'écria-t-elle transportée de joie, que je vous ai d'obligations; mais, de grâce, qu'est devenu votre fils?

La fée *Rusée*, à cette question, tomba dans la tristesse, garda le silence pendant un moment, et fit cette réponse:

— Vous n'en aurez des nouvelles que trop tôt: le grand instituteur ne se trompe pas; vous ne pouvez vous dispenser d'ôter la vie à votre amant, et dès le soir même qu'il mourra, vous serez forcée d'épouser *Potiron*.

Tricolore voulut gémir; mais la fée *Rusée*, qui prévit que cela ne serait pas amusant, la laissa seule, et fit fort bien. Je l'imiterai, et je ne rendrai pas compte des réflexions de la princesse. Ce que l'on se dit à soi-même n'est pas toujours bon à dire aux autres.

CHAPITRE VIII

Où l'on verra le grand instituteur en presse.

Il est seulement nécessaire de savoir que *Tricolore*, après avoir beaucoup rêvé aux moyens d'éviter ses malheurs, se détermina à ne point passer les jardins de la fée *Rancune*, afin de ne point rencontrer le prince *Discret;* car, se disait-elle fort bien, si je ne le trouve pas, il sera difficile que je le tue. On voit par là combien cette princesse était forte pour le raisonnement.

Le lendemain, jour de grande chaleur, *Tricolore*, vers le soir, voulut prendre le frais : elle gagna une pelouse verte à faire plaisir; elle ne put résister à l'envie de se coucher sous le feuillage d'un gros chêne; elle s'y endormit. On croit que je vais faire arriver le prince *Discret?* non, ce sera le grand instituteur; il n'y a rien à perdre. Le hasard l'avait conduit en ce lieu : il devait faire un discours sur les inconvénients de la chasteté; il venait le préparer dans ce bois solitaire. Qu'il trouva un beau texte en découvrant *Tricolore* endormie ! J'ignore quelle était l'attitude de la princesse; mais le prêtre s'écria :

— Ah! sainte Barbe, que cela est joli !

Il se cacha derrière un buisson; il craignait de faire du bruit et ne pouvait cependant s'empêcher de taper du pied. Il était prêt à frémir : son transport redoubla lorsqu'il entendit la princesse qui dit : *Ahi!* en faisant un petit mouvement. Il devint séraphin ; mais toutes les puissances de son âme furent occupées en voyant *Tricolore* ouvrir ses yeux à moitié et prononcer ces mots d'une voix douce : « Ah ! que cela me chatouille ! ». Elle parut se rendormir ; mais, la minute d'après, elle s'éveilla tout à fait, en s'écriant : « Ah ! que cela est chaud ! » Elle se croyait seule ; elle regarda et trouva un ver luisant caché dans l'herbe et placé le plus heureusement du monde.

Un lecteur pénétrant jugera aisément, par la façon dont ce ver luisant se plaça, que c'était le prince *Discret* métamorphosé par sa mère. La princesse le prit et le considéra avec un air de complaisance, comme si elle se fût doutée de ce que c'était.

— Quoi ! dit-elle, voilà ce qui m'a tant émue ? Cela est plaisant. Voyons cependant s'il ne m'a pas piquée.

En cet instant critique, le grand instituteur creva dans ses panneaux, et malgré lui s'écria :

— Ouf ! je n'en puis plus.

La pauvre *Tricolore* fut saisie de frayeur et de honte.

— Eh quoi ! monsieur, qui vous aurait cru là ? On voit bien que les prêtres mettent leur nez partout.

Le grand instituteur, qui ne répondait qu'à ses idées, repartit en soupirant :

— Ah ! que ce ver luisant est heureux !

— Vous appelez cela un ver luisant ? dit la princesse.

— Oui, répliqua l'instituteur. J'admire la sagesse de la nature, qui lui a placé une étincelle de feu sur la queue.

— En effet, cela est drôle, continua *Tricolore*, et qu'en concluez-vous ?

— Que cet insecte lumineux, répondit le prophète, me chache peut-être un amant.

A ce mot d'amant *Tricolore* tressaillit ; elle tomba dans la rêverie, contempla le ver luisant, et prononça ces mots d'un air intéressant :

— Le pauvre petit, qu'il est gentil ! mais savez-vous bien, poursuivit-elle, en réfléchissant à la place où elle l'avait trouvé, savez-vous bien que vous pourriez avoir raison, et que c'est peut-être un amant ?

— N'en doutez pas, dit le grand instituteur : cette étoile n'est qu'une étincelle que l'amour a laissé tomber dessus le flambeau. Madame, continua-t-il, ayez la bonté de le serrer un peu, pour voir s'il remuera la queue.

Tricolore fut curieuse de cette expérience, elle appuya ses deux doigts ; mais, ô surprise ! ô terreur ! elle sentit jaillir le sang et sur-le-champ elle entendit la voix du prince *Discret*, qui dit :

— Ah ! *Tricolore*, je meurs de votre main, que je vous suis obligé !

Le prince expira, la princesse s'évanouit, et le grand instituteur s'écria :

— Victoire ! victoire ! *Tricolore* vient de tuer son amant ; tant mieux pour lui, tant mieux pour elle, tant mieux pour moi !

CHAPITRE IX

Le bruit de cet événement répandu, le roi des Patagons fit battre aux champs; on publia le mariage de là princesse et de *Potiron :* rien ne pouvait le retarder. Le repas se fit; on mangea plus qu'on ne parla; on parla plus qu'on ne pensa. La chère fut fine, les plaisanteries furent grosses, l'ennui succéda, et le roi, charmé de se bien divertir, dit, d'un ton malicieux, qu'il était temps de conduire les nouveaux mariés à leur appartement. Je fais grâce de la cérémonie. Le prince parut bête, *Tricolore* parut triste; tout cela était vrai. La fée *Rancune* riait comme rit la haine; le grand instituteur fit une exhortation; mais ce n'est pas ce qu'il fera de mieux. Dès que les époux furent dans la chambre nuptiale, la belle *Tricolore* prit le déshabillé le plus galant; mais ce qui la rendait encore plus charmante et plus désirable, c'était son embarras et sa rougeur : en pareille occasion, la pudeur est toujours un tribut à la volupté.

Potiron n'était pas si bien dans son bonnet de nuit. Il avait cependant une belle robe de chambre couleur de chair. Le roi crut que c'était l'instant de les laisser; il congédia l'assemblée, et prit le parti lui-même de s'appuyer sur deux de ses pages, et de se retirer, en disant une ordure, qu'il prit pour une finesse.

Dans le moment que tout le monde sortait, on entendit une voix qui prononça ces paroles :

— Il n'y est pas encore.

— Madame, dit aussitôt *Potiron*, permettez-moi de lui donner un démenti.

Tricolore garda un silence modeste, qui autorisait les droits de son époux : il allait en profiter, lorsque la princesse fit une grimace, une plainte et un mouvement. *Potiron*, plein d'égards, contint son feu, et lui demanda ce qu'elle avait.

— Seigneur, répondit-elle, c'est quelque chose de très extraordinaire.

— Sentez-vous du mal quelque part? poursuivit *Potiron*.

— Seigneur, cela est plus embarrassant que douloureux.

— Madame, permettez-moi de voir.

— Je n'ose pas, repartit-elle ; si vous saviez où c'est !

— Vous me l'indiquez en me parlant ainsi, reprit *Potiron*.

En même temps il fit l'examen ; mais quel fut son étonnement en apercevant une rose tout épanouie, entourée de piquants !

— Ah ! la belle rose ! s'écria-t-il. Madame, serait-ce, par hasard, une marque de naissance ?

— Monsieur, dit la princesse, je crois qu'elle n'y est que de tout à l'heure.

— Cela est très singulier, continua *Potiron* ; c'est un tour que l'on me joue, ou une galanterie que l'on me fait. Mais j'aperçois des lettres ; c'est peut-être une devise ; souffrez que je prenne une lumière pour les lire ; le caractère est très fin, et je le crois d'*Elzevir*.

Potiron alla prendre un flambeau ; mais il trouva un changement de décoration. Il n'y avait plus ni rose, ni piquants ; il vit à la place deux grands doigts qui lui faisaient les cornes. *Potiron* se mit en fureur.

— Madame, s'écria-t-il, vous avez un amant, et voilà ses doigts.

— Seigneur, qu'imaginez-vous là ? Vous me faites injure.

— Madame, ayez la bonté de vous tenir debout pour voir si cela ne changera point.

La princesse se leva, et les deux doigts restèrent. *Potiron* tâcha de réfléchir : il jouait de malheur toutes les fois que cela lui arrivait ; il en fit une nouvelle expérience.

— Princesse, reprit-il d'un air content, tout ceci n'est qu'un jeu ; ce n'est qu'une mauvaise plaisanterie de la fée *Rusée*, qui veut arrêter mes plaisirs en me donnant des ombrages sur vous. Je remarque que ces deux doigts ne peuvent m'empêcher de vous donner des preuves de mon estime. Ils disparaîtront sans doute lorsque je les aurai méprisés.

Il eut alors un désir déplacé (il n'y avait jamais d'à-propos chez lui) ; il voulut se satisfaire : mais les deux doigts devinrent aussitôt deux pinces qui le serrèrent impitoyablement. Il jeta les hauts cris ; et ce qui redoublait ses tourments, c'est que dans cet instant la princesse, par une impulsion involontaire, marcha à reculons avec autant de vitesse qu'aurait pu faire le meilleur coureur en allant droit devant lui.

— Eh bien! mais, Madame, s'écria-t-il, vous êtes folle; mais vous n'y pensez pas; arrêtez-vous donc.

— Je ne le puis, monsieur, répliqua-t-elle en lui faisant sans cesse faire le tour de la chambre.

— Madame, reprenait *Potiron*, vous me malmenez trop, je ne pourrai de ma vie vous être bon à rien.

Enfin, au bout d'un grand quart d'heure, *Tricolore* tomba dans un grand fauteuil, et *Potiron*, se trouvant libre, roula par terre sans aucun sentiment.

CHAPITRE X
Façon de rompre un enchantement.

Potiron reprit sa connaissance : ce n'était pas reprendre grand'chose : il ouvrit les yeux, regarda la princesse, et lui tint ce discours tout rempli de bon sens :

— Madame, j'aimerais beaucoup mieux que vous me menassiez par le nez.

La princesse, un peu remise, eut envie de rire; elle se retint cependant et ne répondit rien.

— Y sont-ils encore? poursuivit *Potiron*.
— J'en ai peur, dit *Tricolore*.
— C'est ce qu'il faut voir, dit le prince.

Il les trouva plus que jamais en forme de compas, avec les mêmes paroles : *Voilà pour toi*. Le caractère en était tout au plus gros.

— Je suis fort aise de les trouver, s'écria *Potiron*; j'ai dans ma poche une paire de ciseaux que ma mère m'a donnée ; ils ont la vertu de couper toutes les choses enchantées.

L'épreuve réussit, il rasa les deux doigts ; mais la rose et les épines prirent la place aussitôt, avec ces mots écrits : *Voilà pour lui*. Il fit la même opération sur ce nouvel enchantement ; les deux doigts reparurent, et toujours : *Voilà pour toi*.

— Madame, dit le prince, il me paraît que voilà une place qui n'est jamais vacante.

— C'est l'horoscope qu'on en a toujours tiré, répondit *Tricolore*.

— Ce que je ne conçois pas, repartit *Potiron*, ce sont ces deux devises: *Voilà pour toi; Voilà pour lui*. Je crois qu'il y a beaucoup d'esprit là dedans, mais je ne l'entends pas.

— La première devise, répliqua la princesse, me paraît la moins obscure ; il me semble que l'emblème en facilite l'intelligence.

La fée *Rancune* et la fée *Rusée* arrivèrent pendant cette discussion.

— Mon fils, dit la fée *Rancune*, je sais que vous êtes dans l'embarras, mais vous n'en êtes pas quitte.

— Est-ce comme cela que vous venez m'en retirer?

repartit *Potiron*. Pourriez-vous me dire ce que c'est que cette rose et ses accompagnements?

— C'est mon présent de noces, répondit la fée *Rusée*.

— Pour un présent de cette espèce, reprit *Potiron*, il est bien à sa place. Et les deux doigts ?

— Les deux doigts, poursuivit la fée *Rusée*, sont le présent de mon fils; il les a donnés à la princesse, et l'a chargée de vous les rendre.

— Malheureusement, dit la fée *Rancune*, ils resteront là jusqu'à ce qu'ils soient à leur destination naturelle; c'est une pièce d'attente : cependant ils disparaîtront tout à fait, s'ils ne vous empêchent pas d'être heureux avec la princesse. Essayez, mon cher fils.

— Non parbleu, cria *Potiron*, je ne crois pas qu'on m'y rattrape.

Puis se ravisant :

— Je vais, dit-il, tenter encore une fois de rompre l'enchantement : ainsi, mesdames, ayez la bonté de vous retirer.

Potiron, en effet, plein d'un nouveau courage, voulut s'emparer de la rose enchantée ; les peines ne le rebutèrent pas. Hélas ! il fut la dupe de sa valeur ; il se trouva enveloppé dans vingt mille fusées de la Chine, dont la flamme était de toutes couleurs. *Potiron* fut traité en enfant perdu.

— Au feu, au feu ! s'écria-t-il.

— Seigneur, lui dit la princesse, prenez bien garde qu'il n'y vienne des cloches.

— Il y a de la magie dans tout ce qui se passe ici, reprit le prince *Potiron*.

— C'est sans doute, répondit la princesse, encore une galanterie de la fée *Rusée :* il n'y a point eu de feu au fruit; elle vous l'a réservé pour une meilleure occasion : il faut avouer que l'on a poussé bien loin la perfection de l'artifice.

Les deux fées reparurent, en disant :

— Ah ! qu'il sent ici le brûlé !

— Il y a raison pour cela, répondit *Potiron;* si l'artillerie du roi est aussi bien servie que celle de sa fille, je défie que l'on prenne ses places.

— Il y a un moyen tout simple de lever cet obstacle, poursuivit la fée *Rusée.* Vous savez bien que madame votre belle-mère, la reine, a été métamorphosée en figure de tapisserie.

— Eh bien, répliqua *Potiron*, qu'est-ce que cela me fait à moi ? Je sais parfaitement que c'est une de vos facéties ; mais je n'en vois pas la fin.

— Je vais vous l'apprendre, dit la fée *Rusée* d'un ton plein de bonté : il est naturel que je prenne le parti de mon fils ; il était amoureux de la princesse.

— Parbleu, interrompit *Potiron,* j'en ai été assez témoin le soir de la chanterelle ; mais, grâce au ciel, il est perdu, ce petit monsieur-là.

— Il se retrouvera, reprit la fée. Je reviens à l'événement. Voyant donc que mon fils était amoureux de la princesse, et que vous étiez en droit de l'épouser, j'ai du moins cherché à vous empêcher de jouir de votre bonheur, et, pour y parvenir, j'ai jugé à propos de former un enchantement sur la reine, et un autre sur *Tricolore.* Le dernier ne pourra être rompu que préalablement le premier ne l'ait été : ainsi vous ne ferez disparaître la barrière qui vous prive de la princesse, qu'en rendant à la reine sa forme naturelle.

— Je vous crois beaucoup d'esprit, repartit *Potiron*, mais je ne vous trouve pas le sens commun. Comment voulez-vous que je fasse pour que la reine cesse d'être une figure de tapisserie?

— C'est, répliqua la fée, en la traitant comme vous vouliez traiter mademoiselle sa fille.

— Qui, moi! reprit brusquement le prince, que j'aie commerce avec une reine de haute lisse! Vous n'y pensez pas.

— Que trop, répondit la fée *Rancune:* il faut que vous fassiez cette politesse à la reine des Patagons, ou ce sera un autre qui désenchantera la princesse.

— Mais, en vérité, s'écria *Potiron*, je vous jure en honneur que cela m'est impossible.

— Eh bien, dit froidement la fée *Rusée*, qu'on aille chercher le grand instituteur.

CHAPITRE XI

Qui n'étonnera personne.

Il arriva en habit long, et demanda à ces deux dames ce qu'elles désiraient de son petit ministère.

— Ce n'est qu'une bagatelle, dit *Potiron* ; il s'agit de traiter cette reine comme vous avez l'habitude de traiter les jolies femmes.

— Vous voulez m'éprouver, répondit le pontife.

— Eh bien, quand cela serait, répondit *Potiron*, l'épreuve ne vous ferait qu'honneur.

— Seigneur, reprit le grand instituteur, je sais trop le respect que je vous dois.

— Je vous en dispense, répondit *Potiron :* je sais fort bien que cette grande figure-là est ma belle-mère ; mais vous pouvez lui manquer de respect tant que vous voudrez, sans que je m'en formalise.

— Vous ne m'entendez pas, répliqua l'instituteur ; je n'essaierai point de désenchanter la reine ; je ne veux pas aller sur vos brisées. Rompre ce charme sont vos affaires ; la mienne est de lever celui de la princesse. Permettez-moi d'aller à mon ouvrage.

— Plaît-il, monsieur le curé? dit vivement le prince.

— Seigneur, continua la fée *Rusée* avec l'air de quelqu'un qui meurt d'envie de rire, le destin a déclaré que ces deux enchantements, par une bizarrerie singulière, seraient liés entre eux ; en rompant l'un, l'autre le sera aussi par un effet du contre-coup. Il n'y a que vous qui puissiez venir à bout de celui de la reine ; et si vous ne voulez pas mettre à profit un si beau privilége, l'honneur de faire cesser celui de la princesse appartient de droit à notre instituteur.

— Je me moque de cela, repartit *Potiron*, je veux voir la rose.

— Seigneur, reprit l'homme céleste, prenez garde à ces paroles : *Voilà pour lui.*

— Eh bien, dit *Potiron*, c'est moi qui suis *lui*.

— Seigneur, continua le grand instituteur, je crois que vous vous trompez ; c'est vous qui êtes *toi*. La première devise vous regarde, et les deux doigts vous reviendront tôt ou tard ; mais je suis sûr que la rose sera pour moi.

A ces mots, le grand instituteur tourna ses pas vers la princesse. *Potiron* s'accrocha à lui pour le retenir ; mais l'instituteur prononça ces paroles avec un ton d'inspiration : « *Puissances invisibles, soumises à mes décrets, étendez en ce lieu un rideau sacré qui me sépare des profanes.* »

On vit sur-le-champ l'appartement séparé en deux par un beau rideau de velours de Gênes. *Potiron* resta avec les deux fées du côté de la reine-tapisserie, et l'instituteur se trouva, du côté du lit, seul avec la princesse.

Potiron devint furieux comme tous les petits hommes ; il voulut passer par-dessous le rideau ; il criait de toutes ses forces :

— Attends, attends-moi, vilain prêtre !

— C'est ce qu'il ne faut pas, s'écria *Tricolore*.

Ce mot ralluma le transport au cerveau du pauvre prince.

— Ah ! singe exécrable, reprit *Potiron*, tu auras affaire à moi !

— En attendant, dit la fée *Rusée*, je crois que la princesse va avoir affaire à lui.

— Ce qui me console, repartit *Potiron*, c'est qu'il

se piquera du moins. Mesdames, un peu de silence, je vous prie ; il faut savoir comment il s'en tirera ; la chose mérite attention :

En même temps, il se colla l'oreille contre le rideau ; il ne s'attendait pas au dialogue que voici.

— Ah ! quel plaisir ! dit le grand instituteur.

— Quel plaisir ! interrompit *Potiron;* mais il faut que cet homme soit enragé ! Écoutons encore.

— Ah ! que vous me faites de mal ! s'écria la princesse !

— Je ne me connais plus, poursuivit le serviteur des autels.

— Je vais m'évanouir, reprit *Tricolore.*

— Chère princesse, adorable princesse, beauté vraiment divine, continua le grand instituteur en balbutiant, encore un moment de courage.

— Ah ! je suis morte, dit la princesse en jetant un cri perçant.

Le charme se rompit, le rideau disparut ; la reine de tapisserie s'élança au cou du grand instituteur, en lui disant :

— Monseigneur, que j'ai d'obligation à votre grandeur !

Elle passa ensuite devant *Potiron,* et lui adressa ces mots :

— Je vous en fais mon compliment, mon gendre.

— Faut-il se faire écrire chez vous ? poursuivit la fée *Rusée.*

— Mon fils, continua la fée *Rancune,* vous n'êtes pas le seul.

— Seigneur, dit le grand instituteur, j'ai bien des

grâces à vous rendre, je serai toujours à vos ordres, toutes les fois qu'il vous plaira d'augmenter le casuel de mon petit bénéfice.

Potiron resta avec la princesse : la connaissance ne lui était pas encore revenue, *Potiron*, pour la ranimer, voulut lui tâter le pouls (chacun a sa méthode) ; elle crut apparemment que c'était le grand instituteur. Elle lui serra la main en disant : « Ah ! mon cher abbé ! » En même temps elle ouvrit les yeux.

— Eh quoi ! c'est vous, monsieur, reprit-elle ; que faites-vous donc là ?

— Ce que je peux, madame, répondit *Potiron* (il avait toujours la repartie juste).

Tricolore devint honteuse : le prince était embarrassé ; mais il fut encore plus curieux.

— Ah ! ah ! s'écria-t-il d'un air surpris, il n'y a plus ni rose ni piquants ; mais cet homme-là a pourtant d'excellents secrets : c'est apparemment, Madame, cette extirpation qui produisait vos plaisirs ?

— Précisément, répondit *Tricolore*.

— Je le crois aisément, répliqua-t-il. Cela n'empêche pas que ce ne soit une fort belle opération ; mais qu'a-t-il fait de tout cela ?

— Seigneur, dit la princesse, il l'a emporté pour le placer dans son cabinet d'histoire naturelle.

— Au fond, cela est juste, reprit *Potiron* ; c'est là ce qu'il entendait sans doute lorsqu'il m'a remercié d'avoir augmenté son casuel. A parler franchement, je n'en suis pas fâché. Voilà bien de la besogne faite ; je sens que j'ai envie de dormir.

CHAPITRE XII

Qui vise au touchant.

Le lendemain matin était consacré au cérémonial de la toilette. Lorsque *Tricolore* en fut débarrassée, après qu'elle eut essuyé toutes les visites des femmes de cour, qui, ce jour-là, plus que de coutume, avaient recrépi leurs appas et grimacé leurs mines, après qu'elle eut soutenu les regards malins de la reine et de la fée *Rusée*, après qu'elle eut entendu les plates équivoques de tous les courtisans, elle crut pouvoir donner l'après-dînée aux réflexions et au repos. A quoi une princesse peut-elle rêver ? A ce qu'elle aime ; par conséquent, le prince *Discret* joua un rôle dans la tête de *Tricolore* (on verra bientôt ce que la tête emporte). Elle s'imaginait avoir tué son cher prince ; elle pesait son malheur d'avoir eu un amant qui était mort, et d'avoir un mari qui ne pourrait pas être vivant, sans pour cela qu'elle fût veuve. La profondeur de ses méditations l'avait conduite jusqu'à la fin du jour, lorsqu'on vint lui dire qu'un jeune homme lui demandait un moment d'entretien.

— Un jeune homme, répliqua-t-elle d'une voix émue, un jeune...!

— Oui, Madame, répondit-on ; il ne paraît pas avoir plus de vingt ans.

— Son âge m'attendrit, répondit-elle ; qu'on le fasse entrer : je n'ai pas encore besoin de lumière.

On l'introduisit dans l'appartement ; mais il y fut pris d'une faiblesse ; il s'appuya sur un bureau et ne put prononcer que cette seule parole d'une voix éteinte :

— Ah ! mademoiselle !

La princesse fut troublée.

— Mademoiselle ! reprit-elle. Que veut dire ce mot ?

— Je me meurs, s'écria le jeune homme ; vous êtes donc madame *Potiron* ?

— Qu'entends-je, ô ciel ! dit *Tricolore*, quel son a frappé mes oreilles ! Telle était la voix expirante de ce pauvre verluisant, lorsqu'il me remerciait si poliment de l'avoir écrasé ; mais plus je le considère, plus je crois le reconnaître. Dis-moi, as-tu toujours sur toi cette étoile précieuse ?

— Ah ! dieux ! répliqua le prince, puisque vous êtes mariée, il n'est plus d'étoile pour moi.

— Hélas ! je n'en puis douter, s'écria *Tricolore* ; c'est mon prince, c'est lui ; il voit encore le jour...

— Il ne tiendrait qu'à vous de me le faire aimer ; mais je crains vos préjugés : je crains....

— Seigneur, interrompit *Tricolore*, vous serez mieux assis ; il vous sera plus commode de parler à tête reposée.

— J'y consens, répondit *Discret*, pourvu que la vôtre n'en soit pas plus tranquille.

4

Il prit un fauteuil, et *Tricolore* se mit sur sa chaise longue. *Discret* reprit ainsi la conversation avec un air tendre et sérieux :

— Madame, puisqu'il faut vous nommer ainsi, je m'intéresse à *Potiron*.

— Je reconnais votre générosité, repartit la princesse ; que voulez-vous faire pour lui ?

— Lui épargner de la peine, poursuivit *Discret*.

La princesse, qui avait beaucoup de pénétration, vit bien où le prince en voulait venir, et dit spirituellement :

— Seigneur, je reconnais votre délicatesse, mais je sais mon devoir.

— Remplit-il bien le sien ? reprit vivement *Discret*.

La princesse ne répondit rien.

— Ah ! je vois, continua le prince, que *Potiron* agit comme vous répondez. Quoi ! il n'est point en adoration devant tant de charmes ?

En achevant cette phrase, *Discret* se jeta aux genoux de la princesse.

— Prince, dit-elle, relevez-vous, je vous le demande ; votre attitude est respectueuse, mais on prétend qu'elle est commode pour manquer de respect.

— Ne le croyez pas, repartit *Discret*, et connaissez-moi mieux ; mon amour est fondé sur la plus parfaite estime.

— Hélas ! répliqua *Tricolore* en soupirant, l'amour qui commence annonce l'estime et ment ; l'amour qui finit promet l'amitié et manque de parole.

— Voilà une maxime, reprit *Discret,* qui tire au

précieux. Eh quoi! seriez-vous? déjà bel esprit *Tricolore*, *Tricolore*, ne vous occupez que de votre cœur.

Apparemment qu'il la pressa, car la princesse lui dit avec vivacité:

— Monsieur, je vais sonner.

— Eh! que ce soit l'heure du berger! repartit *Discret* de la façon la plus tendre.

— Non, non, j'ai trop dans mon cœur l'idée de la vertu.

— J'ai vu un temps, répondit le prince, où j'y aurais du moins été en second.

En prononçant ces mots, il jeta sur elle un regard expressif et lui serra la main. *Tricolore* en fut émue, et se défendit ainsi :

— Ah! prince, mon cher prince, laissez-moi donc, je vous prie.

Le prince ne la laissa point, mais lui donna un baiser convenable à la circonstance.

— C'en est trop! s'écria la princesse, sortez, et ne revenez jamais.

Le prince fut anéanti, et dit en tremblant :

— Madame, je vous obéirai.

Il était dans l'antichambre lorsque *Tricolore*, touchée de son état, se crut obligée de lui crier de loin :

— Prince, quand vous reverra-t-on ?

— Tout à l'heure, madame, répliqua-t-il d'un air ressuscité.

Mais *Potiron* entra, et *Discret* sortit, après avoir fait la révérence la plus respectueuse. *Potiron* crut que c'était pour lui ; un mari s'approprie les égards qu'on lui rend, et sa vanité est toujours de moitié avec sa femme lorsqu'il s'agit de le tromper.

CHAPITRE XIII

Cela va prendre couleur.

Potiron salua le prince de la main et du ventre, à la façon d'un financier.

— Voilà un pauvre garçon qui a l'air trop sot, dit-il à la princesse; je gagerais que vous l'avez reçu froidement, peut-être brusquement, et cela n'est pas bien. Je ne trouve pas mauvais que vous fassiez les honneurs de chez moi, pourvu que vous n'en fassiez pas les plaisirs.

— Cet avantage, répondit *Tricolore*, n'est réservé qu'à vous.

Tandis que *Potiron* raisonnait si bien, la fée *Rusée* devinait plus juste sur monsieur son fils. Elle jugea dans ses yeux que s'il ne tenait pas le bonheur, il y touchait du moins. Il ne se comportait point en fat, qui d'un désaveu même, fait une indiscrétion; il nia, avec l'effronterie qu'en pareil cas on peut avoir, et mentit comme un honnête homme.

— Vous ne voulez pas me confier où vous en êtes avec la princesse? reprit la fée, je le saurai malgré vous, je n'ai que cela à vous dire.

En effet, dès qu'elle eut quitté le prince, elle jeta sur tous les maris un enchantement dont l'effet devait être de leur donner une attaque de colique toutes les fois que les femmes auraient une faiblesse. Je crois le lecteur bien certain que les tranchées vont devenir un mal épidémique. *Tricolore* ne se doutait nullement que *Potiron* serait dans ce cas; elle se contemplait sans cesse dans sa vertu; elle se remerciait à tous moments de la rigueur qu'elle avait tenue à son amant: elle ignorait que d'y attacher tant de mérite, c'était s'en étonner, et que cet étonnement est un commencement de défaillance. La vraie sagesse ne se sait gré de rien. Une femme indifférente résiste, et s'en souvient à peine; une femme tendre s'applaudit de ses refus, et s'en applaudissant, elle s'en rappelle l'objet, elle s'attendrit, et finit par se rendre. En général, trop de réflexions sur la résistance est une préparation à la défaite. *Tricolore* cependant forma le projet de la plus glorieuse défense. On verra le succès de sa résolution.

Le lendemain, le prince *Discret* fit épier le moment de la sortie de *Potiron*, pour déterminer l'instant de sa visite.

— Princesse, dit-il en l'abordant, vos yeux paraissent fatigués; ce qui prouve que *Potiron* a passé une bonne nuit.

— Prince, répondit-elle, vous prenez là un ton qui ne vous va point; cela peut être une chose libre, elle n'est qu'entortillée.

— L'explication n'en serait pas difficile, repartit le prince.

— Je vous en dispense, reprit promptement la princesse: de quoi parlerons-nous?

— De vous, dit le prince.

— Non, cela m'est suspect, répliqua-t-elle.
— De *Potiron ?*
— Cela m'ennuierait.
— De moi ? continua le prince sur un ton de roman.
— Encore moins, dit vivement *Tricolore ;* vous ne parlez de vous que pour en venir à moi.
— Je voudrais, poursuivit *Discret*, que ces deux choses se touchassent.
— Vous allez vous embarquer si je n'y prends garde, s'écria *Tricolore.*
Tournons l'entretien sur une autre matière. Par exemple, apprenez-moi pourquoi Madame votre mère vous changea en ver luisant ; je n'en ai jamais senti la raison de préférence.
— Cela est trop simple, répondit le prince. Vous devez vous souvenir du temps que j'étais coq ; et même ce fut vous, Madame, qui me fîtes l'honneur de me faire entrer en charge.
— Abrégeons, dit *Tricolore* en rougissant.
— Volontiers, Madame. Vous vous rappelez sans doute que la fée *Rancune* allait me saisir : il fallait me faire disparaître, et ma mère n'y réussit qu'en me donnant la forme d'un très petit animal.
— Elle fit sensément, continua la princesse ; il y a tant de grosses bêtes dans le monde !
— Lorsque je fus vermisseau, reprit *Discret*, je me trouvai tout d'une venue ; mais comme mon amour était inséparable de moi, tous mes esprits, toutes mes sensations se réunirent et se portèrent dans l'endroit où vous aperçûtes une espèce d'étoile.

— Il est étonnant, repartit la princesse, combien cela vous donna de physionomie.

— Madame, dit le prince, vous me surprenez, je n'avais point de visage, et, puisqu'il faut vous parler net, mon étoile était sur la queue.

— Je ne sais que vous dire, poursuivit *Tricolore*; mais, je vous le répète, vous aviez beaucoup de physionomie, et c'était là une heureuse étoile.

— En effet, répliqua le prince *Discret*, il me souvient que vous me prîtes avec bonté entre vos doigts, vous me serrâtes avec amitié, vous me chatouillâtes; je remuai; vous craignîtes apparemment que je ne vous échappasse; vous appuyâtes votre pouce, et vous me fîtes le plaisir de me tuer le plus joliment du monde.

— Je vous affirme, dit *Tricolore*, que cela me fit une grande impression, et je sentis....

— Vous ne saviez pas, interrompit *Discret*, qu'en cet instant je redevenais homme de votre main.

CHAPITRE XIV

Gare les tranchées.

La princesse resta quelques moments en méditation sur la dernière phrase du prince, et même quelques larmes humectèrent ses yeux. *Discret* absorbé dans l'attention, et *Tricolore* dans la réflexion, gardaient l'un et l'autre un silence d'intérêt ; présage certain d'un grand événement. *Tricolore* le rompit ainsi :

— Qui aurait pu penser que cet instant, qui vous rendait vos droits, acquérait à *Potiron* celui d'être mon époux ?

— Si vous vouliez, madame, dit le prince de l'air le plus réservé, il y aurait du remède.

— Et lequel ? répondit *Tricolore*.

— Madame, reprit le prince, dans la maison d'une princesse telle que vous, il doit y avoir plusieurs charges ; *Potiron* est honoraire, je pourrais être d'exercice.

— Je ne vous entends pas, répliqua *Tricolore* ; je veux faire de vous mon ami.

— Que ce titre m'est cher ! s'écria le prince en collant sa bouche sur la main de *Tricolore*.

La princesse ne la retira point, et répéta d'une voix mal assurée :

— Oui, vous serez mon ami.

Le prince leva la tête ; il s'aperçut que les joues de *Tricolore* étaient plus animées, et ses regards plus tendres.

— Que le sentiment que vous promettez est doux ! poursuivit-il, qu'il me rendra heureux !

— Vous m'en croyez donc capable ? continua la princesse.

— Oui, sans doute, reprit *Discret*, et vous avez dans les yeux un grand fonds d'amitié.

Il voulut en même temps la pencher sur la chaise.
— Que prétendez-vous donc? dit-elle.
— Une marque d'amitié.
— Vous êtes extravagant, reprit-elle d'un ton fâché.

Je ne sais pourtant si elle l'était réellement; car *Potiron,* qui était au petit lever, fit dans ce même instant une grimace dont la fée *Rusée* s'aperçut avec joie.

— Qu'avez-vous donc? lui dit-elle.
— Madame, c'est une espèce de tranchée.
— Il faut prendre garde, reprit la fée, ces sortes de maux-là ont quelquefois des suites.

Je reviens à *Tricolore*.

Elle en imposa pour un moment à *Discret;* et comme elle était fort raisonnable, il vit bien qu'il fallait prendre le parti de lui parler raison. Voici comme il s'y prit :

— Oserai-je demander à Madame en quoi elle fait consister l'amitié ?
— A faire tout ce qui dépend de soi, répliqua la princesse, pour obliger celui qui en est l'objet.
— Ainsi, reprit le prince, si je vous proposais d'aller bien loin pour me rendre service?
— Je partirais sur-le-champ, dit vivement la princesse.
— Madame, poursuivit *Discret,* je ne veux point vous donner tant de peine ; je vous demande de ne pas sortir de votre place.
— Changeons de conversation, interrompit la princesse, vous ne savez pas raisonner.

— Madame, permettez-moi de vous faire encore une question. Je suppose que *Potiron* a dans ses jardins un grenadier; ce grenadier ne porte qu'une grenade, dont il vous a confié la garde : je suis bien sûr que personne n'y touchera ; mais je poursuis mon raisonnement. Je suppose encore que cette grenade est enchantée, qu'elle reste toujours la même, et que l'on peut détacher quelques grains sans en diminuer le nombre, et sans que la grenade perde rien de sa fraîcheur : votre meilleur ami se présente consumé d'altération et vous tient ce discours d'une voix faible, mais touchante : « *Tricolore*, princesse aimable, princesse bienfaisante, vous voyez mon état; mon corps est desséché par une soif ardente, et près de succomber ; un grain, un seul grain de ce fruit délicieux arroserait mon âme et me rendrait la vie ; le maître de cet arbre n'en pourra pas souffrir de préjudice ; il ne s'en apercevra même pas. » *Tricolore* baissa les yeux, rougit, parut chercher sa réponse et ne pas la trouver. « Vous vous taisez, reprit le prince : ah! vous laisseriez mourir votre ami. »

La princesse se troubla de plus en plus, et dit en détournant la tête:

— Vous êtes insupportable.

Le prince ne répondit que par cette exclamation.

— Que j'ai soif!

— Ah! grands dieux, finissez, je vous en prie, repartit *Tricolore* d'un ton faible, qu'elle voulait rendre brusque ; finissez, Monsieur.

— Je vous dis que je meurs de soif, continua très vivement monsieur !

Il y eut un débat, suivi d'un silence; *Tricolore* l'interrompit par ces paroles entrecoupées : « *Discret! Discret!* » et dans l'instant *Potiron*, qui était encore chez le roi, se roula sur le parquet, en criant :

— Ah! la colique! ah! la colique! je meurs!

CHAPITRE XV

Remède contre les tranchées.

Apparemment que ce moment était critique pour la vertu des femmes. L'appartement ne fut rempli que de pauvres époux qui faisaient des contorsions et des grimaces ; les uns se tenaient le ventre ; les autres, malgré le respect du lieu, tombaient dans des fauteuils. La reine, qui aurait bien voulu donner la colique au roi, accourut, en disant :

— Mais qu'est-ce que c'est que ça?

Le roi, selon sa coutume, ne savait que dire ; la fée *Rancune* enrageait de tout son cœur, et la fée *Rusée* riait de tout le sien.

Cette première attaque cessa, et le calme revint. Toute colique venant de pareille cause a des intervalles certains. Le grand instituteur, témoin d'un événement si étrange, dit qu'il fallait remercier les dieux de tout. Il fit ensuite une dissertation savante sur les coups du hasard. Le roi, qui l'écoutait, se souvint, tandis qu'il était en train de s'ennuyer, que c'était l'heure du conseil. *Potiron* l'y accompagna. Il s'agissait ce jour-là d'une affaire importante ; on l'avait mise sur le bureau. On était à prendre les voix, lorsque les tranchées reprirent à *Potiron* avec la plus grande violence ; les trois quarts des conseillers tombèrent dans la même crise, et l'on vit le plancher de la salle du conseil couvert de juges en convulsions, qui se culbutaient les uns contre les autres, et criaient à tue-tête. *Potiron* l'emporta sur eux tous, et répétait alternativement avec le chœur : « Ah ! le ventre ! le ventre ! »

On voyait les perruques et les bonnets carrés épars ; et cependant la plupart, quoique nu-tête comme des enfants de chœur, n'en étaient pas moins des têtes à perruque. Le roi envoya chercher le grand instituteur et son premier médecin ; ils entrèrent au conseil, précédés de la reine et des fées. Sa Majesté fit le rapport de la maladie : le docteur prétendit que la cause en était dans la région du foie ; mais la fée *Rusée* le dépaysa, en lui disant : « Plus bas, docteur, plus bas. » Elle avoua tout bonnement que c'était un tour de sa façon. « J'ai parié, dit-elle, que je saurais tous ceux que les femmes joueraient à leurs maris, et j'ai jeté sur eux un charme qui leur donne la colique toutes les fois qu'on les attrape. C'est une petite plaisanterie de société. »

Potiron ne put parler, à force de fureur ; il regarda

fixement sa mère *Rancune ;* et après un grand effort, il se mit à crier :

— Ah ! ma chère maman, je suis..... je suis..... Mais, madame, poursuivit-il, en s'adressant à la fée *Rusée,* il faut être exécrable pour avoir une pareille idée ; comment, toutes les fois que j'aurai mal au ventre.... ce sera une preuve certaine...

— Achevez, dit la fée... que madame votre épouse n'aura pas mal au sien.

En ce moment, *Potiron* fit une grimace ; et le premier médecin lui dit, en lui tâtant le pouls :

— Seigneur, vous grincez les dents.

— Il y a donc à parier, reprit le grand instituteur, que la princesse fait un autre usage des siennes.

— Oh ! parbleu ! reprit *Potiron,* je n'entends pas raillerie ; je sais un remède certain : je vais trouver ma femme, je l'enfermerai ; et pour ce qui est de monsieur son prince, je lui.... Ah ! chienne ! s'écriat-il en se jetant par terre ; ah ! quels tourments ! ah ! que je souffre ! ah ! maudite femme !...

— De la douceur, mon fils, de la douceur, dit la fée *Rancune,* respectez le sexe.

— Il me paraît, répliqua la reine, que le prince *Discret* prend un meilleur parti.

Il s'agitait de plus en plus ; il était tout en nage. Le premier médecin tira sa montre.

— Hé ! monsieur le docteur, que faites-vous là ? lui cria le pauvre *Potiron.*

— Seigneur, répondit le premier médecin, je regarde ma montre, pour savoir combien de temps durera l'opération.

Cette attaque ne finissait point.

— Mais, Madame, dit le patient à la fée *Rusée*, il faut que votre fils ait le diable au corps.

— Seigneur, repartit la fée en faisant la petite voix, il a toujours eu la bonté d'être au corps de toute ma famille. Mon fils a le talent de faire durer tant que l'on veut ces sortes de coliques ; c'est pour cela qu'à la cour il est si fort à la mode.

Le roi des Patagons prit alors son air de dignité, et s'exprima ainsi :

— Il serait pourtant à propos de faire cesser cette plaisanterie.

Dans ce moment, le grand instituteur eut l'honneur d'avoir les yeux égarés, et proféra ces paroles sacrées : « *L'esprit divin m'inspire ; ces coliques ne cesseront que lorsque la reine et la princesse auront recouvré leurs prémices....* »

— Je ne les crois pas dans le chemin, repartit le monarque.

— Me voilà décidément incurable, s'écria *Potiron*.

— Non, mon fils, non, mon cher enfant, interrompit la fée *Rancune ;* dès qu'il ne s'agit que des prémices de la reine et de la princesse, elles les recouvreront, et j'en suis caution.

— Ma mère, dit *Potiron*, il faut que vous ayez un grand talent pour les choses perdues.

— Il y a dans les jardins du palais, reprit la fée *Rancune*, une fontaine que j'ai enchantée ; ses eaux ont la vertu de rendre aux femmes ce qu'elles n'ont plus, et aux filles ce qu'elles doivent avoir ; mais je vous avertis, continua-t-elle, que la reine et la princesse ne reviendront dans cet état qu'à une condition bien différente : il faudra que la reine en fasse la galanterie au roi.

— Je vous en remercie, dit le monarque ; enfin, je vais donc jouer un rôle !

— Pour vous, mon fils, si vous voulez que votre colique se passe, il faut que vous vous détachiez, en faveur d'un autre, du nouveau trésor dont votre femme jouira.

— Pourquoi non ? répliqua *Potiron* : je suis accoutumé à cela.

CHAPITRE XVI

Les tableaux.

Rien de si tentant ni de si dangereux que les remèdes que l'on ne connaît point. La fontaine enchantée devait être suspecte, puisqu'elle était indiquée par une fée qui n'était contente que lorsque les autres ne l'étaient pas ; mais ce que promettaient ses eaux était bien séduisant. *Tricolore* s'y baigna et fit bien ; la reine l'imita et fit mal. La première retrouva toute l'intégrité d'une fille de douze ans ; mais sa mère tomba dans un piège que *Rancune* s'était bien donné de garde de déclarer. Cette fontaine avait le secret merveilleux qu'on avait annoncé ; mais ce n'était que pour celles qui n'avaient jamais eu qu'un amant. Je ne parle point d'un mari, cela ne se compte point.

Elle produisait un effet tout contraire sur les femmes qui avaient eu plus d'une affaire dans leur vie : ces eaux ne manquaient jamais de faire paraître empreints sur le corps les portraits de tous les amants que l'on avait eus ; et, pour ménager le terrain, ils n'étaient qu'en miniature, comme s'ils eussent été peints exprès pour être mis en bague. Les ressemblances étaient frappantes. La reine en fit la malheureuse épreuve : elle se plongea dans la fontaine avec confiance ; elle fut confondue lorsque en sortant elle se vit si bien meublée ; elle reconnut tous ses amis. Elle fit l'impossible pour les effacer de là, comme ils l'étaient de son cœur ; plus 'elle se baignait, plus les couleurs devenaient vives : les proportions étaient gardées, tous les dessins exacts, les nuances bien ménagées ; c'étaient autant de chefs-d'œuvre de peinture. La reine, qui n'était pas connaisseuse, ne sentit point tout le prix de ce nouveau mérite ; elle questionna sa fille ; elle s'étonnait qu'elle n'eût pas le portrait du grand instituteur ; mais comme la princesse l'avait reçu par nécessité, il n'en paraissait nulle trace.

Le charme n'exprimait que les portraits de ceux qu'on avait eus par goût. Elle était dans cet excès, lorsqu'on vint lui annoncer le roi : ce monarque venait la chercher avec impatience ; elle fit une résistance qui, pour la première fois de sa vie, ne fut pas jouée. Une pudeur d'amour-propre lui monta au visage, elle se rappelait que son époux avait plus de curiosité que d'activité ; et c'était, dans le cas présent, tout ce qu'elle craignait. Elle hésitait, elle balbutiait, et le roi crut qu'elle minaudait ; ses désirs en redoublèrent ; il lui donna la main et la traîna dans son appartement.

A peine y fut-elle que sa crainte devint excessive.

— En vérité, Seigneur, lui dit-elle, il me semble qu'à nos âges.... cela n'est pas raisonnable.

— Que parlez-vous d'âge, Madame? reprit le roi. La fontaine vient de l'effacer. Vous me paraissez plus belle, plus jeune, plus fraîche que le jour que je vous épousai ; votre printemps est revenu, et je sens qu'il a ramené le mien. En cet instant il lui prit une vivacité de jeune homme.

— Seigneur, dit la reine en le repoussant, quoi ! malgré les lumières....

— Comment ! répartit le roi, voilà une fontaine miraculeuse : elle donne de la modestie ; mais je vous connais, et vous me saurez gré de ne la pas ménager.

La reine tomba en faiblesse, et le monarque s'écria :

— Ah ! bon Dieu, que de portraits ! Mais, mais je connais toutes ces figures-là. Voilà toute ma petite écurie ; voici les pages de ma chambre ; voici celui-ci ; voici celui-là ; oh ! oh ! voilà mon gendre aussi ; en vérité, il est parlant : c'est bien la chose la plus singulière que j'aie vue de ma vie.

La reine reprit ses sens et vit le roi occupé à regarder avec son gros verre, pour examiner mieux.

— Votre Majesté, dit-elle, doit être bien surprise.

— Extrêmement, Madame; vous savez que je suis amateur. Tous ces portraits-là sont fort bons au moins ; vous figureriez très bien dans le cabinet d'un curieux, et je pense qu'il faut vous exposer au salon.

— Sire, reprit la reine, vous devez savoir combien mes amis me sont chers; j'ai prié une fée de faire en sorte que j'en eusse tous les portraits ; je ne m'attendais pas qu'elle les placerait là.

— Je trouve cela très commode, dit le roi, cela ne remplit pas les poches. Mais, poursuivit-il, je suis scandalisé d'une chose; parmi tous ces petits portraits, je ne vois point le mien, et je remarque que tous vos amis sont des enfants de quinze à vingt ans au plus.

— Seigneur, répliqua la reine, je crains tant de les perdre, que je les prends toujours les plus jeunes qu'il m'est possible.

— Il me vient une idée, interrompit le roi ; je voudrais avoir des estampes de tout cela ; je serais curieux de vous faire graver comme la chapelle des E... T... Le grand instituteur est un fort joli graveur, je vais le mander, je veux le consulter.

CHAPITRE XVII

Qui est de trop.

Malgré la reine, le grand instituteur parut; le premier coup d'œil le frappa.

— Voilà, s'écria-t-il, une galerie dans un goût nouveau : ce que j'y trouve de charmant, c'est que tous ces tableaux se portent aisément; c'est ce que, nous autres savants, nous appelons communément des *veni mecum*.

— Cela fera une fort jolie suite d'estampes, au moins, dit le roi.

Alors l'instituteur fit cette demande à la reine :

— Comment Votre Majesté désire-t-elle que je la grave? Est-ce au burin ou à l'eau forte?

— Monsieur l'instituteur, répartit la reine, eh! pour Dieu, mêlez-vous de vos affaires.

— Il me paraît, répondit le grand instituteur, que bien des gens se sont mêlés des vôtres. Je ne demande pas mieux que de tirer ces estampes; mais, en conscience, ce n'est pas au roi à faire les frais des planches.

— Je vous entends, dit le roi, parce que j'ai bien de l'esprit; ces petits amis-là m'ont l'air d'avoir été autant d'amants.

— Je le croirais assez, poursuivit l'instituteur : c'est une méchanceté de la fée *Rancune*, qui a décidé que tout portrait qui cesserait d'être dans le cœur de la reine passerait où vous le voyez.

On envoya chercher la fée *Rancune*; et le grand instituteur, en attendant, examina les portraits en détail.

— En voici, dit-il, de très jolis; ils ne sont qu'au crayon; mais les attitudes sont plaisantes; ce sont de vrais *Clinchetel*. *Rancune* arriva.

— Nous admirons votre ouvrage, dit le roi; vous avez eu, je vous l'avoue, une idée bien extraordinaire.

— J'ai voulu savoir, répondit la fée, s'il y avait une femme irréprochable, et j'ai imaginé l'enchantement de la fontaine. S'il s'en trouve une seule, poursuivit-elle, qui n'ait pas un petit portrait sur le corps, tous ceux de la reine disparaîtront.

— C'est une expérience à faire, s'écria la reine; elle sera d'autant plus facile, que presque toutes les femmes se sont baignées. Il n'y a qu'à les faire passer dans la salle des Suisses et nommer visiteur le grand instituteur.

— Madame, répliqua-t-il, c'est un droit attaché à ma place; mais je veux de la décence, et j'exige que la visite se fasse dans ma petite maison.

La proposition fut acceptée; chaque femme, sans en dire la cause, fut appelée et reçue en son rang. Le visiteur s'acquittait de son emploi avec toute l'attention possible; il débutait toujours par cette phrase : *Madame, permettez-moi de voir s'il n'y a pas quelque chose là-dessous.* Cela ne manquait jamais; c'était perpétuellement des femmes à tiroir. La reine crut que les coquettes pourraient rompre le charme; mais le saint visiteur observa que la seule différence était dans la peinture, et que les portraits de leurs amants n'étaient jamais qu'en pastel. Il prit le parti de les envoyer chez *Loriot*, pour les fixer.

On fit venir une dévote célèbre, qui ne sortait guère d'un temple dont elle était voisine; elle marchait gravement, parlait froidement, sentait vivement, et ne regardait qu'en dessous; c'était la réputation la plus imposante du royaume. Le grand instituteur représenta que vraisemblablement cette femme n'était pas dans le cas de l'épreuve.

— La vertu, dit-il, va rarement à la fontaine, ou par négligence, ou parce qu'elle n'en a pas besoin, ou parce qu'elle ne fait pas usage du privilège qui y est attaché.

On risqua l'aventure. La dévote fut interdite, lorsque le visiteur lui tint ce discours :

— Madame, votre vertu va dans l'instant recevoir le plus grand éclat; permettez que je vous visite.

— Insolent, s'écria la dévote!....

— C'est ma charge, Madame....

— Je vous donnerai un soufflet.

— C'est ce qu'il faut voir, répliqua-t-il.

Notre sainte, piquée, frappe, égratigne, mord; le visiteur ardent, tient ferme, pousse et triomphe.

— Oh! oh! s'écria-t-il, me voici en pays de connaissance; voilà les portraits de tous nos bons amis: je reconnais tous les novices et les jeunes profès du temple où vous allez. Voici le procureur général;

ici c'est le recteur, qui n'est pas nommé ainsi pour rien, à ce qu'il me paraît. Mais, mais, en vérité, Madame, cela est très édifiant; votre corps a l'air d'une congrégation. J'aperçois cependant un cadre qui n'est pas rempli; cela fait un mauvais effet; j'ai envie d'y mettre ordre.

— Ah! Monseigneur, répondit la dévote en se mettant les mains sur le visage, n'abusez pas de votre charge. Ah! que faites-vous? rien ne vous arrête; je n'oserai pas voir la lumière après cette aventure...

Ah! Monseigneur, ah! que vous avez un grand.... talent pour peindre!

Le grand instituteur fut un héros... aussi se trouva-t-il dans le cadre en habit de cérémonie : tous les petits portraits avaient changé d'attitude, et paraissaient, avec respect, prosternés autour de lui. Le grand instituteur fit conduire honorablement chez lui cette femme célèbre, et jugea à propos de finir ses visites.

Le prince *Potiron*, qui était délivré de sa colique, prit son parti sur *Tricolore*. Tous les oracles, qui avaient paru contradictoires, se trouvèrent vérifiés. Le prince *Discret* avait eu la princesse en qualité d'amant, et ne l'avait pas eue en qualité de mari; c'était tant mieux pour elle. *Potiron* ne l'avait eue que comme un sot, et même n'en profita point; ainsi il l'eut et il ne l'eut pas : elle lui avait apporté ses prémices, et cependant avait eu dix-sept enfants. *Discret*, par le moyen de la fontaine enchantée, avait cueilli cette fleur si précieuse, quoiqu'il eût été prévenu par le grand instituteur. Il avait reçu la mort de sa maîtresse, et ç'avait été tant mieux pour lui. *Potiron* avait eu la colique bien serrée.

Après de si grands événements, les deux fées allèrent dans d'autres cours; le roi continua de végéter dans la sienne, et la reine passa son temps à se faire achever de peindre.

IL EUT RAISON

CONTE PHILOSOPHIQUE ET MORAL

C'ÉTAIT un homme sensé qu'Azéma ; il ne voulait point se marier, parce qu'il savait qu'on trompe tous les maris, et il se maria. On lui proposa deux partis ; l'un était une jeune beauté qu'il aimait, et qui lui eût été fidèle ; l'autre était une veuve qui lui était indifférente, et qui ne l'était pas pour tout le monde ; c'est ce qu'on lui fit connaître clairement. Cette dernière fut l'objet de son choix et il eut raison. Ceci a l'air d'un paradoxe, cela va devenir une démonstration. Yrène, mère d'Azéma, se sentant près de sa dernière heure, fit venir son génie de confiance, et lui tint ce discours sensé : « Prenez soin, je vous prie, de l'éducation d'Azéma, appliquez-vous à lui rendre l'esprit juste, qu'il voie les choses comme elles sont : rien n'est plus difficile. Il est jeune, qu'il ait les erreurs de son âge, pour en sentir le faux ; qu'il fréquente les femmes; qu'il ne soit pas méchant ; on doit se former l'esprit avec leurs agréments, excuser leurs défauts, et profiter de leurs faiblesses. Lorsqu'il aura vu le monde et qu'il en sera dégoûté, qu'il finisse par se marier, afin d'avoir une maison qui soit l'asile d'une compagnie choisie. Le bonheur d'un jeune homme c'est d'être toujours avec les autres ; le bonheur d'un homme raisonnable, c'est d'être souvent avec soi-même. Il est bien plus doux de recevoir ses amis que d'aller voir ses connaissances; l'amitié est la volupté de l'âge mûr. »

Yrène expira après avoir dit tant de belles choses. Elle n'avait rien de mieux à faire ; il y aurait une grande mortalité, si l'on cessait de vivre lorsqu'on n'a plus rien à dire.

Le génie attendit qu'Azéma eût quinze ans, et lui parla ainsi : « On m'a recommandé de vous rendre prudent ; pour le devenir il faut faire des sottises : vous ne croiriez peut-être pas que pour cela on a quelquefois besoin de conseils; je présume cependant que vous pourriez vous en passer ; je vous laisse jusqu'à ce que vous ne sachiez plus quel parti prendre ; je ne vous abandonne pas pour longtemps. » Azéma se confondit en remerciements fort plats, fort mal tournés. « Je ne vous ai pas recommandé, interrompit le génie, de dire des sottises, mais d'en faire ; agissez toujours, et toutes les fois que vous voudrez parler, ayez l'attention de vous taire. »

Après ces mots, il disparut. Azéma, livré à lui-même, voulut se donner l'air de réfléchir aux fautes qu'il commettrait par préférence : on ne peut les choisir qu'en les connaissant, et ce sont de ces connaissances qui ne s'acquièrent qu'en chemin faisant. D'ailleurs, un jeune homme avantageux ne fait des sottises qu'en cherchant à s'en garantir. Il avait une présomption qui promettait beaucoup : un air capable est presque toujours l'étiquette du contraire; son début fut brillant. Il était d'une ancienne noblesse, sans pouvoir cependant dire « un homme de ma maison » : il ne distingua pas cette nuance ; il dédaigna les vertus simples et obscures d'un bon gentilhomme, et préféra les vices éclatants d'un grand seigneur. Il eut un équipage de chiens courants, grand nombre de chevaux, plusieurs carrosses, des coureurs, trois cuisiniers, beaucoup de maîtresses, et point d'amis. Il passait sa vie à tâcher de s'amuser; mais ses occupations n'étaient que le résultat de son désœuvrement.

Le fonds de son bien s'évanouit en peu de temps ; il éprouva qu'un homme de condition, né riche, ne fait qu'un homme de qualité fort pauvre; il se trouva ruiné sans avoir seulement effleuré le plaisir, et vit trop tard que le bonheur s'obtient et ne s'achète pas.

Pressé par ses créanciers, trompé par ses maîtresses, délaissé par ses parasites, il s'écria : « O désespoir! je ne sais plus quoi faire. » Il entendit une voix aérienne qui prononça ces mots : *Gagnez bien des fontanges.*

— Voilà une jolie ressource, dit Azéma ; je n'aurais

pas cru que pour rétablir mes affaires, il fallût m'adresser à mademoiselle Duchapt.

L'absurdité de ce conseil le plongea dans la rêverie.

Il marcha longtemps sans s'en apercevoir : la nuit le surprit ; il se trouva dans un bois; il suivit une route ; cette route le conduisit à un palais. Il se présenta à la grille ; elle était gardée par un suisse, qui avait un baudrier tout garni de pompons ; et, quoique suisse, il portait sous ce baudrier une crevée de fontanges. Cet ajustement en imposa à Azéma.

— Monsieur, lui dit-il, j'ai sans doute l'honneur de parler au génie du siècle.

— Mon ami, lui repartit le suisse, vous ne vous connaissez pas en génies ; j'appartiens à la fée aux Fontanges.

— Ah ! voilà ma femme, reprit vivement Azéma.

— Il s'agit de savoir si vous serez son homme, reprit froidement le suisse ; je vais vous remettre entre les mains de son écuyer.

L'écuyer le regarda sans dire un mot, l'examina très sérieusement, et ne proféra que ces paroles :

— Il faut voir ; prenons l'aune de Madame.

Il alla chercher une grande canne, mesura Azéma, et dit d'un ton de protection : « Cela se peut. »

Alors il le quitta, revint un instant après, introduisit Azéma dans un appartement superbe, et l'y laissa, en lui répétant : *Gagnez bien des fontanges.*

Il fut un bon quart d'heure sans croire qu'il fût avec quelqu'un ; il entendit une voix grêle, qui criait du fond d'un grand lit : « Rouscha, Rouscha. »

Cette Rouscha parut, en disant :

— Que plaît-il à Madame ?

— Cet étranger, répondit la fée : tirez mes rideaux ; eh ! mais vraiment, poursuivit-elle, ce jeune homme est assez bien. Retirez-vous, Rouscha, j'ai des conseils à lui donner.

Rouscha se retira, en disant à Azéma : *Gagnez bien des fontanges.*

Azéma, en voyant la fée à son séant, fut pénétré de respect, et demeura immobile.

— Jeune homme, approchez-vous donc, dit la fée.

Le jeune homme recula.

— Qu'est-ce que c'est donc, continue la fée, que ce petit garçon-là, qui est timide, et qui ne fait point de cas de rubans !

En achevant cette phrase, elle étala aux yeux d'Azéma un couvre-pied brodé de fontanges qui étaient faites de diamants.

— Ah ! Madame, s'écria-t-il, le beau couvre-pied !

— Est-il de votre goût ? dit la fée ; pensez-vous qu'il vous tiendrait chaud ? Je ne demande pas mieux que de vous le céder ; mais vous ne pouvez l'avoir qu'en détail ; j'en détacherai une fontange à chaque trait d'esprit de votre part.

— Comment, reprit vivement Azéma, il ne faut que cela ? Je vais vous enlever toutes vos fontanges.

— Je puis vous assurer, repartit la fée, que je ne les regretterai pas ; il est vrai, poursuivit-elle, que je suis difficile.

On servit le souper à côté du lit de la fée. Azéma

se tua pour avoir de l'esprit : épigrammes, jeux de mots, méchancetés, choses libres, anecdotes, rien ne fut oublié, et rien ne prit ; il avança même que *Nicodème* était une tragédie héroï-comique, sans que la fée se mît en devoir de lui donner la plus petite fontange ; elle mangeait beaucoup, et ne disait pas un mot. Elle fit desservir et dit à Azéma :

— Mon cher enfant, est-ce là ce qu'on appelle de l'esprit dans le monde ?

— Oui, Madame, répondit Azéma.

— Eh bien, reprit la fée, mes fontanges ne seront pas pour vous.

Azéma lui proposa de les jouer au trictrac. La fée y consentit. Il joua d'un si grand bonheur qu'il en gagna beaucoup rapidement ; tant il est vrai qu'on fait plutôt fortune par le jeu que par l'esprit ! Mais tout à coup la chance tourna : il allait tout reperdre ; la fée en eut pitié et lui dit :

— Demeurons-en là ; j'attends ce soir quelqu'un dont le bonheur est moins rapide, mais plus soutenu. Croyez-moi, quittez le palais, tirez bon parti de vos fontanges, et ne les perdez pas surtout comme vous les avez gagnées.

Azéma, profita de l'avis, vendit ses pierreries, retira ses terres, et se mit en bonne compagnie. On a beau la tourner en ridicule, ce n'est que là qu'on apprend à penser. Il eut même le bonheur d'y devenir amoureux d'une femme raisonnable : dès cet instant, il abjura tous les faux airs ; il tâcha de mettre à leur place des perfections ; il vit que pour triompher d'elle, il fallait l'attendrir, et non pas la séduire : l'un est plus difficile que l'autre. Une femme sensée est toujours en garde contre la séduction, il n'y a que l'estime dont elle ne se défie pas ; elle s'abandonne au charme de son impression sans en prévoir les conséquences, et souvent se livre à l'amour en croyant ne suivre que la raison.

Voilà ce qui fait les vraies passions. La volupté naît du principe qui les a fait naître ; et le plaisir de voir qu'on ne s'est point trompé garantit toujours leur durée.

Azéma, dans son ivresse, désirait que l'hymen l'unît à un objet si estimable ; mais il eut assez de sentiment pour n'en rien faire. On ne doit point songer au mariage par respect pour l'amour ; l'autorité de l'un découvre trop les mystères de l'autre : sa maîtresse en était si persuadée qu'elle fut la première un jour à lui proposer plusieurs partis ; elle lui fit envisager qu'à un certain âge il est de la décence de se marier, pourvu que l'on ne soit point amoureux de sa femme.

Il était sensé, mais il était peureux. Effrayé de l'ennui qui assiège un vieux garçon et des dangers que court un vieux mari, il s'écria :

— O mon génie tutélaire ! m'abandonnez-vous ?

Le génie parut et lui dit :

— Que me veux-tu ?

— Me marierai-je ! reprit Azéma.

— Sans doute, répondit le génie.

— Oui, mais, poursuivit l'autre en tremblant, serai-je...

— Suis moi, interrompit le génie, je vais voir si tu sais prendre ton parti.

Dans l'instant il le transporta dans un palais rempli des plus jolies femmes.

La vivacité de leur esprit augmentait encore celle de leur beauté ; elles ne parlaient point d'amour en soupirant, elles ne prononçaient son nom qu'en riant.

La gaieté était toujours occupée à recevoir des fleurs de leurs mains, pour en former les chaînes de leurs amants. Quoique mariées, elle avaient l'air content ; mais les maris n'avaient pas le même uniforme ; ils faisaient aller la maison et n'y paraissaient point : on priait en leur nom, mais on n'y jouait point ; et lorsque par hasard il voulaients se mettre de quelque souper, ils y faisaient la figure la plus triste ; ils étaient environnés des ris, et paraissaient toujours avoir envie de pleurer : ils ressemblaient à ces esclaves chinois qui portent des timbales sur leurs épaules, et sur lesquelles on bat la marche du plaisir, sans les y faire participer. Azéma trouva ce lieu fort amusant ; il y eut même une coquette qui l'aurait épousé, pour en faire un représentant. Il demanda du temps et consulta le génie.

— Je vois ce que vous craignez, lui dit son protecteur, et je dois vous assurer en vous apprenant que c'est ici le séjour de l'infidélité ; les amants y sont en titre et n'y sont jamais en charge ; les femmes y sont sages avec l'apparence du dérangement, et les maris n'y ont que l'air de la sottise.

— C'est donc le pays des dupes, reprit Azéma ?

— C'est son vrai nom, reprit le génie ; visitons-en un autre.

Il le conduisit dans une ville voisine et le présenta dans une maison où il se rassemblait des gens aimables, qui prévenaient ceux qu'ils ne connaissaient pas, et qui n'aimaient que ceux qu'ils estimaient. Un esprit liant, des mœurs douces, une âme simple et sensible, caractérisaient la maîtresse de cette maison; elle était amoureuse, sans cesser un seul instant d'être décente et honnête, polie avec ses connaissances, gaie avec sa société; pleine de confiance, d'égards et d'attentions pour son mari, elle le consultait moins par besoin que par respect pour elle-même; elle avait soin de n'inviter que des gens qui lui convinssent autant qu'à elle; elle voulait qu'il fût sûr, quand il lui prenait envie de rentrer chez lui, d'y être fêté comme un ami aimable qui arrive sans qu'on s'en soit flatté.

Elle était persuadée, avec raison, que le peu de cas qu'on fait d'un mari n'est jamais qu'aux dépens de sa femme, et qu'on ne doit sa considération qu'à celui de qui l'on tient son état. Azéma fut enchanté du ton qui régnait dans cette maison: il y fit connaissance avec une veuve qu'il estimait, sans aucun sentiment plus tendre.

Le génie le mena dans plusieurs autres sociétés, dont la première était l'image.

— Je suis bien sûr, dit Azéma, que de toutes ces femmes-là, il n'y en a pas une qui ne soit fidèle à son mari.

— Vous vous trompez, répliqua le génie, il n'y en a pas une seule qui n'ait son affaire arrangée; il est aisé de rendre un amant heureux, sans que cela prenne sur le bonheur d'un époux ; il ne s'agit que de respecter l'opinion. Une femme étourdie fait plus de tort à son mari qu'une femme sensée et tendre.

Azéma tomba dans la méditation, s'en tira comme d'un profond sommeil, et parla ainsi :

— Et vous dites, Monsieur, qu'il faut absolument me marier ?

— Oui, sans doute, répondit le génie ; le garçon le plus aimable, quand il est vieux, doit songer à s'amuser et à se garantir d'être incommode ; en prenant une femme, il remplit ces deux objets : à un certain âge, on ne peut plus joindre le plaisir, mais il y a toujours des moyens sûrs de l'attirer chez soi ; l'homme qui a été le plus cherché dans sa jeunesse ne vit qu'un certain temps sur sa réputation ; on le supporte, mais il attriste ; la gaieté des autres se trouve enveloppée dans ses infirmités. Si, au contraire, il tient une bonne maison, on se fait un devoir d'aller lui rendre des respects, et sa femme, lorsqu'elle est aimable, devient un voile couleur de rose qui couvre sa caducité.

— Me voilà déterminé, s'écria Azéma, je veux me marier, et je vais peut-être vous étonner. Si j'épouse cette coquette que j'ai trouvée dans le palais des dupes, elle me sera fidèle ; mais on n'en croira rien, et, pour lors, l'on m'accablera de brocards : souvent un mari passe pour une bête, moins parce qu'il manque d'esprit, que parce qu'il joue le rôle d'un sot. Si je m'unis à cette veuve que j'ai connue ici, elle aura un amant, je l'avoue ; mais cet amant sera un galant homme qui sera digne d'être mon ami ; il aura des regards pour moi, et j'en tirerai peut-être un meilleur parti que ma femme même.

Tel fut le raisonnement d'Azéma. En conséquence, il se proposa à la veuve, fut accepté et épousa. Il eut raison.

IL EUT TORT

CONTE MORAL

Eh! qu'est-ce qui ne l'a pas? On n'est dans le monde environné que de torts; ils sont nécessaires, et sont les fondements de la société; ils rendent l'esprit liant, ils abaissent l'amour-propre. Quelqu'un qui aurait toujours raison serait insupportable: on doit pardonner tous les torts, excepté celui d'être ennuyeux; celui-là est irréparable. Lorsque l'on ennuie les autres, il faut rester chez soi tout seul: mais ceci est étranger à mon sujet.

Passons à l'histoire de Mondor; c'était un jeune homme malheureusement né : il avait l'esprit juste, le cœur tendre et l'âme douce; voilà trois grands torts qui en produiront bien d'autres.

En entrant dans le monde, il s'appliqua principalement à tâcher d'avoir toujours raison. On va voir comme cela lui réussit. Il fit connaissance avec un homme de la cour : la femme lui trouva l'esprit juste, parce qu'il avait une jolie figure ; le mari lui trouva l'esprit faux, parce qu'il n'était jamais de son avis.

La femme fit beaucoup d'avances à la justesse de son esprit ; mais, comme il n'en était point amoureux, il ne s'en aperçut pas. Le mari le pria d'examiner un traité sur la guerre, qu'il avait composé, à ce qu'il prétendait. Mondor, après l'avoir lu, lui dit tout naturellement qu'en examinant son ouvrage il avait jugé qu'il serait un fort bon négociateur pour un traité de paix.

Dans cette circonstance, un régiment vint à vaquer. Un petit marquis avorté trouva l'auteur de cour un génie transcendant, et traita sa femme comme si elle eût été jolie. Il eut le régiment ; le marquis fut colonel. Mondor ne fut qu'un homme vrai ; il avait tort.

Cette aventure le rebuta ; il perdit toutes vues de fortune, vint à Paris vivre en particulier, et forma le projet de s'y faire des amis. Ah ! bon Dieu, comme il eut tort ! Il crut en trouver un dans la personne du jeune Alcipe. Alcipe était aimable, avait le maintien décent et les propos d'un homme essentiel.

Un jour, il aborda Mondor avec un air affligé. Aussitôt Mondor s'affligea (car il n'y a point de plus sottes gens que les gens d'esprit qui ont le cœur bon). Alcipe lui dit qu'il avait perdu cent louis sur sa parole ; Mondor les lui prêta sans vouloir de billet : il crut par là s'être acquis un ami ; il eut tort, il ne le revit plus.

Il donna dans les gens de lettres; ils le jugèrent capable d'examiner leurs pièces: ils obtinrent audience de lui plus aisément que du public. Il y en eut un en qui Mondor crut reconnaître du talent; il lui sembla digne de la plus grande sévérité: il lut son ouvrage avec attention; c'était une comédie. Il retrancha des détails superflus, exigea plus de fond, demanda à l'auteur de mieux enchaîner ses scènes, de les faire naître l'une de l'autre, de mettre toujours les acteurs en situation, de prendre bien plus garde à la justesse du dialogue qu'au faux brillant de l'esprit, de soutenir ses caractères, de les nuancer finement, sans trop les contraster. Il lui fit remarquer que les paquets de vers jettent presque toujours du froid sur l'action. Voilà les conseils qu'il donna à l'auteur: il corrigea sa pièce en conséquence. Il éprouva que Mondor l'avait mal conseillé; les comédiens ne trouvèrent pas qu'elle fût jouable.

Cela le dégoûta de donner des avis. Le même auteur, qui aurait dû se dégoûter de faire des pièces, en composa une autre, qui n'était qu'un amas de scènes informes et décousues. Mondor n'osa pas lui conseiller de ne la point donner; il eut tort. La pièce fut sifflée; cela le jeta dans la perplexité: s'il donnait des conseils, il avait tort; s'il n'en donnait pas, il avait tort encore.

Il renonça au commerce des beaux-esprits, et se lia avec des savants; il les trouva presque aussi tristes que des gens qui veulent être plaisants. Ils ne voulaient parler que lorsqu'ils avaient quelque chose à dire; ils se taisaient souvent. Mondor s'impatienta et ne parut qu'un étourdi. Il fit connaissance avec des femmes à prétention; autre méprise : il se crut dans un climat plus voisin du soleil ; c'était le pays des éclairs, où presque toujours les fruits sont brûlés avant que d'être mûrs. Il remarqua que la plupart de ces femmes n'avaient qu'une idée, qu'elles subdivisaient en petites pensées abstraites et luisantes : il s'aperçut que tout leur art n'était que de hacher l'esprit ; il connut le tort qu'il avait eu de rechercher leur société : il voulut y raisonner, il parut gauche; il voulut y briller, il parut lourd ; en un mot, il déplut, quoiqu'il sût fort bien ses auteurs latins, et sentit qu'on ne pouvait pas dire à un jeune homme : Voulez-vous réussir auprès des femmes, lisez Cicéron.

Mondor était l'homme du monde le plus raisonnable, et ne savait quel parti prendre pour avoir raison. Il éprouva que dans le monde les torts viennent bien moins de prendre un mauvais parti que d'en prendre un bon maladroitement.

Il avait voulu être courtisan, il s'était cassé le cou; il avait cherché à se faire des amis, il en avait été la dupe; il avait vu de beaux-esprits, il s'en était lassé; des savants, il s'était ennuyé; des femmes, il avait été ennuyeux. Il entendit vanter le bonheur de deux personnes qui s'aiment véritablement; il crut que le parti le plus sensé était d'être amoureux: il en forma le projet ; c'était précisément le moyen de ne pas le devenir. Il examinait toutes les femmes; il mettait dans la balance les agréments et les talents de chacune, afin de se déterminer pour celle qui aurait une perfection de plus. Il croyait que l'Amour est un dieu avec lequel on peut marchander.

Il eut beau faire cette revue, il eut beau s'efforcer d'être amoureux, cela fut inutile ; mais un jour, sans y penser, il le devint de la personne la plus laide et la plus capricieuse ; il se remercia de son choix ; il vit cependant bien qu'elle n'était pas belle ; il s'en applaudissait ; il se flattait de n'avoir point de rivaux : il avait tort. Il ignorait que les femmes les plus laides sont les plus coquettes. Il n'y a point de minauderie, point de regard, point de petit discours qui n'ait son intention ; elles se donnent autant de soin pour faire valoir leur figure qu'on en prend ordinairement pour faire rapporter une mauvaise terre. Cela leur réussit ; les avances qu'elles font flattent l'orgueil, et la vanité d'un homme efface presque toujours la laideur d'une femme.

Mondor en fit la triste expérience ; il se trouva environné de concurrents ; il en fut inquiet : il eut tort ; cela le conduisit à un plus grand tort, ce fut de se marier. Il traita sa femme avec tous les égards possibles ; il eut tort. Elle prit sa douceur pour faiblesse de caractère, et le maîtrisa rudement. Il voulut se brouiller ; il eut tort, cela lui ménagea le tort de se raccommoder. Dans les raccommodements, il eut deux enfants, c'est-à-dire deux torts : il devint veuf ; il eut raison ; mais il en fit un tort ; il fut si affligé qu'il se retira dans ses terres.

Il trouva dans le pays un homme riche, mais qui vivait avec hauteur ; il ne voyait aucun de ses voisins ; il jugea qu'il avait tort : il eut autant d'affabilité que l'autre en avait peu; il eut grand tort. Sa maison devint le réceptacle de gentillâtres qui l'accablèrent sans relâche. Il envia le sort de son voisin et s'aperçut trop tard que le malheur d'être obsédé est bien plus fâcheux que le tort d'être craint. On lui fit un procès pour des droits de terre; il aima mieux céder une partie de ce qu'on lui demandait injustement que de plaider; il se comporta en honnête homme, donna à dîner à la partie adverse et fit un accommodement désavantageux; il eut tort; un si bon procédé se répandit dans la province; tous ses petits voisins voulurent profiter de sa facilité et réclamèrent, sans aucun titre, quelques droits chimériques; il eut vingt procès pour en avoir voulu éviter un : cela le révolta, il vendit sa terre; il eut tort. Il ne sut que faire de ses fonds; on lui conseilla de les placer sur le concert d'une grande ville voisine, qui était très accrédité. Le directeur était un joli homme, qui s'était fait avocat pour apprendre à se connaître en musique. Mondor lui confia son argent; il eut tort. Le concert fit banqueroute au bout d'un an, malgré la gentillesse de M. l'avocat. Cet événement ruina Mondor. Il sentit le néant des choses d'ici-bas; il voulut devenir néant lui-même; il se fit moine et mourut d'ennui; voilà son dernier tort.

LE SULTAN MISAPOUF

ET

LA PRINCESSE GRISEMINE

OU

LES MÉTAMORPHOSES

DISCOURS PRÉLIMINAIRE

Vous m'avez non seulement demandé, Madame, un conte de fée, vous avez même exigé qu'il fût fait avant mon retour à Paris; vous m'avez de plus ordonné d'éviter toute ressemblance avec tous ceux qui paraissent depuis quelque temps. Croyez-vous, Madame, qu'il soit aussi facile de vous donner un conte de fée d'un tour neuf et d'un style moins commun *que celui qui semble affecté à ces sortes d'ouvrages, qu'il est aisé à messieurs les auteurs des* Étrennes de la Saint-Jean *et des* Œufs de Pâques, *d'ajouter chaque jour un nouveau chapitre à ces chefs-d'œuvre d'esprit et de bon goût ? Quoi qu'il en soit, l'obéisance étant une vertu que votre sexe préfère peut-être à toutes les autres, je me suis mis à l'ouvrage, et je vous envoie tout ce que j'ai pu tirer de mon imagination. Vous vous apercevrez, par le ton différent qui règne dans le cours de ce petit ouvrage, que mon imagination a peu de suite et change souvent d'objet. Elle dépend si fort de ma santé et de la situation de mon esprit, que tantôt elle est triste, tantôt bizarre, quelquefois gaie, brillante ; mais, en général, toujours mal réglée, et ayant peu de suite. Par exemple, le commencement de ce conte est singulier, le récit du sultan est vif, naïvement conté, et, je crois, assez plaisant jusqu'au désenchantement de la princesse* Trop est trop. *L'épisode du bonze Cérasin fournit encore un plus grand comique. Mais tout à coup arrive une description d'un temple et des différents cintres qui le composent ; cet endroit, auquel on ne s'attend pas, est, ce me semble, intéressant ; c'est dommage qu'il ne m'ait pas été possible de faire dire tout cela à un autre qu'au sultan Misapouf, qui vé-*

ritablement doit être étonné lui-même de tout ce qu'il débite de beau, et de la délicatesse des sentiments que je lui donne tout à coup. Les métamorphoses qui suivent la fin de l'enchantement de la princesse ne produisent rien de vif ni de bien piquant ; mais le sultan ayant annoncé au commencement de son histoire qu'il a été lièvre, lévrier et renard, il a bien fallu lui faire tenir sa parole. S'il ne lui est rien arrivé de plaisant sous les deux premières formes, c'est, en vérité, la faute de mon imagination et du peu de connaissance que j'ai de la façon de vivre et de penser de messieurs les lièvres : comme renard, il devait sans doute étaler toute la souplesse et la ruse qu'on attribue à cette espèce d'animal.

Au lieu de cela, je lui fais préférer une petite poule à une douzaine de gros dindons. Cette bévue, si peu digne d'un renard avisé, produit une catastrophe qui fait honneur à nos plus grands romans, et que le ton de ce conte ne promet sûrement pas. A l'égard de l'histoire de la sultane, je n'entreprendrai ni de la justifier, ni d'en faire une critique. Elle est moins originale que celle de Misapouf ; et par là elle plaira moins à certaines gens, et sera plus du goût de beaucoup d'autres. Pour moi, je vous avouerai que j'en fais moins de cas que de celle du sultan, et que ce n'est pas ma faute si elle diffère de genre, de style et de ton. Pourquoi est-elle venue la dernière ? Mon imagination s'est épuisée en faveur de Misapouf, et j'ai été obligé d'avoir recours à ma mémoire, pour me tirer de cette dernière histoire. Je souhaite que le tout ensemble puisse vous amuser un moment. Je serai suffisamment payé de ma peine et de mon travail. Vous trouverez sans doute que ce conte est un peu libre ; je le pense moi-même ; mais ce genre de conte étant aujourd'hui à la mode, je profite du moment, bien persuadé qu'on reviendra de ce mauvais goût, et qu'on préférera bientôt la vertu outrée de nos anciennes héroïnes de romans à la facilité de celles qu'on introduit dans nos romans modernes. Il en est de ces sortes d'ouvrages comme des tragédies, qui ne sont pas faites pour être le tableau du siècle où l'on vit. Elle doivent peindre les hommes tels qu'ils doivent être, et non tels qu'ils sont. Ainsi ces contes peu modestes, où l'on ne se donne pas souvent la peine de mettre une gaze légère aux discours les plus libres, et où l'on voit à chaque page des jouissances finies et manquées, passeront, à coup sûr, de mode avant qu'il soit peu.

Vous serez étonnée qu'avec une pareille façon de

penser je me sois livré si franchement au goût présent, et que j'aie même surpassé ceux qui m'ont précédé dans ce genre, que je désapprouve ; mais je vous le répète, c'est moins pour me conformer à la mode que pour profiter du temps où elle règne, et ruiner s'il est possible ceux qui voudront écrire après moi sur un pareil ton. Le conte que je vous envoie est si libre et si plein de choses qui toutes ont rapport aux idées les moins honnêtes, que je crois qu'il sera difficile de rien dire de nouveau dans ce genre. Du moins je l'espère : j'ai cependant évité tous les mots qui pourraient blesser les oreilles modestes : tout est voilé ; mais la gaze est si légère, que les plus faibles vues ne perdront rien du tableau.

LE SULTAN MISAPOUF

ET

LA PRINCESSE GRISEMINE

PREMIÈRE PARTIE

Ah ! dit un jour en soupant le sultan Misapouf, je suis las de dépendre d'un cuisinier; tous ces ragoûts-là sont manqués : je faisais bien meilleure chère quand j'étais renard.

— Quoi ! Seigneur, vous avez été renard ? s'écria en tremblant la princesse Grisemine.

— Oui, madame, répondit le sultan.

— Hélas! dit Grisemine en laissant échapper quelques larmes, ne serait-ce point votre auguste Majesté, qui, pendant que j'étais lapine, aurait mangé six lapereaux, mes enfants?

— Comment, dit le sultan effrayé et surpris, vous avez été lapine !

— Oui, Seigneur, répliqua la sultane, et vous avez dû vous apercevoir que le lapin est un mets dont je m'abstiens exactement ; je craindrais toujours de manger quelques-uns de mes cousins ou neveux.

— Voilà qui est bien singulier, répartit Misapouf : dites-moi, je vous prie, étiez-vous lapin d'Angleterre ou de Caboue ?

— Seigneur, j'habitais une garenne de Norwège, répondit Grisemine.

— Ma foi, dit le sultan, j'étais un renard du nord, et il se peut, sans miracle, que ce soit moi qui aie mangé vos six enfants ; mais admirez la justice divine, j'ai réparé ce crime en vous faisant six garçons et je vous avouerai, sans fadeur, que malgré ma gourmandise et mon goût pour les lapereaux, j'ai eu plus de plaisir à faire les uns qu'à manger les autres.

— Seigneur, vous êtes toujours galant, répliqua Grisemine ; cela me fait espérer que votre sublime Majesté voudra bien me raconter ses aventures.

— Volontiers, dit le sultan ; mais à charge de revanche. Je commence par vous avertir que mon âme a passé dans le corps de plusieurs bêtes, non par transmigration, c'est un système de Chacabou auquel je ne crois pas ; c'est par la malice d'une injuste fée que tout cela m'est arrivé. Avant d'entrer en matière, je crois devoir détruire cette pernicieuse doctrine de la métempsycose.

— Seigneur, dit la sultane, cela est inutile ; votre érudition serait en pure perte ; je n'y comprendrais rien ; je crois, sur votre parole, la métempsycose une erreur ridicule : dites-moi seulement quelles sortes de bêtes vous avez été.

— A la bonne heure, dit le sultan. Premièrement, j'ai été lièvre, ensuite lévrier, puis renard, et je dois, dit-on, finir par être un animal que je ne connais point, qu'on appelle capucin.

— Seigneur, dit la sultane, votre savante Majesté n'a-t-elle jamais vu son âme éclipsée sous la forme de quelque être inanimé ?

— Oui, sans doute, répliqua Misapouf, j'ai été baignoire.

— C'est, je le vois, la conformité de nos destinées, reprit Grisemine, qui nous a unis : j'ai passé comme vous par bien des formes différentes ; j'ai d'abord été barbue.

— Mais vous ne l'êtes pas mal encore, dit le sultan.

— Vous êtes bien poli, Seigneur, répondit Grisemine ; j'ai donc été barbue et lapine.

— Vous nous conterez tout ce qui vous est arrivé sous ces deux métamorphoses, dit le sultan. Vous m'avez demandé mon histoire, écoutez-la, si vous pouvez, sans m'interrompre.

HISTOIRE

DU SULTAN MISAPOUF

Je ne sais si vous avez entendu parler du grand Hyaouas, qui était de l'illustre famille de Lama.

— Oui, Seigneur, dit Grisemine, ce fut lui qui conquit les royaumes de Laüs, de Tonkin, et de Cochinchine, desquels est sorti l'empire de Gânan.

— Vous avez raison, répondit Misapouf, et, pour une sultane, cela s'appelle savoir l'histoire.

« Le célèbre Tonclukt était descendu de cet Hyaouas, et moi je suis arrière-petit-fils de ce Tonclukt. Tout cela ne fait rien, me direz-vous, à mes aventures : d'accord ; mais j'ai été bien aise de vous dire un mot de ma généalogie, pour vous faire voir que dans ma maison nous ne sommes pas renards de père en fils.

« Mon père était un petit homme gros et court ; sa taille était l'image de son esprit ; de sorte que les sourds pouvaient juger de son esprit par sa taille, et les aveugles de sa taille par son esprit. Je n'en dirai pas davantage, parce que je pourrais m'échapper, et il ne faut pas mal parler de son père, quand on veut vivre longtemps.

« Mon père donc devint amoureux d'une princesse qui avait les cheveux crépus et l'âme sensible ; ces deux choses-là, dit-on, se suivent ordinairement. Cette sensibilité en question me fit naître quelques mois avant leur mariage ; je n'en fus cependant pas plus heureux, et vous verrez, par mes aventures, que j'ai fait mentir le proverbe. La première femme de mon père, qui avait les cheveux blonds, et qui était aussi vive que si elle les avait eu crépus, informée de ma naissance par quelques-uns de ces méchants esprits de cour, au lieu de se venger en se faisant faire un enfant légitime par un autre que son mari, s'avisa de me prendre en guignon, et pria la fée Ténébreuse d'honorer de sa protection l'antipathie qu'elle avait pour moi. Cette vilaine fée, qui avait le caractère de la couleur de son nom, promit de me mener bon train, et jura que je ne serais sultan qu'après avoir délivré deux princesses de deux enchantements les plus extraordinaires du monde, et les plus opposés. Ce n'est rien encore que cette terrible nécessité, il fallait, pour être quitte de sa haine, que j'étranglasse mes amis, mes parents et mes maîtresses. »

Grisemine frissonna à cet endroit de la narration du sultan. Il s'en aperçut, et lui dit :

— Ne craignez rien, Madame, tout cela est fait. Il fallait, outre cela, que je mangeasse une famille entière dans un seul jour. Vous m'avouerez qu'il faut être enragé pour inventer une pareille destinée en faveur d'un honnête homme.

« Ma propre mère, loin de me plaindre, parut envier le sort qui m'était réservé, et dit : « Voilà un petit garçon trop heureux, il verra bien des choses. » J'avais à peine quinze ans lorsqu'elle me remit entre les mains de la fée Ténébreuse, pour commencer le cours de mes singulières aventures.

— Petit bonhomme, me dit la fée, vous ignorez les obligations que vous allez m'avoir : s'il est vrai que la connaissance du monde forme l'esprit, il n'y aura personne de comparable à vous.

Je voulus lui témoigner ma reconnaissance.

— Trêve de compliments, me dit-elle, ne me remerciez pas d'avance : je vais vous mettre en état de commencer votre brillante carrière.

En finissant ces mots, elle me toucha de sa baguette, et je devins une baignoire. Ce premier bienfait me surprit, je l'avoue. Sous ma nouvelle forme, je conservais, pour mes péchés, la faculté d'entendre, de voir et de penser. La fée appelle ses femmes, et leur dit : « Lâchez les robinets. » Dans l'instant je me sentis inondé d'eau chaude. J'eus une telle frayeur d'être brûlé tout vif, qu'il m'est toujours resté depuis ce temps-là une aversion singulière pour l'eau chaude, et même pour l'eau froide. Quand j'eus un peu repris mes sens, j'entendis la fée dire, d'un ton aigre : « Qu'on me déshabille. » Cet ordre fut exécuté promptement, et je ne tardai pas à me voir chargé d'un poids énorme. Mes yeux, dont la fée, par malice, m'avait conservé l'usage, me firent connaître que ce fardeau était un gros derrière, noir et huileux, appartenant à la fée.

— Seigneur, dit Grisemine en interrompant le sultan, cette fée était bien dépourvue d'amour-propre ; il me semble que....

— Il vous semble, reprit Misapouf, fâché d'avoir été interrompu, que toutes les femmes doivent avoir autant d'amour-propre que vous en avez ; et en cela vous avez tort : la méchanceté l'emporte en elles sur tout autre sentiment ; et je suis certain que si la fée eût pu trouver un plus vilain derrière que le sien, elle n'eût pas manqué de l'emprunter pour me faire enrager. Quoi qu'il en soit, elle fit durer mon supplice une heure et demie : mon esprit devait commencer à se former ; car en peu de temps je vis bien du pays.

Misapouf regardant la sultane à ces mots s'aperçut qu'elle se mordait les lèvres pour s'empêcher de rire.

— Je crois, Madame, lui dit-il, que mes malheurs, loin de vous toucher, vous donnent envie de rire.

— Il est vrai, Seigneur, répondit Grisemine, j'ai peine à vous cacher la joie que je sens en voyant qu'ils sont finis.

— Ma foi, c'est s'en tirer avec esprit, répliqua le sultan ; je ne vous ai fait cette question embarrassante que pour vous donner occasion de briller. Enfin la fée sortit du bain. Je goûtais à peine la satisfaction d'être délivré, que je l'entendis ordonner à son maudit eunuque noir de se baigner dans la même eau.

Le sultan, s'interrompant à cet endroit, dit à Grisemine :

— Savez-vous, Madame, exactement comment est fait un eunuque noir ?

— Seigneur, lui répondit Grisemine, il n'y a point de ces gens-là parmi les lapins, et je n'ai, je sache, jamais vu d'autre homme en déshabillé que votre sublime Majesté.

— Cela n'est pas trop vraisemblable, dit le sultan.

— Quoi qu'il en soit, vous saurez que c'est la plus vilaine, la plus dégoûtante chose que l'on puisse envisager. Je fus si frappé d'horreur à l'aspect de ce monstre, que je m'évanouis. Heureusement qu'une baignoire ne change pas de visage ; ainsi on ne s'en aperçut point : je ne revins que pour voir ce détestable objet faire mille impertinences pour amuser les les femmes de la fée. Si je veux jamais beaucoup de mal à quelqu'un, je lui souhaiterai d'être eunuque noir.

— Pourquoi pas d'en devenir la baignoire ? dit la sultane.

— Parbleu, Madame, avec tout votre esprit, vous n'êtes qu'une sotte, répliqua le sultan ; une baignoire, comme vous le savez par expérience, peut redevenir homme ; il n'en est pas de même d'un eunuque.

— Votre Majesté a raison, reprit Grisemine, c'est moi qui ai tort ; mais oserais-je vous demander, Seigneur, combien de temps vous avez demeuré sous cette métamorphose ?

— Huit jours, Madame, qui me parurent huit ans ; le neuvième, la fée me rendit ma figure humaine, en disant :

— Mon enfant, je suis contente de vous, vous avez

bien fait votre métier de baignoire ; je crois que vous n'êtes pas fâché de tout ce que je vous ai fait voir en si peu de temps. Allez, poursuivez vos brillantes aventures, et souvenez-vous de moi.

Me croyant dispensé d'un remerciement, je lui tournai le dos, et je la quittai promptement. Je courais à travers champs comme un fou, m'imaginant toujours avoir la physionomie d'une baignoire : j'usai deux douzaines de mouchoirs à force de m'essuyer le visage. Sur le soir, je me trouvai dans une forêt ; j'aperçus une fontaine et une assez belle femme qui se baignait : ce spectacle d'eau et de bain, me rappelant mes malheurs, me fit prendre la fuite sur nouveaux frais malgré les cris de la dame, qui me répétait de toutes ses forces :

— Arrêtez, chevalier, la fée au bain vous en conjure.

Ces mots me firent redoubler ma course.

— Ah ! cruel, continua-t-elle, puisque tu ne veux pas m'entendre, cours au moins délivrer le nez de mon mari.

Vous croyez bien que c'est de quoi j'étais fort peu tenté ; j'étais trop satisfait d'avoir délivré le mien, pour m'embarrasser de celui d'un autre. Au bout d'une heure d'une marche fatigante, je m'arrêtai, et je ne tardai pas, malgré mon inquiétude, à m'endormir. Au point du jour, je fus réveillé par un bruit qu'un reste de sommeil me faisait paraître éloigné ; je sentis en même temps une main qui me défaisait mon pourpoint et me prenait le petit doigt ; j'entendis une voix qui disait :

— Je n'en ai jamais vu un si petit, j'espère qu'il pourra délivrer ma fille.

J'ouvris tout à coup les yeux, et j'aperçus une princesse d'une beauté à laquelle on ne peut comparer que la vôtre. Elle était dans un palanquin, entourée d'un grand nombre de gardes montés sur des chameaux : elle me fit monter dans sa voiture, et me plaça à sa gauche. Je pensai tomber à la renverse en découvrant la figure exorbitante qui était à sa droite : c'était un homme, ou plutôt un démon, qui avait dix pieds neuf pouces de haut. Je crus d'abord que c'était la colosse de Rhodes ; je levai les yeux pour le considérer, comme si j'avais voulu examiner les étoiles ; je l'aperçus qui jetait sur moi des regards dédaigneux et moqueurs. Je regardai ensuite la princesse ; elle m'honora d'un sourire admirable, qui est toujours demeuré gravé dans ma mémoire. Vous m'en avez souvent rappelé le souvenir, Madame, et ne vous en êtes pas mal trouvée. Je reviens à mon géant : j'eus peur pour la princesse qu'il ne fût son mari ; c'eût été un meurtre ; j'étais bien persuadé qu'il n'était pas son amant. Je ne pus résister à ma curiosité ; je lui demandai à l'oreille si c'était là monsieur son mari.

— Non, me dit-elle.

— Au moins, continuai-je, vous n'avez aucun dessein sur lui, ce n'est point un prétendant ?

— Non, répondit-elle encore.

— Ne serait-ce point, lui dis-je, le chef de vos eunuques ? Il fallait que cet animal de géant eût l'oreille aussi fine qu'elle était grande : car je parlais très bas ; cependant il m'entendit, et me donna un coup de pouce sur la joue, qui me jeta à la renverse sans connaissance.

— Seigneur, dit la sultane, cela pourrait s'appeler un soufflet.

— Eh! vous n'y pensez pas, Madame, répondit Misapouf, un soufflet se donne avec toute la main.

— Je vois bien que je me trompais, dit Grisemine.

— Mais vraiment, c'est un de vos talents, répliqua le sultan. La princesse me pinça, me chatouilla pour me faire revenir; tout fut inutile : elle trouva un ruisseau, et me répandit une telle quantité d'eau sur le visage, que j'ouvris les yeux avec un effroi terrible. Je crus fermement que j'étais encore transformé en baignoire. Après m'être remis de mon trouble, j'imaginai devoir dire à mon donneur de coup de pouce : « Monsieur, voilà une fort mauvaise plaisanterie. »

— Petit bonhomme, me répondit-il, c'est pour vous apprendre à demander si je suis eunuque.

— Ignorez-vous, ajouta la princesse, que de soupçonner quelqu'un d'être de ces gens-là, ou quelque chose d'approchant, c'est lui faire une offense cruelle? Ainsi vous auriez dû vous dispenser d'une semblable question sur le compte du seigneur Zinpuziquequoazisi.

— Ah! bon Dieu, dis-je en moi-même, voilà un nom qui est aussi grand que lui. Je vois bien, princesse, poursuivis-je, que Monsieur est de vos amis.

— Non, me répondit-elle, je ne le connais que depuis une heure, et il n'a d'autre avantage sur vous que celui de m'avoir appris son nom.

— Le mien, dis-je alors, chargera moins votre mémoire. Je n'appelle Misapouf tout court.

— Vous en avez bien l'air, me dit le géant.

Je ne répondis point à cette agréable plaisanterie, pour éviter une nouvelle querelle.

— Je vais vous apprendre, me dit la princesse, ce qui vous procure le hasard de me voir : il faut pour cela vous faire une partie de mon histoire.

— Je suis la reine Zemangire ; mon mari est roi de ces vastes forêts, et c'est pour cela qu'il se nomme le roi Sauvage.

Son bonheur aurait été parfait, s'il n'eût pas été traversé par la fée Ténébreuse.

— Que je le plains, Madame ; vous connaissez cette......

— Doucement, morbleu, dit le géant ; n'en dites pas de mal, car je suis son fils.

— Ce n'est pas ce que vous faites de mieux, reprit la reine.

Ce trait-là me fit voir qu'elle avait beaucoup d'esprit.

— Mais puisque vous êtes le fils de la fée Ténébreuse, continua la princesse, faites-moi raison de deux enchantements qu'elle a faits contre mes filles.

— Quels sont ces enchantements ? demanda le géant. Ma chère mère ne m'instruit pas de ce qu'elle fait ; je ne suis encore ni magicien, ni génie.

— Pour le dernier, on le voit bien, dit la reine en souriant. Je vais vous informer du malheur de mes deux filles, et de ce qui l'a causé. La fée Ténébreuse devint amoureuse de mon époux.

— Cela ne me surprend point, dit le géant ; on dit qu'elle est sujette à cela.

— Je crois continua la princesse, qu'elle est aussi fort sujette à n'être pas aimée. Le roi, qui me chérit de toute son âme, reçut très mal sa déclaration et les avances qu'elle lui fit. Il lui représenta qu'elle n'était ni d'âge ni de figure à pouvoir le rendre infidèle.

— Puisque tu es assez sot, dit la fée, pour refuser mes faveurs, je m'en vengerai. La reine est grosse, elle accouchera de deux filles ; tu ne pourras les marier que lorsque tu auras trouvé pour chacune un petit doigt convenable à ces deux anneaux que tu vois, et que je leur destine : il y en a un aussi petit que l'autre est prodigieux ; il dépendra de moi de les placer et de les distribuer comme je le jugerai à à propos.

La prédiction de la fée fut accomplie ; je mis au jour deux filles ; l'une devint grande, belle et bien faite ; l'autre resta d'une petitesse excessive. La fée, qui leur a fait présent des deux anneaux en question, n'avait eu aucun égard à la différence de leurs tailles ; elle avait, au contraire, pris plaisir à contrarier la nature ; elle ursupa encore le droit de les nommer ; et conséquemment à la bizarrerie de ses dons, elle appela ma grande fille *Trop est trop*, et l'autre, la princesse *Ne vous y fiez pas*. Depuis que mes filles sont en âge d'être mariées, elles en ont autant d'envie que si elles avaient un anneau fait comme les autres.

Il s'est présenté plusieurs partis pour la princesse *Ne vous y fiez pas* ; mais inutilement. Je vous confierai cependant ce qui augmente mon chagrin, c'est que je la crois grosse à présent.

— Eh bien, dis-je, tant mieux. En voilà déjà une de mariée, il ne s'agit plus que de trouver un parti à l'autre ; le seigneur Zimbuziquequoazisi fera son affaire.

— Hélas ! je ne suis pas si heureuse, reprit la reine en versant quelques larmes ; ce sont deux petits princes de trois pieds et deux pouces au plus qui ont déshonoré ma fille *Ne vous y fiez pas*, et qui ont ensuite disparu. J'ai consulté l'oracle : il m'a répondu qu'il n'y avait qu'un certain nez qui fût capable de découvrir ces princes ; que ce nez-là en pâtirait, et qu'il n'y aurait qu'un géant qui pourrait délivrer ce nez et que la grande princesse était destinée au prince porteur du plus petit doigt du monde. Je n'ai pas encore rencontré le nez qui nous est nécessaire ; mais en attendant, j'ai trouvé son libérateur dans la personne du seigneur Zimpuziquequoazisi, et le fait du petit anneau dans la personne de Misapouf tout court.

La bizarrerie de ces enchantements, et la curiosité si naturelle qu'on a de voir ces choses extraordinaires, triomphèrent de la répugnance que je sentais à me rendre à la cour du roi Sauvage. Nous y arrivâmes au bout de quelques heures.

— Seigneur, dit Zemangire au roi son époux, voilà deux personnages que j'ai rencontrés, dont les petits doigts pourront convenir aux deux anneaux enchantés ; il n'y a qu'un nez que je n'ai pu amener.

— Oh ! répondit le roi, ne soyez point inquiète du nez, il est dans son étui.

Depuis votre départ, il est arrivé des choses bien singulières à la princesse *Ne vous y fiez pas*. Vous savez la faiblesse qu'elle avait pour ces deux petites marionnettes de princes ; c'est sans doute à cause de sa facilité que la fée Ténébreuse l'a nommée *Ne vous y fiez pas*.

— Je m'en suis doutée, dit la reine, lorsque je l'ai vue grosse.

— C'est avoir bien de la pénétration, continua le roi ; mais vous auriez mieux fait de vous en douter auparavant. Je n'ai jamais vu une femme si prodigieusement grosse, son ventre touche à son menton ; ce qui vous surprendra encore plus, c'est qu'on entend parler distinctement dans son ventre ; je crois, en vérité, qu'elle accouchera d'un régiment de Lilliputiens.

— Seigneur, ce que vous racontez est incroyable, reprit la reine.

— C'est un fait, Madame ; votre accoucheur a voulu examiner de près ce phénomène, on lui a jeté au visage une grêle de noyaux de cerises, dont on l'a malheureusement éborgné.

— Monsieur, dit la reine, il faut que la tête vous ait tourné pendant mon absence.

— Eh ! non, Madame, encore un coup, reprit le roi avec aigreur, vous me feriez donner au diable avec vos doutes.

— Ah ! j'ai tort, répondit Zemangire, de ne pas croire bonnement que ma fille est grosse d'un cerisier.

— Eh ! qui diable vous dit cela, Madame ? Il n'est

question que de mangeurs de cerises, et de noyaux qu'ils jettent. Le grand bonze Cérazin, continua le roi, a offert des sacrifices au Pagode ; il est venu prêter l'oreille où vous savez, pour s'assurer par lui même si on entendait réellement des conversations suivies dans le ventre de ma fille.

— Et je gage, dit la reine, qu'on n'y disait pas un mot.

— Pas un mot, répliqua le roi ! voilà comme vous êtes toujours, Madame, vous doutez de tout. On y jouait aux échecs, et on y disputait vivement.

« C'est là mon pion, c'est-là le mien, échec à la dame, vous êtes échec et mat.

« Eh bien, qu'avez-vous à répondre à cela ?

— Mais, répondit la reine, que ma fille fait bien de s'y prendre de bonne heure pour faire enseigner tous les jeux à ses enfants.

— Le bonze, surpris, comme vous croyez bien, poursuivit le roi, approchait de plus en plus sa grande oreille ; apparemment qu'elle ôtait le jour aux joueurs ; car on la lui a pincée si fort, qu'il a pris la fuite en criant comme un enragé.

Il est arrivé sur ces entrefaites un chevalier au grand nez. Tout ce que la renommée publiait sur le compte de mes deux filles avait excité sa curiosité : il venait de fort loin pour la satisfaire. Comme je me crois obligé de faire les honneurs de ma maison, je l'ai mené le même jour de son arrivée chez la princesse *Ne vous y fiez pas;* il s'est approché fort près de l'endroit en question ; mais quelle a été sa surprise et la nôtre, lorsque nous avons vu son pauvre nez pris comme dans un piège ! Il a eu beau crier, on n'a point lâché prise, et il y est encore retenu au moment où je vous parle. Tous les étrangers qui passent dans la ville vont le voir pour la rareté du fait ; et la princesse leur dit en riant : « Ne le plaignez pas, messieurs ; voilà ce qui arrive à ceux qui mettent leur nez où ils n'ont que faire. »

— C'est sans doute ce nez-là, dis-je, qu'on m'a prié de délivrer.

— Cet honneur, répondit la reine, ne peut regarder que le Seigneur Zimpuziquequoazisi, puisque, selon l'oracle, il n'y a qu'un géant qui puisse en venir à bout : mais transportons-nous sur les lieux, pour examiner la chose.

— C'est bien pensé, dit le roi.

— Nous allâmes donc chez la princesse *Ne vous y fiez pas* ; je la pris en aversion au premier coup-d'œil : je vis une très petite femme qui tenait emprisonné un fort grand chevalier : on n'apercevait point le visage de ce malheureux chercheur d'aventures ; il était couvert par l'anneau au travers duquel avait passé son pauvre nez, qui était la partie souffrante.

— Seigneur chevalier, dit le roi, j'espère que nous allons enfin briser vos fers ; nous avons trouvé un petit doigt plus gros que votre nez.

— Eh bien, seigneur, dit aussitôt le prisonnier (en parlant du nez, comme vous croyez bien), faites-moi l'honneur de le mesurer et de le comparer avec cet auguste et magnifique petit doigt.

— Non, parbleu, je ne le souffrirai pas, dit le géant ; mais voyez cet impertinent avec son fichu nez !

— Il faudra bien, répliqua le roi que de gré ou de force vous nous prêtiez le meuble dont nous avons besoin.

— C'est ce que nous verrons, répondit le géant en cachant ses mains dans ses culottes.

La reine interrompit cette conversation, qui commençait à devenir un peu aigre.

— Je sais le respect que je vous dois, dit-elle au roi ; mais, avec votre permission, vous n'avez pas le sens commun : vous n'avez pas compris l'oracle, ou il se contredit. Comment voulez-vous que le plus énorme petit doigt qui se soit vu convienne à cette princesse, et qu'en même temps elle épouse le petit Misapouf ?

— Mon Dieu, Madame, cela se voit tous les jours.

« Ne dirait-on pas qu'on observe exactement les proportions de ceux qu'on marie ? Le seigneur Misapouf sera dans le cas de bien d'autres maris.

A ces mots de Misapouf, on entendit deux voix souterraines qui criaient :

— Eh, bonjour, mon cher cousin Misapouf, comment va votre santé ?

— Qu'est-ce que cela signifie, dis-je à la princesse ? Je crois, Madame, que votre personne sert de logement à mes cousins. Voyons un peu de près ce qui en est.

— Ne vous y fiez pas, ne vous y fiez pas, s'écrièrent encore les deux voix.

— Eh bien, leur criai-je de mon côté, je sais que c'est le nom de la princesse que l'on veut me faire épouser.

— Gardez-vous en bien, dirent-ils plus haut, ne vous y fiez pas.

— Pendant cette conversation, je voyais la princesse rougir et pâlir successivement.

— Hélas! dit-elle en s'adressant à moi, vos deux petits cousins Colibry et Nyny m'ont abusée ; ils se sont enfuis après m'avoir fait les enfants qui ont l'honneur de vous parler.

— Elle vous trompe, cria de toute sa force Colibry ; elle dit qu'elle est grosse pour sauver sa réputation ; mais il n'en est rien. Voici le fait : Nous imaginions, mon cousin et moi, que cette petite princesse était porteuse du petit anneau. Comme nous étions sûrs d'être porteurs du petit doigt (vous savez, mon cousin que c'est un mal de famille), nous crûmes donc pouvoir la désenchanter. Nous courûmes tous deux d'une vitesse égale, et nous entrâmes tout entiers dans l'anneau prodigieux de cette petite créature.

Voilà pourquoi la fée l'a nommée la princesse *Ne vous y fiez pas.*

— Ah! qu'il y a de petites femmes dans le monde, dit le roi, qui mériteraient un pareil nom. Nous voilà éclaircis, c'est le seigneur géant qui doit délivrer le nez et épouser la princesse.

Il s'en défendit d'abord, et soutint que cela était impossible, attendu la différence de taille.

La princesse *Ne vous y fiez pas* lui dit qu'il fallait au moins essayer, qu'on verrait ensuite à prendre un parti. Il se laissa persuader ; on les enferma ensemble, et je fus conduit chez sa sœur : je fus surpris de sa grandeur ; elle avait près de six pieds ; cependant elle n'en était pas moins belle et agréable.

— Merveille de nos jours, lui dis-je en lui serrant tendrement le bout du pied gauche, est-il possible que je sois l'heureux mortel destiné à.....!

— Prince, répondit-elle, je souhaite de tout mon cœur que vous veniez à bout d'une entreprise si difficile.

Dans cet instant je vis entrer le grand bonze Cérasin, entouré de tous les bonzes du pays ; il tenait dans ses mains un livre couvert de plaques d'or. Après nous avoir fait, ainsi que son cortège, une profonde révérence, il récita quelque chose, moitié bas, moitié haut, lut dans ce livre, et, s'adressant à moi, il me tint ce discours :

— La princesse va se placer sur ce sopha, alors vous pourrez tenter l'aventure qui vous est réservée. Une pareille fortune n'arrivera jamais à un pauvre prêtre ; mais il faut se soumettre à la volonté du sort. Je dois vous avertir d'une chose essentielle, c'est de ne rien forcer à l'anneau de la princesse ; car la fée a mis une si grande correspondance de la personne avec l'anneau que les efforts que vous feriez maladroitement, feraient souffrir une douleur horrible à la princesse. Je dois être présent à cette épreuve. J'observerai les yeux et les mouvements de la princesse, et, suivant ce que je verrai, je vous avertirai de vous arrêter ou de poursuivre.

En finissant ces mots, il me fit signe que je pouvais commencer. Je voulus suivre ce conseil sans perdre de temps ; mais je crois que la fée avait enchanté mon petit doigt, car il grossissait à mesure que je l'approchais de l'anneau ; cela m'inquiéta ; cependant je tentai l'aventure. Dès le premier effort, la princesse dit :

« Vous me faites mal. »

Cérasin aussitôt me cria :

— Arrêtez-vous donc, n'entendez-vous pas que la princesse dit : Vous me faites mal ?

Malgré cet avertissement, je fis une seconde tentative un peu plus fort.

— Ah ! je n'en puis plus, dit la princesse.

— Voulez-vous bien n'être pas si brutal, maudit nain que vous êtes, me cria encore le grand bonze.

Malgré cette seconde remontrance, je crois que j'allais triompher, lorsque tout à coup mon petit doigt, qui s'était gonflé d'une manière étonnante, redevint dans un état tout contraire. Je m'arrêtai, fort surpris de ce changement.

— Allons donc, dit Cérasin, la princesse se morfond ; est-elle faite pour attendre votre commodité ? Qu'est-ce que ce petit paresseux ?

Pendant tout ce dialogue, mon petit doigt redevint tel qu'il était un moment auparavant. Je profitai de l'instant ; la princesse fit un cri douloureux, et puis dit en soupirant :

— Ah ! mon ami, vous m'avez tuée !

Ce mot d'ami me fit plaisir ; il me parut venir d'un bon caractère : je fis de nouveaux efforts, mais ils étaient inutiles. La princesse dit, en me regardant tendrement :

— Le charme est rompu.

Le grand bonze répéta en chœur avec tous ses satellites :

Gloire soit au petit doigt de Misapouf, le charme est rompu !

Je fus au comble de la joie ; je vous avouerai que depuis ce fortuné moment je n'ai point peur des grandes femmes, je me défie beaucoup plus des petites. La nature, sur cet article, est presque aussi bizarrre que la fée Ténébreuse ; elle se plaît à faire le contraire de ce que la raison semble exiger.

J'étais dans l'ivresse de ma victoire, lorsque la maudite fée Ténébreuse descendit de son char de brouillards.

— Taisez-vous, prêtrailles, s'écria-t-elle, je vais vous apprendre à chanter des hymmes à mon préjudice.

Elle dit, et toucha de sa baguette Cérasin et ses grands vicaires. Ils tombèrent les uns sur les autres ; mais, en se relevant, ô surprise ! ô spectacle effrayant ! je les vis, et ne les reconnus pas ; leurs bouches étaient transformées en anneaux. On ne peut s'imaginer à quel point cela changeait leur physionomie ; il faut l'avoir vu pour le croire. Le pauvre Cérasin me disait d'un air humilié :

— Ayez pitié de moi !

Tous les autres prêtres répétaient la même chose en chœur ; ils m'étourdirent tant que je les renvoyai : ils sortirent avec leurs anneaux barbus ; on les aurait pris pour des capucins.

Cérasin, qui était un petit maître, se regarda dans son miroir en arrivant chez lui, et se fit horreur. Il ne concevait pas comment il se pouvait faire qu'un anneau, qu'il avait toujours trouvé une jolie chose, pût le rendre si vilain : cela prouve que le principal mérite de tout consiste à être à sa place. Enfin, il prit le parti d'envoyer chercher son barbier, qui lui dit en entrant :

— Je viens savoir ce que vous souhaitez, monseigneur ; j'ai eu l'honneur de raser ce matin votre Grandeur.

— Oh ! vraiment, répondit Cérasin, ma grandeur est passée à ma barbe. Regardez-moi, ne suis-je pas un joli garçon?

— Ah ! grand Pagode ! s'écria le barbier en reculant trois pas, quelle bouche ! quelle barbe ! cela tient du miracle, et je ne sais si monseigneur fait bien de vouloir se la faire abattre. Je croirais presque que c'est notre sacré singe qui a voulu vous marquer sa bienveillance, en vous donnant le bas de son visage.

— Ne laissez pas, répondit Cérasin, que de me bien savonner.

Le barbier obéit et savonna monseigneur ; mais quand monseigneur fut savonné et rasé, il était encore plus laid qu'auparavant. Il tomba dans la désolation, en se voyant une bouche en cul de poule. Il disait avec fureur :

— Mais on n'a jamais vu une bouche de cette façon-là.

— Du moins, répondit le barbier avec un air respectueux, j'ose assurer monseigneur, que, si on en a vu, ce n'a jamais été au-dessous d'un nez.

— Ah ! je n'ai pas besoin de vos remarques, reprit Cérasin. Tenez, vous voilà payé, allez-vous en.

— Ah ! monseigneur, dit humblement ce barbier, vous avez trop de conscience pour ne payer que pour une simple barbe ; celle-ci en vaut deux ; ayez la bonté de tâter comme les poils de votre Grandeur sont durs ; il m'en a couté un rasoir.

Sa Grandeur, qui était avaricieuse, le renvoya brutalement et le barbier, pour s'en venger, publia aussitôt l'aventure, dont toute la cour se divertit.

La princesse et moi nous en riions encore le soir en nous mettant au lit; mais notre joie ne dura pas longtemps ; car, dès que je présentai mon petit doigt à l'anneau, je fus mordu bien serré. Je poussai un cri perçant, et j'entendis un grand éclat de rire ; j'en fus piqué, et je dis à la princesse :

— Madame, je ne vois pas qu'il y ait là de quoi rire si fort.

— Moi, répondit-elle, je ne ris point, et n'en ai nulle envie.

— Il est fort bon, repris-je, de me soutenir cela. Mon Dieu ! poursuivis-je, cela n'est pas bien fin, vous riez par vanité ; vous êtes enchantée que je me sois blessé.

Je voulus faire un second essai, je fus mordu encore plus vivement : mes cris augmentèrent à proportion, et le rire augmenta par éclats. Je ne fus pas maître de moi, je poussai la princesse hors du lit : elle tira toutes les sonnettes en fondant en larmes. Les femmes apportèrent des lumières et furent très surprises de ne voir que deux personnes, dont l'une pleurait et l'autre grondait, et d'entendre, malgré cela, rire à pâmer. Ce fut là le cas, ou jamais, de soupçonner qu'il y avait quelque chose là-dessous ; aussi ne manquai-je pas de le dire, et même d'y regarder.

Mais quelle fut ma surprise de trouver, au lieu de l'anneau, une bouche véritable, à laquelle malheureusement il ne manquait pas une dent, et qui me riait au nez impunément ! La princesse jeta les hauts cris.

— Madame, lui dis-je, il ne s'agit point ici de perdre la tête, il faut tout simplement mander l'arracheur de dents de Sa Majesté.

— Hélas ! monsieur, répondit-elle, il aura oublié son métier ; car il y a dix ans que mon père a perdu sa dernière.

Malgré cela, on alla la chercher ; il voulut, comme de raison, visiter la bouche de la princesse ; mais je lui dis :

— C'est un peu plus bas, monsieur.

— Qu'appelez-vous un peu plus bas ? répondit-il, n'est-ce pas pour la princesse qu'on m'a mandé ?

— Sans doute, répliquai-je.

— Eh bien, poursuivit-il, que voulez-vous me dire ?... Allons, madame, ayez la bonté de vous placer. La princesse s'étendit sur un canapé.

— Madame, dit l'opérateur, ce n'est point là la situation de quelqu'un qui se fait arracher une dent.

— Monsieur, repartis-je, c'est la façon de la princesse.

— Je ne puis pas, répondit-il, la blâmer absolument ; mais ce n'est pas dans le cas présent.

Enfin, je l'instruisis du fait, qu'il regarda comme une fable. Il demanda de la lumière, et fit sa visite.

— Ah ! le beau ratelier ! s'écria-t-il d'abord.

— J'en conviens, lui dis-je : mais c'est une beauté déplacée, ce sont précisément ces dents-là qu'il faut arracher l'une après l'autre.

— Arracher ces dents-là, reprit-il avec colère ! ah ! monsieur, ce serait un meurtre. Je vois bien, poursuivit-il, que vous me prenez pour ces dentistes qui ne sentent pas le prix d'une dent; mais vous vous trompez. S'il n'avait été question que d'en plomber quelques-unes, encore passe, il n'aurait point été étonnant qu'il y en eût une, au moins, qui fût creuse; mais ayez la bonté d'y regarder vous-même; tout ce que je puis faire c'est de les limer.

— Eh bien, dis-je, essayons ce moyen-là. Aussitôt il commença sa besogne avec grâce, et me demanda si je ne savais pas des nouvelles. Dans cet instant, il fut bien étonné de voir la lime se casser. Il en tira une autre qui eut le même sort : il en rompit six de suite.

— Ah parbleu ! s'écria-t-il avec fureur, vous me donnez à limer des dents de diamant.

Alors on entendit une voix prononcer ces paroles :

« Cette bouche demeurera où elle est avec toutes » ses dents, jusqu'à ce que la princesse *Ne vous y* » *fiez pas* soit désenchantée. »

Je ne perdis pas un moment ; j'allai voir où en était le géant, qui, en me voyant, m'éclata de rire au nez. Je ne fis pas semblant de m'en apercevoir, parce qu'il est inutile d'être querelleur, et j'allai à l'anneau de la princesse; mais il n'y était plus.

— Je vois votre étonnement, me dit-elle, mon anneau vient de s'envoler avec vos deux petits cousins, comme un char d'opéra. Je ne sais point en quel climat de la nature on l'a transporté. Allez, cherchez-le, et songez que vous n'aurez celui de ma sœur que lorsque le charme du mien sera rompu.

J'allai consulter Cérasin, et le prier d'implorer la bienfaisance du Pagode. Depuis qu'il s'était fait faire la barbe, il vivait fort retiré ; cependant il voulut bien me donner audience. Il rougit en me voyant, et me demanda si je ne le trouvais pas changé.

— Pas trop, lui répondis-je, je vous trouve seulement l'air un peu efféminé.

— Vous venez, reprit-il, me consulter sur votre voyage; je vous y accompagnerai. Le Pagode m'a révélé que les anneaux ne seraient désenchantés que lorsque ma bouche, que j'ai perdue, viendrait sur mes épaules. Je ne serais point fâché de la retrouver, car vous sentez bien que je ne puis pas honnêtement me présenter en bonne compagnie avec celle que vous me voyez.

— Ah! lui dis-je, pour le consoler, elle n'est pas si mal ; je suis simplement fâché que vous vous soyez fait raser.

— Oh! répondit-il, j'ai commandé une espèce de petite perruque qui aura l'air d'une grande barbe.

— Cela sera fort bien, repris-je. Demain matin nous partirons ensemble.

Nous nous mîmes en chemin à la pointe du jour. Cérasin s'approchait de chaque femme qu'il rencontrait, et lui disait :

— Madame, par hasard n'auriez-vous point ma bouche ?

Moi, de mon côté, je disais :

— Madame a bien la mine de porter l'anneau de la princesse *Ne vous y fiez pas.*

On nous prenait pour deux fous, et l'on ne nous répondait point. Vers le soir, nous trouvâmes une vieille dans une simple cabane ; elle nous dit qu'elle se nommait la Fée aux dents : nous éclatâmes de rire, parce qu'elle n'en avait pas une dans la bouche, et nous croyions que c'était par ironie qu'on la nommait ainsi. Elle fit approcher des sièges ; mais, comme ses meubles n'étaient pas neufs, le pied de l'escabeau sur lequel elle était assise rompit, et la fit tomber à la renverse. Aussitôt je vis Cérasin fondre sur elle, en criant de toute sa force :

— Ah ! voilà ma bouche, ah ! voilà mes dents !

La vieille se débattait, et faisait des grimaces effroyables. A la fin elle s'accrocha à la barbe postiche de Cérasin, qui lui disait :

— Voulez-vous bien laisser ma barbe.

L'autre lui répondit :

— Laissez mes dents vous-même.

A force de se tirailler tous deux, une dent de la vieille resta dans les mains de Cérasin, et la petite perruque de bouche demeura dans les mains de la vieille.

— Fi, le vilain, s'écria-t-elle, qui a la barbe d'autrui ! il faut être ecclésiastique pour aimer à ce point-là le bien de son prochain.

— N'avez-vous pas honte, lui répond Cérasin,

d'avoir volé ma bouche. et de l'avoir placée dans votre garde-meuble ?

Ils allaient cependant faire un échange de prisonniers. Cérasin était sur le point de rendre la dent, pour ravoir la perruque, lorsque nous vîmes paraître une fée dans un char brillant fait en ovale, qui nous cria :

— Gardez-vous bien de vous défaire de cette dent, elle est enchantée, elle appartient à cette vieille fée, qui est sœur de la fée Ténébreuse ; et c'est cette dent seule qui peut vous ouvrir les portes de mon temple.

— Madame, lui dis-je, j'ai beaucoup de respect pour votre temple ; mais s'il ne mène à rien, je ne me soucie pas d'y entrer.

— Je vois bien que vous ne connaissez pas la Fée aux anneaux. C'est moi qui ai fait tous ceux qui animent l'univers.

— Madame, répondis-je, vous avez bien de la conscience ; car il y en a beaucoup auxquels vous n'avez pas épargné l'étoffe.

Nous montâmes dans son char, et nous laissâmes crier la vieille Fée aux dents.

— Oh ! que cela est plaisant ! dit Grisemine en interrompant le sultan ; et que fîtes-vous chez la Fée aux anneaux avec votre dent à la main ?

— Parbleu, madame, je n'y puis plus tenir, vos questions sont impertinentes ; ma foi, je m'en vais me coucher, je ne suis pas d'humeur de satisfaire votre curiosité pour le présent ; je verrai demain si je vous raconterai le reste de mes aventures.

FIN DE LA PREMIÈRE PARTIE.

LE SULTAN MISAPOUF

ET

LA PRINCESSE GRISEMINE

SECONDE PARTIE

Le lendemain, Grisemine ne manqua pas de se présenter devant Misapouf, et de le prier de lui finir l'histoire de sa vie. Il la reprit en ces termes :

— Nous arrivâmes bientôt au temple ; ce fut alors que j'éprouvai l'enchantement de la dent arrachée. Elle prit tout à coup la forme d'un petit doigt assez considérable.

« Je vois votre étonnement, dit la fée ; c'est par le moyen de cette métamorphose que vous allez pénétrer dans la première enceinte. Ce meuble porte ici le nom de passe-partout. »

En effet, la grande porte s'ouvrit. Ce temple était un fort beau vaisseau, composé de trois cintres séparés. La voûte du premier était garnie d'une grande couronne d'anneaux : je vis plusieurs chevaliers qui tournaient autour ; j'imaginai que c'était une course de bagues.

— Ces anneaux, dit la fée, sont les revenus de celles à qui ils appartiennent. Remarquez que les chevaliers qui n'ont qu'une lance de bois ou de fer n'en attrapent aucun. Voyez-vous, au contraire, ce gros vilain financier, il n'en manque pas un, parce qu'il a une lance d'or.

— Il est vrai, répondis-je ; mais je remarque, en même temps, que ces mêmes anneaux s'échappent aussitôt qu'il les a touchés.

— C'est la règle, répliqua la fée ; ce sont des commerçants qui ne s'enrichissent qu'en courant. Passons dans le second cintre, poursuivit-elle. Les anneaux qui le garnissaient avaient chacun un cœur placé derrière eux. Souvent je voyais un anneau paraître, et le cœur demeurer seul.

— Expliquez-moi, dis-je à la fée, ce que signifie cette séparation ?

— C'est, répondit-elle, l'anneau d'une fille qu'on vient de marier, il est vendu et livré, mais le cœur reste, parce qu'il n'y a qu'elle qui peut le donner. Vous voyez encore, poursuivit-elle, des cœurs sans anneaux ; ceux-là paraissaient secs et flétris. Ce sont les cœurs de ces femmes méprisables et estimées qui ont le maintien froid, l'esprit dur, et le sang chaud ; qui, sans avoir d'âme, ont beaucoup de tempérament ; qui établissent leurs plaisirs sur la jouissance de l'un, et leur réputation sur le défaut de l'autre : comme c'est le caprice seul ou la vivacité qui attire leurs anneaux, leurs cœurs ne sont jamais à la suite, et restent seuls, pour faire parade d'une vertu dont il n'y a que les sots qui soient les dupes.

— Ah ! m'écriai-je, je ne veux point rester dans ce cintre-là ; je me flatte que l'anneau de ma princesse n'y est pas. Pénétrons dans le troisième.

— Volontiers, dit la fée, c'est là que votre destin sera éclairci.

Je fus très étonné de n'y voir qu'une couronne de cœurs, et pas un seul anneau.

— Voilà, dit la fée, le cercle des cœurs qu'on méprise sans raison, qu'on devrait estimer souvent, et plaindre toujours. Ce sont ces femmes qui n'ont de faiblesse que parce qu'elles ont une âme, qui sont trop sincères pour n'être pas crédules, et trop tendres pour n'être pas aimées. Leurs cœurs cachent leurs anneaux ; on n'a jamais le dernier que par le moyen du premier, et c'est là ce qui fait les passions voluptueuses et durables. Elles résistent longtemps à l'Amour, qui ne veut que leur bonheur. Le préjugé les tient trop en garde contre le charme du sentiment. Enfin elles s'y livrent ; elles avouent leur penchant, et veulent reculer leur défaite ; mais en vain ; car, comme vous venez de le voir, quand c'est l'anneau seul qui porte la parole, le cœur peut fort bien ne pas répondre ; mais quand c'est le cœur qui parle, il est bien difficile que l'anneau ne se mêle pas un peu dans la conversation.

« Je sentis la vérité de ce discours, j'en fus attendri, et dans ce même instant je vis un cœur qui se déplaçait, et qui vint se coller contre le mien. Un anneau charmant était à sa suite. « Ah! dis-je avec transport, voilà l'anneau de ma princese. » Cérasin, qui était brutal comme un carme, se jeta dessus : il s'en était déjà emparé, lorsque la fée lui dit : « Insolent, je vais te punir de ta témérité. » Elle lui donna un coup de baguette sur le nez, qui le changea aussitôt en un bidet de faïence de Saint-Cloud ; il n'y eut que ses jambes dont elle lui conserva l'usage. Le bidet Cérasin s'en servit, et galopa à bride abattue tout autour du temple ; les anneaux de trois cintres firent de grands éclats de rire, et j'en remarquai beaucoup qui n'avaient pas le rire joli. La fée aux dents parut alors et se mit à cheval sur Cérasin, qui éternua beaucoup sans que la fée lui dit : Dieu vous bénisse. La fée Ténébreuse se montra aussitôt, et s'écria : « Ah! ma sœur, que faites-vous ? — Je veux, répondit-elle, me venger de Cérasin, et je vais le faire galoper dans les terres labourées. — Et ne voyez-vous pas, reprit la fée Ténébreuse, que vous venez de me faire perdre mon pouvoir sur l'anneau de la princesse ? Le Destin a déclaré qu'il se rejoindrait au petit doigt de Misapouf, lorsque la bouche de Cérasin serait sur ses épaules. Voilà l'oracle accompli, puisque c'est cette bouche qui vous sert d'anneau, et qu'elle porte à plomb sur le dos de ce vilain bonze. »

« Elle n'eut pas plus tôt fini ce discours, que le chevalier au nez parut, et me dit qu'enfin il était délivré, et qu'il allait rejoindre sa femme, la Fée aux bains. Mes deux petits cousins Colibry et Niny le suivaient, et étaient tout en nage. « Grand merci, Misapouf, s'écrièrent-ils, nous allons prendre l'air, car nous avons bien chaud. »

« Le géant fut obligé d'épouser la princesse *Ne vous y fiez pas*, et Cérasin est encore bidet de la fée, en punition du goût qu'il avait, presque toujours contraire au beau sexe. Il a sans cesse le chagrin de de voir son ennemie, et de lui être soumis. Je croyais toucher à la fin de mes peines; mais il fallait remplir la destinée, et subir l'enchantement que la fée avait formé contre moi. Sans être attendrie par les larmes de ma belle princesse, ni par mes prières et mes soumissions, elle me toucha de sa baguette; je fus transformé, à l'instant, en lièvre. Quelle douleur pour un prince courageux, de se voir sous la forme de l'animal du monde le plus poltron! Conséquemment à mon nouveau naturel, mon amour s'évanouit, pour faire place à une frayeur extrême. Je m'enfuis de toute la vitesse dont j'étais capable, et ne m'arrêtai qu'à cinq où six lieues de là. Je demeurai tout le lendemain sur mes quatre pattes ; je ne savais pas encore me faire un gîte, mais l'instinct, qui est propre à chaque espèce d'animaux, ne tarda pas à me l'apprendre. J'oubliais de vous dire que la maudite fée, en me changeant en lièvre, m'avait coupé les deux oreilles ; ce qui augmentait encore mon chagrin et ma honte.

« En rencontrant d'autres animaux, surtout ceux de mon espèce, je croyais toujours qu'ils se moquaient de moi. Je me souvenais d'avoir vu des lièvres sans oreilles, et je me rappelais avec désespoir le changement que cela produisait sur leur physionomie. J'attendis le jour, en faisant des réflexions aussi tristes qu'humiliantes ; j'en faisais encore de plus affligeantes sur la princesse mon épouse, car j'étais inquiet de sa douleur, et du traitement qu'elle recevait. Une heure après le lever du soleil, j'entendis beaucoup de chiens qui aboyaient, et d'hommes qui parlaient ensemble ; je crus même distinguer la voix de mes ennemis ; je voulais les éviter : mais aussitôt je fus étourdi par ce cri, répété cent fois : *Velau, velau, velau ;* je tournai la tête, et je vis au moins cinquante chiens, douze ou quinze chevaux, et trois cors de chasse ; ils sonnèrent la vue, j'en savais l'air, et je le reconnus. Je redoublai de vitesse, et je ne philosophai jamais tant sur la folie d'ameuter un si grand nombre d'hommes et d'animaux après une bête aussi misérable que j'étais. Mais comme le géant n'était pas philosophe, il poursuivit ma philosophie à bride abattue. Je donnai plusieurs crochets aux chiens ; je fis des détours ; je revins sur mes pas ; je les fis tomber en défaut ; à la fin, je sentis que mes pattes commençaient à perdre le jeu de leurs efforts, et je vis que j'allais être forcé : je me réfugiai dans une roche creuse ; j'y attendis la mort avec autant de fermeté que les sénateurs de je ne sais plus quel endroit, qui restèrent sur leurs sièges, les bras croisés, tandis que la ville était exposée au meurtre et au pillage. Toute la chasse arriva ; les piqueurs empêchèrent les chiens de m'étrangler. Le géant et la fée s'avancèrent ; je reconnus le char ; mais je n'y vis point la petite princesse, ce qui me fit répandre des larmes. Mon ennemi les imputa à la crainte. « Oh! le lâche, dit-il, qui a peur de mourir ! il ne sera pas si heureux. »

Ils me donnèrent cinq ou six croquignoles, ce qui me mortifia beaucoup, et me dirent : « Adieu ! monsieur Misapouf, jusqu'à demain matin. » Je ne doutai pas que le lendemain je n'eusse une pareille aubade : je cherchai quelque endroit écarté ; je trouvai le creux d'un chêne, je m'y crus en sûreté ; mais les abominables chiens, conduits par la piste, découvrirent bientôt ma nouvelle habitation, et me menèrent le même train que le jour précédent. En un mot, je fus couru, forcé, croquignolé et raillé pendant neuf jours ; ensuite on me laissa tranquille. Je n'aime pas la solitude ; ainsi mon premier soin fut de chercher à faire des connaissances ; mais je m'aperçus, avec chagrin, que les lièvres ne vivaient point en société, et que chacun restait tristement dans son gîte comme un vrai reclus ; je voulus en conter à quelques hases, qui me parurent d'humeur vive et facile. Mes oreilles coupées excitèrent leur ris, et j'eus beaucoup de peine à les accoutumer à ma figure. Mais je ne dois point oublier le plus grand de mes malheurs : sous cette forme nouvelle, la fée m'avait, par noirceur, conservé mon petit doigt tel qu'il était quand j'étais homme. Les choses n'ont de valeur que par comparaison : ce qui est peu de chose pour une femme est un prodige pour une jeune hase. Aussi tous mes transports furent-ils sans effet ; tous les lièvres femelles du canton vinrent, par curiosité, faire l'essai de ce phénomène, et eurent le chagrin de n'en pouvoir profiter. J'étais furieux quand je faisais réflexion à ce nouveau raffinement de méchanceté : mais je n'étais pas à la fin de mes malheurs. Le géant et son exécrable mère vinrent un beau matin me trouver ; mon chagrin m'avait tellement abattu que je ne songeai point à les fuir : la fée me toucha de sa baguette, me changea en lévrier, et me ramena dans sa maison. Admirez, Madame, le pouvoir du penchant naturel de chaque individu, et cela prouve bien que l'homme même n'est rien moins que libre dans ses actions ; un pouvoir supérieur le détermine et le fait agir. J'eus la douleur, sous cette nouvelle forme, d'étrangler en huit jours mes connaissances, mes amis, et plusieurs de mes inutiles maîtresses, et de ne point voir la princesse. J'étais fort ennuyé de cet état ; on ne m'épargnait ni les injures, ni les coups. Un jour, en revenant de la chasse, la fée me changea en renard. Je vois que votre cœur s'attendrit...

— Seigneur, répondit Grisemine, il est vrai que je ne puis entendre ce nom-là sans être vraiment touchée ; je doute même que je vous eusse jamais rien accordé, si j'avais su que vous aviez été renard ; car enfin j'ai toujours eu des entrailles, et je regretterai toute ma vie mes six pauvres enfants.

— J'en conviens, lumière de ma vie, dit Misapouf, vous devez m'en vouloir un peu de mal de vous en avoir privée ; mais enfin, si j'étais renard, vous étiez lapine ; d'ailleurs, je vous avouerai que j'ai toujours regardé le lapereau comme un joli manger, surtout dans la nouveauté; et je me souviens très bien que messieurs vos enfants n'étaient pas encore demis. Mais il est temps d'essuyer vos larmes et de faire couler les miennes. Le lendemain, vous fûtes bien vengée. Je ne vous cacherai pas que ce jour-là je fus très content de ma chasse; j'allai dans mon terrier, je me couchai sans souper : sous quelque forme que j'aie été, mon estomac a toujours été faible, et je n'ai jamais pu faire qu'un bon repas. Je sortis de ma retraite à l'aube du jour; l'aurore aux doigts de rose commençait à colorer les airs d'une lumière tendre, et répandait des perles sur la pointe des près et sur les boutons des fleurs. J'ignorais que la naissance d'un si beau jour dût en être un si funeste pour moi. J'avais passé une nuit tranquille sans faire aucun rêve de mauvais augure, et je me promenais dans une route, en renard qui, si cela peut se dire, ne pense pas à malice. Mon appétit fut ouvert par le chant de plusieurs coqs : le gibier que j'avais mangé m'avait affriandé pour la volaille. Je me glissai le long d'un mur, où j'aperçus, dans la cour d'une ferme, deux coqs, quatorze poules et douze dindonneaux. L'eau me vint à la bouche, et mes yeux errèrent longtemps, incertains du choix. Enfin, ils se fixèrent sur une petite poulette noire, tachetée de blanc. Je me jetai au milieu de la troupe, et j'emportai le morceau marqué. Comme je suis naturellement né gourmand, je ne m'aperçus point que ma petite poule ne se débattait pas et ne jetait aucun cri ; je ne songeai qu'au plaisir de la manger. Dès que je fus dans le fort du bois et que je me crus en sûreté, j'appliquai sans pitié le coup de la dent meurtrière....... Ah ! j'en frissonne encore......, et mes sanglots interrompent mon récit. Le sang n'eut pas plus tôt coulé, que j'entendis une voix douce, et toujours présente à mon cœur, qui dit : « Ah ! je me meurs ; la fée Ténébreuse est bien vengée. Hélas ! mon cher Misapouf, puisse tu ignorer que ta tendre et fidèle épouse est dévorée par un malheureux renard ! » A ces mots funestes, tous mes sens se glacèrent ; je laissai tomber de ma gueule ensanglantée mon innocente proie ; je vis alors, je vis la poule perdre sa forme, et reprendre la figure de ma chère princesse. Le sang sortait à gros bouillons de sa gorge d'albâtre ; je m'évanouis à ce spectacle affreux. Je ne revins à moi que par un coup de baguette de la fée, et je me trouvai sous les traits de l'amant le plus coupable et le plus à plaindre. « Ah ! ciel, s'écria la princesse, je meurs de la dent de Misapouf.... » Elle me serra la main, et ferma les yeux pour jamais.

« Me voilà contente, dit la fée Ténébreuse, tu as rempli ton sort. » Je sortis de mon caractère de douceur, et lui dis mille injures ; mais elle me rit au nez, et s'envola dans son char. Accablé de désespoir, et n'ayant plus rien de mieux à faire que d'être sultan, je revins chez mon père ; je le trouvai expirant ; je fus déclaré son successeur. Le poids de ma couronne ne diminue point celui de mon chagrin ; j'ai étranglé mes amis, j'ai mangé votre famille, j'ai fait mourir ma maîtresse ; je ne puis maintenant avoir d'autre plaisir que celui de vous en procurer. Puissé-je souvent, dans vos bras, étourdir vos douleurs et les miennes, expier mes crimes, vous traiter en sultane, comme j'ai traité vos enfants en lapereaux, et attendre patiemment le moment où je dois devenir capucin, sans jamais cesser d'être un saint musulman ! »

Le sultan Misapouf finit ainsi son histoire, en poussant un soupir très considérable, et en lorgnant Grisemine d'une façon tout à fait touchante. Grisemine, après y avoir répondu par un demi-sourire e un regard tendre, lui tint discours.

— Seigneur, votre histoire m'a intéressée ; mais je m'attendais toujours que vous me reparleriez de la Fée aux bains, du Chevalier au nez, du roi Sauvage, de la reine son épouse, de la princesse *Ne vous y fiez pas*, leur fille.

— Et pourquoi vous imaginez-vous tout cela? répondit Misapouf. Voilà une belle idée; vous me croyez donc bien babillard?

— Non, Seigneur, répliqua la sultane, mais votre sublime et toujours victorieuse Majesté doit savoir que la première règle d'un récit est, à la fin, de rendre compte de tous les personnages intervenus pendant le cours de la narration.

Comment diable, reprit poliment Misapouf, voulez-vous que je vous rende compte de tous ces gens-là, puisque je ne les ai point revus? Faut-il, pour la régularité de mon histoire, que je leur envoie exprès un ambassadeur pour m'informer de l'état de leur santé, et leur demander la suite de leur histoire? Je crois qu'ils sont à présent ce qu'ils étaient alors: la Fée aux bains, une criarde, que son chevalier a rejointe, et qu'elle doit sans doute mener par le nez ; le roi Sauvage, un bon homme qui sait dire une brusquerie, et ne sait pas soutenir une opinion ; la reine son épouse, une jolie femme, mais trop commère ; et la princesse leur fille, une attrape-nigauds : voilà tout ce que j'en puis dire.

— Seigneur, dit la sultane, je puis vous donner de plus grands éclaircissements sur ce qui les regarde.

— Je vous en dispense, répondit Misapouf,

— Puisque vous êtes si peu curieux, répondit Grisemine, je ne vous apprendrai point que la fée Ténébreuse s'est fait faire un manchon avec la peau que vous aviez étant renard.

— Comment donc ? dit le sultan, cela doit lui faire un beau manchon ; car je me souviens que j'avais une peau très argentée ; et je commence à croire que c'est par avarice qu'elle m'a fait redevenir homme. Eh ! de qui tenez-vous cette nouvelle-là ?

— C'est de la Fée aux bains, répondit Grisemine...

— Ah ! ah ! c'est-à-dire que vous avez été chez elle, dit le sultan ; et par quel hasard ? Je m'imagine que sa maison doit être très humide.

— Seigneur, répliqua la sultane, si vous voulez savoir mon histoire, il faut que votre illustre Majesté m'accorde un moment d'audience.

— Très volontiers, répondit le sultan ; si elle est est trop longue, je pourrai bien m'endormir ; mais ce n'est pas un grand malheur. Commencez donc, Madame.

HISTOIRE

DE LA SULTANE GRISEMINE

―

Je suis née en Finlande ; je ne suis ni reine ni princesse ; mais je puis assurer Votre Majesté que je suis bien demoiselle, car j'ai trouvé dans mes papiers une lettre d'un duc de Laponie à mon grand-père, qui lui mettait le très humble et très obéissant serviteur.

— Oh ! cela ne veut rien dire, reprit Misapouf, car tous ces ducs lapons sont de très petits ducs ; ce n'est pas que je doute de votre noblesse, ajouta-t-il.

— J'en ai encore une preuve plus certaine, dit la sultane : c'est que le roi de Finlande n'aurait pas voulu se mésallier, et sans mes voyages je l'aurais épousé.

— C'est vraiment un fort bon parti que vous avez manqué là, dit le sultan. Il était donc devenu amoureux de vous?

— Non, seigneur, répondit Grisemine.

— Le trône de Finlande avait été occupé autrefois par des princes de la maison de Zélande. Les ducs de

Nortingue l'usurpèrent; ce petit accident occasionna de grandes guerres entre ces deux maisons. Enfin, on trouva un expédient pour faire retourner la couronne à la maison de Zélande, sans l'ôter à celle de Nortingue.

— Comment cela, répondit le sultan?

— On a, dit la sultane, imposé une condition au roi, aujourd'hui régnant, qui l'empêchera d'avoir des enfants.

— J'entends, dit le sultan, on a exigé de lui qu'il ne se marierait point.

— Non, seigneur, dit la sultane, c'eût été une injustice, on lui a laissé cette permission.

— Ah! je sais ce que c'est, reprit Misapouf, il faut que je sois bien sot pour ne pas l'avoir deviné. On veut que sa femme soit hors d'âge de lui donner des successeurs.

— C'est tout le contraire, répliqua Grisemine; il pourra choisir une femme dans toutes les princesses du monde, et dans toutes les demoiselles de son royaume, mais celle-là seule pourra l'épouser, qui lui apportera l'ignorance si précieuse aux yeux d'un mari.

— En vérité, dit le sultan, vos princes de Zélande n'ont pas le sens commun; cette condition-là n'a jamais empêché une femme d'avoir des enfants.

— Votre Majesté, dit la sultane, ne m'a pas laissé achever; j'allais avoir l'honneur de lui raconter qu'il fallait pour épouser le roi de Finlande qu'une fille voyageât pendant quatre ans, qu'elle partît à l'âge de douze ans étant très ignorante, et qu'elle revînt à seize tout aussi peu instruite.

— Oh ! cela change la thèse, s'écria Misapouf : je fais réparation à ces princes, je suis bien certain qu'ils régneront.

— Le roi a signé ce traité à dix-huit ans, il en aura ce mois-ci soixante-dix-neuf, et il est encore garçon. Vous jugez bien cependant qu'il n'y a point de gentilhomme qui ne se tue à faire des filles, et qui ne se ruine à les faire voyager. Mon père en fournit un exemple ; j'ai eu douze sœurs qui se sont dispersées ; leur temps s'est écoulé sans qu'aucune soit revenue en état d'être reine.

— Comment, dit le sultan, vous êtes la treizième ?

— Oui, Seigneur, répondit Grisemine.

— Allons, répondit Misapouf, parlez-moi avec franchise. Qu'est-ce qui vous a épargné les frais du retour? Je ne vous en aimerai pas moins, car enfin je ne trouve pas que cette ignorance soit quelque chose de si merveilleux.

— Je vais, dit la sultane, obéir à votre toujours auguste Majesté, en lui parlant sans déguisement.

« Dès que j'eus douze ans, ma mère me fit partir, après m'avoir appris le sujet et la condition de mon voyage. Je me crus déjà reine de Finlande, et la tête me tourna comme à un maître des requêtes qui devient intendant. Ma mère, pour me préserver des enchantements, me donna un valet de chambre sorcier. On croyait cette précaution nécessaire, et d'ailleurs, c'était le bon air.

— Comment, un valet de chambre sorcier ! s'écria Misapouf, c'était pour vous empêcher d'être reine dès la première journée.

— Non, seigneur, répondit Grisemine, car il était de l'espèce de l'eunuque de la Fée Ténébreuse.

— Ah! ne me parlez pas de ce vilain-là, dit le sultan.

— Je n'ai point lieu de me plaindre de celui qui m'accompagnait, répliqua Grisemine, il s'est sacrifié pour moi, sans me faire perdre mes droits à la couronne. Nous nous embarquâmes dans un vaisseau marchand ; j'eus le malheur, comme cela arrive toujours, de plaire au capitaine. Il voulait me le prouver, parce qu'il ne savait pas me le dire; mais mon cher sorcier, Assoud, me changea tout à coup en barbue. Je m'échappai des mains de mon brutal, et je sautai dans la mer. Assoud me suivit après s'être transformé en merlan. Nous gagnâmes promptement le rivage, car, quoique la barbue soit un bon poisson, j'aimais encore mieux être fille. Nous reprîmes notre forme ordinaire. Nous errâmes longtemps dans les forêts, où je commençais à mourir d'inanition, car tous les sorciers n'ont pas le pouvoir de se faire apporter à manger.

— J'en suis étonné, dit le sultan, car on dit toujours d'un mauvais plat : voilà un ragoût du diable.

— Assoud avait aussi bon appétit que moi, mais il ne plaignait que moi seule. Un jour il me tint ce discours : « Mademoiselle, je crois que vous aimez mieux vivre que mourir. Je n'ai qu'un moyen de vous faire faire un bon repas.

— Quel qu'il soit, mon cher Assoud, lui dis-je, je l'accepterai..

— Le voici, reprit-il : vous venez d'être barbue, et je pense que vous ne serez pas plus déshonorée d'être lapin. Voilà du serpolet qui vous paraîtrait délicieux. Je ne parle pas de plusieurs autres petites douceurs qui pourraient vous récréer, comme de faire des lapereaux.... »

— Adieu la royauté, dit le sultan.

— Non, seigneur, répondit la sultane, ce n'était qu'en qualité de fille que je devais être reine. Ainsi, en passant dans le corps d'une lapine, j'aurais pu peupler une garenne entière, sans être moins digne d'épouser le roi. J'acceptai la proposition d'Assoud, et, par le moyen de son art, la métamorphose réussit. Il y avait trois mois qu'elle était faite ; j'avais eu de la complaisance pour un lapin, quoique je ne sentisse aucun goût pour lui ; mais je craignais de passer pour une bégueule. Vous savez les chagrins que j'ai ressentis, puisque c'est vous qui les avez causés. J'étais dans le plus vif de ma douleur, lorsqu'elle fut augmentée encore par le spectacle le plus attendrissant. Je vis revenir Assoud tout ensanglanté, qui se traînait vers moi. « Je vous trouve à propos, me dit-il d'une voix faible, je n'ai plus qu'un moment à vivre ; un chasseur vient de me réduire dans cet état ; et s'il m'avait tué sur place, vous seriez toujours demeurée lapine ; je n'ai que le temps de rompre votre enchantement. » Il marmotta quelques paroles, me toucha de sa patte, et je redevins fille ; c'est depuis ce temps que je me suis fait nommer Grisemine. « Je meurs content, dit Assoud ; comme je ne pourrai plus veiller à votre sûreté, je vous conseille de prendre mes habits au lieu des vôtres ; vous paraîtrez, il est vrai, un fort joli garçon ; mais vous n'allumerez des passions que dans le cœur des femmes, et ce ne seront jamais elles qui vous empêcheront d'être reine. » A ces mots, il rendit son dernier soupir. Vous connaissez mon cœur, aussi vous pouvez vous représenter mes regrets. J'allai dans une espèce de grotte où nous avions laissé nos habits, je pris celui d'Assoud : je m'avançai vers le rivage ; je découvris un bâtiment, je fis signe avec mon mouchoir ; une chaloupe fut détachée, et me conduisit vers le vaisseau. Le capitaine me fit beaucoup de politesses, et me demanda où je voulais aller. Je lui répondis que je n'avais aucun objet déterminé, ayant quitté ma patrie pour voyager.

— Si cela est, dit-il, vous ne serez pas fâché d'aller avec nous au palais des éternûments.

— Je vous avoue, lui répondis-je, que je n'en ai jamais ouï parler ; on doit y dire bien souvent : Dieu vous bénisse.

— C'est un lieu, reprit-il, habité par la fée Transparente. Elle distribue une poudre qu'on prend comme du tabac, et qui fait éternuer de l'esprit.

— Vous m'étonnez, m'écriai-je.

— Oui, me répondit-il, lorsqu'on a éternué cinq à six fois, on débite aussitôt une vingtaine d'épigrammes, et deux douzaines de maximes.

— Voilà, dis-je, qui est admirable. Monsieur le capitaine, faites redoubler des rames, car je meurs d'envie d'éternuer.

— Mon enfant, reprit-il, tous ceux qui sont à mon bord ont la même impatience ; car depuis quelque temps l'envie d'éternuer est devenue une fureur. Voyez-vous cette jeune femme étique? Elle a entendu dire que lorsqu'on était maigre, on était obligé, en honneur, d'avoir de l'esprit ; elle a tout aussitôt entrepris le voyage. Cette autre, qui devient trop grasse, est persuadée que l'esprit la maigrira ; elle veut en avoir, pour conserver sa beauté plus que pour y suppléer. J'ai au moins trente auteurs qui soupirent après l'éternûment, et qui croient que l'esprit les dispensera d'avoir de l'imagination et du talent. Enfin, poursuivit le capitaine, il n'y a pas jusqu'à ce vilain capucin-là qui ne veuille éternuer.

— Ah! ah! dit Misapouf, vous avez donc vu un capucin? Dites-moi, je vous prie, comment cela est fait.

— Seigneur, répondit Grisemine, c'est une espèce d'animal qui tient le milieu entre le singe et l'homme, qui a autant d'orgueil que d'incapacité, et qui pue le moine à faire vomir.

— Diable, s'écria le sultan, ce portrait-là n'est pas appétissant ; il n'y a que l'orgueil qui puisse en faire la consolation ; car lorsqu'on en a, on se passe de tout. Continuez, je vous prie.

— Seigneur, dit Grisemine, le troisième jour de navigation nous découvrîmes le palais où nous allions ; il avait une si belle apparence, que je le pris d'abord pour la demeure d'un roi. Nous descendîmes du vaisseau avec précipitation. La fée était à une tribune, et jetait des petits paquets à ses courtisans, qui se les arrachaient et qui éternuaient à outrance ; la rage de parler les saisissait, ils faisaient des questions sans qu'on leur répondît, et souvent des réponses sans qu'on les questionnât : on admirait pour être admiré, on critiquait pour être craint, on plaisait moins qu'on n'étonnait ; l'amour-propre boursoufflé donnait des louanges trompeuses, la malignité, de mauvais conseils, et le faux discernement, d'injustes approbations. Je fus bientôt excédée de cette cohue. Je gagnai la porte en réfléchissant sur ce que, dans ce palais, on ne pensait que par secousses, que l'esprit ressemblait à un accès de fièvre, que tout ce qui s'y produisait ne pouvait former qu'un assemblage de lambeaux, et jamais un tout. Je jugeai qu'il fallait attendre l'esprit, et se donner l'agrément, qui est toujours aux ordres de ceux qui le cherchent ; qu'on amuse un moment avec quelques traits, mais qu'on plaît toujours lorsqu'on est aimable : les bons mots sont des hasards, et les agréments sont des titres. Je suivis la route la plus frayée. Sur le soir, je trouvai un jeune homme qui voyageait, ainsi que moi, sans suite et sans équipages ; je fus d'abord saisie de quelque crainte, et je remarquai aussi que ma présence lui causait quelque inquiétude. Nous nous rassurâmes ; il me raconta son histoire, qu'il inventa peut-être et que je vais vous répéter..... — Non, s'il vous plaît, dit le sultan, je m'embarrasse fort peu de savoir ce qui est arrivé à quelqu'un que je n'ai jamais vu et que je ne suis pas tenté de voir.

— Si vous saviez, répondit la sultane, quel était ce garçon-là, vous parleriez différemment.

— C'était peut-être un garçon comme vous, dit Misapouf.

— Précisément, répondit Grisemine ; mais nous fûmes longtemps dans l'erreur ; nous voulions nous faire des avances de politesse, dont nous arrêtions aussitôt l'essor ; nous étions à tous moments sur le point de nous prévenir, et nous nous attendions toujours. La nuit vint, et nous arrivâmes à une petite maison qui servait, dit-on, à loger les passants ; nous y entendîmes un grand bruit d'instruments, mêlé de chansons douces. J'entrai sans qu'on m'aperçût, je parlai sans qu'on m'entendît ; je vis beaucoup de monde, et fort peu de chambres.

— Je m'attends, dit le sultan, que vous aurez été forcée de coucher plusieurs ensemble, et que votre couronne aura fait naufrage dans cette auberge-là.

— Seigneur, répondit la sultane, vous avez l'esprit bien pénétrant. Dans le temps que je faisais des questions inutiles, j'entendis à la porte un grand bruit d'équipages et de domestiques, et je vis une grande femme belle comme la personne qu'on aime. Cet évènement suspendit la joie de la maison. Celui qui en était le maître vint, et parla ainsi..... « Sans doute Madame vient pour passer la nuit ici ; mais je crains qu'elle ne soit bien mal couchée, car j'ai marié ma fille aujourd'hui, et je n'ai que deux chambres : l'une appartient de droit aux nouveaux époux, il ne reste plus que l'autre pour Madame ; mais je ne sais où je logerai ces deux messieurs, dit-il en nous montrant.

— Mon ami, dit cette dame, après nous avoir considérés, votre chambre est-elle à deux lits ?

— Oui, répliqua l'hôte.

— Eh bien, répondit-elle, nous pouvons nous accommoder ; j'en occuperai un, et ces deux jeunes gens, qui se connaissent, ne seront pas sans doute en peine de coucher dans l'autre.

C'était là précisément ce que nous craignions sans oser nous le communiquer.

— Vous aviez grand tort, dit le sultan, car cela n'était pas dangereux.

— Je pris la parole, et je dis à la dame que nous n'osions prendre la liberté de coucher dans la même chambre qu'elle. Mais elle me répondit :

— « Vous avez tort, je ne crains point les hommes, et je suis accoutumée à être sage avec eux, sans les éviter ; je ne fais pas cas de ces femmes qui craignent toujours les occasions ; la vertu qui fuit, manque souvent de jambes. » Comme nous voulions partir le lendemain, nous nous couchâmes de bonne heure : j'eus la précaution, en me mettant au lit, de me tenir absolument sur le bord ; mon compagnon eut la même prudence ; deux personnes auraient pu aisément se placer entre nous. Je fus surprise de ne sentir aucun trouble, aucune émotion, en me sachant couchée avec quelqu'un que je croyais un homme ; j'étais seulement atteinte d'un petit mouvement de curiosité ; mais l'ambition de devenir reine y mit aussitôt un frein. Je crus que le plus sûr moyen d'y résister était d'attendre que la jeune dame fût endormie, de sortir doucement de mon lit, et de me glisser encore plus doucement dans le sien. J'exécutai ce projet, et je me levai sans bruit ; je gagnai le lit de la dame : elle dormait ; je me coulai à côté d'elle sans qu'elle parût se réveiller. Mais ce sommeil n'était qu'une feinte, car un quart-d'heure après elle me tint ce discours :

— Mon bon garçon, j'ai bonne opinion de la délicatesse de vos sentiments, car vous n'êtes pas venu à mes côtés pour me laisser dormir ; je suis sensible à vos desseins, et la reconnaissance exige que je dissipe votre erreur, je suis assurée que vous ne me trahirez pas.

Ce début m'offensa ; je lui promis une discrétion à toute épreuve, et je la priai de poursuivre.

— Eh bien donc, me dit-elle, je veux bien vous apprendre un petit malheur, en vous confiant que vous vous trompez, si vous comptez à présent être couché avec une femme, car je suis un garçon.

Ces paroles me confondirent.

— Oh ! je l'avais deviné, dit le sultan.

— Il est vrai, seigneur, poursuivit Grisemine, que le désordre qui se passa alors en moi me dit que j'étais avec un homme.

— Mais, dit le sultan, que ne sortiez-vous du lit ?

— C'était mon projet, répliqua Grisemine, mais je voulais savoir son histoire.

— Bonne chienne de curiosité ! s'écria Misapouf.

— C'est ainsi, reprit la sultane, qu'il la commença : « Je suis fils de la Fée aux bains et du Chevalier au nez. Réellement, dit-il, je n'en ai jamais vu un si grand que le sien. Cela n'empêcha pas ma mère de devenir grosse.

— Voilà une belle réflexion, dit la sultan ; où ce

garçon-là avait-il pris que le nez d'un homme l'empêche de faire un enfant à sa femme ?

— Seigneur, répondit la sultane, il n'avait pas encore d'expérience.

— Quel était donc son nom? dit le sultan.

— Seigneur, il se nommait Ziliman.

— Cela m'est égal, répondit Misapouf; poursuivez votre histoire.

La sultane continua ainsi :

— Mon père, dit Ziliman, était fort amoureux de la Fée aux bains, et regardait avec indifférence toutes les beautés qui venaient se baigner ; mais sa vanité pensa le perdre, et fut cause de mes malheurs. Il entendit parler de la princesse *Ne vous y fiez pas*, de son anneau, et de l'enchantement qui y était attaché (je ne ne vous répéterai point, dit la sultane, tout ce que vous m'avez conté avec tant d'éloquence sur ces anneaux) ; persuadé, continua Ziliman, que personne n'avait un si gros petit doigt que lui, sans rien dire à ma mère, il partit pour délivrer cette princesse : cela prouve qu'il avait autant d'humanité que d'amour-propre. La fée imputa son absence à son infidélité; elle accoucha de moi pendant ce temps fatal ; elle jura, dans la haine qu'elle portait aux hommes, que je porterais un habillement de fille jusqu'à ce que je fusse marié : à quinze ans, je lui dis que je voulais voyager. « J'y consens, me répondit-elle ; mais surtout ne te marie point ; je fais serment que tu ne garderas ta femme que lorsqu'elle aura été quinze jours devant mes yeux tout grands ouverts sans que je l'aperçoive. » Il allait continuer, lorsque nous entendîmes le bruit de la noce qui amenait les nouveaux mariés dans le lit nuptial. Cet évènement augmenta mon trouble ; j'étais tentée d'aller rejoindre mon compagnon ; mais le lit de Ziliman était plus près de celui des jeunes époux, et j'avais des idées si confuses sur le mariage, que je n'étais pas fâchée de m'en éclaircir un peu, en prêtant attentivement l'oreille à ce qui se passerait.

— « Je vous avoue, à ma honte, dit Ziliman, que cette cérémonie m'est absolument nouvelle ; vous vous moquerez de moi, quand je vous dirai que je suis ignorant au point de ne pas savoir la différence qui est entre ce jeune homme et sa femme.

— Je puis vous jurer, lui répondis-je, que je suis tout aussi peu instruite que vous.

— Si cela est, reprit-il, profitons de cette occasion, gardons un profond silence. J'ai remarqué que les deux lits ne sont séparés que par une tapisserie ; nous ne perdrons rien de cette scène. »

J'acceptai la proposition de tout mon cœur, et notre conversation fut dès lors interrompue ; car lorsqu'on voyage, on est trop heureux de s'instruire.

Sans doute on s'attend que ces deux époux, d'accord ensemble, se félicitèrent d'être débarrassés du monde qui les importunait, et que leurs sentiments, gênés jusqu'à cet instant, s'échappèrent avec transports. Mon imagination attentive travaillait pour se représenter les effets de cette intelligence ; l'ignorance de Ziliman le tourmentait au moins autant que moi. Nous entendîmes Thaïs et Fatmé se mettre au lit. Thaïs dit aussitôt :

— Enfin nous voilà seuls, il y a longtemps que je désire prouver à ma chère Fatmé combien je l'aime.

Apparemment qu'il jouait ce qu'il disait ; car Fatmé lui répondit :

— Que veulent dire ces manières-là ? Où avez-vous appris à vivre ?

Thaïs, qui vraisemblablement était un bel esprit, lui répliqua :

— Belle Fatmé, n'étant occupé que du plaisir de vous voir, je n'ai appris qu'à aimer.

— Eh bien, lui dit-elle, tenez-vous-en là, et n'apprenez pas à insulter.

— Ces insultes-là, dit Thaïs, sont les politesses de la bonne compagnie, vous m'en remercierez avant peu.

Je juge qu'il voulut encore tenter quelque entreprise, car Fatmé s'écria :

— Thaïs, si vous continuez, je vais appeler ma mère ; Thaïs, vous êtes un insolent, je ne suis point faite à ces façons-là.

— Mais, en vérité, Fatmé, je ne vous conçois pas, dit Thaïs. Pourquoi vous imaginez-vous donc que je vous ai épousée ? Votre résistance marque une ignorance qui m'est bien précieuse ; mais vous devez avoir de la confiance en moi. Allons, ma chère Fatmé, rendez-vous à mon ardeur, je vous en conjure.

— Oh ! non, dit-elle naïvement, ma mère m'a cent fois défendu de me laisser faire ce que vous me voulez faire.

— Sans doute, belle Fatmé, quand vous étiez fille ;

mais tout doit m'être permis, puisque vous avez reçu ma foi en présence de l'Iman.

— Je me moque de l'Iman, reprit Fatmé, la chose est bonne ou mauvaise en soi : si elle est bonne, on n'a pas besoin d'un Iman pour y être autorisé, et si elle est mauvaise, la permission de l'Iman ne peut pas la rendre bonne.

Thaïs, qui perdait trop de temps à raisonner, prit le parti d'employer les effets, au lieu de tant de paroles inutiles. Fatmé poussait des cris que Thaïs étouffait : toute notre chambre était ébranlée de la révolte qui se passait dans l'autre.

— Je crois, dit le sultan, que Ziliman et vous étiez encore moins tranquilles que les chambres.

— Il est vrai, répondit la sultane, que je ne puis exprimer ce qui se passait en moi. Ma curiosité et ma crainte étaient égales ; j'entendais des plaintes qui dégénéraient en soupirs ; enfin, il y en eut un qui fut suivi d'un long silence. Ziliman me dit alors :

— Ah ! mon ami, je ne conçois pas ce qu'ils peuvent faire ; mais je suis dans un état épouvantable. Je voudrais bien savoir si cette scène a produit sur vous les mêmes effets. Il me prit la main et je fus effrayée.

— Ah ! bon Dieu, lui dis-je, qu'est-ce que cela ! Ne serait-ce pas par hasard le nez de monsieur votre père ? Apparemment que sa main s'avança aussi, car il fit un cri de frayeur, et il dit avec surprise : « Oh ciel ! comment avez-vous donc fait cet homme-là ? » Je soupçonnai alors que le sujet de notre étonnement était le point de notre ignorance ; je voulus l'empêcher de faire un éclat, et je lui avouai ingénument que j'étais fille. Sa surprise se changea en un transport de joie ; il se jeta dans mes bras et je n'eus pas la force de m'en dérober. Dans ce moment, les plaintes et les soupirs de Fatmé recommencèrent ; mais je fus bientôt forcée d'en faire autant. Fatmé s'imagina que nous voulions la contrefaire, car elle dit : « Voilà qui est beau de se moquer ainsi du pauvre monde ; je voudrais bien, ajouta-t-elle, qu'on vous en fît autant, pour voir ce que vous diriez. » Ziliman et moi nous ne pûmes nous empêcher de rire, et nous ne laissâmes pas de faire des progrès dans la science. Je lui racontai mon histoire, et je lui jurai que je renonçais de tout mon cœur à la couronne de Finlande. Le jour parut. « Belle Grisemine, me dit-il, vous savez que vous êtes ma femme, il faut que vous soyez quinze jours devant les yeux de ma mère sans qu'elle vous voie, sans cela je vous perdrais, et j'en mourrais de chagrin. Je ne sais qu'un moyen, c'est d'aller chez la fée Porcelaine, elle est ma marraine, elle vous protégera, et nous donnera peut-être un expédient pour engager ma mère à ratifier notre bonheur. Je lui promis de ne pas nous quitter, et nous partîmes après avoir pris congé de mon compagnon, qui m'avoua qu'elle était fille, et qu'elle était dans son cours de voyage pour être reine. Je lui déclarai qu'elle avait en moi une rivale de moins : elle en fut très contente, et nous nous séparâmes en nous embrassant cordialement, car les femmes s'embrassent par coutume en se trouvant, et par plaisir en se quittant. Nous arrivâmes en deux jours chez la fée Porcelaine. Ziliman lui confia son mariage, me présenta, et lui demanda si elle avait vu sa mère depuis peu.

— Elle vint hier, répondit la fée, et me dit qu'elle vous avait défendu de vous marier, mais comme elle s'imagine que vous êtes aussi fragile que ma maison, elle est persuadée que, sous un habit de fille, vous ne pourrez pas vous empêcher de vous découvrir.

— Mais enfin, ma mère est-elle toujours dans la même résolution? dit Ziliman.

— Oui, dit la fée, elle m'a informée des conditions qu'elle avait juré de vous faire remplir.

— Hélas! m'écriai-je, je vois trop qu'il faudra que je perde mon cher Ziliman.

— Ah! si vous vouliez vous prêter à mon projet, nous pourrions la tromper.

— Il n'y a rien que je ne fasse, lui dis-je, pour être toujours avec quelqu'un que j'aime autant.

— Eh bien! reprit la fée, si cela ne vous répugne point, je vous donnerai la forme d'un meuble dont sans doute vous vous servez souvent.

— Ah! dit le sultan, voilà cette métamorphose que vous m'avez fait attendre si longtemps.

— Il est vrai, seigneur, que mon amour me fit consentir à tout. La fée voulut me donner, sous cette forme, toute la grâce que peut avoir un pot de chambre. Le lendemain, Ziliman me mena chez la fée aux bains; sa mère fut contente de le revoir si tôt: il dit qu'il se déterminait à passer sa vie avec elle, plutôt que de voyager toujours avec un habillement si honteux pour un homme. La fée l'écouta avec plaisir, et lui dit qu'elle avait eu assez bonne opinion de ses sentiments, pour espérer de l'embrasser peu de temps après son départ. Elle voulut savoir le récit de ses voyages. Il en supprima tous les événements intéressants. Le soir, en soupant, elle lui demanda s'il n'avait pas rapporté quelques curiosités.

— J'ai, répondit-il naïvement, un meuble de garderobe à la mode ; sans doute vous en avez vu ?

— Non, dit-elle.

On m'apporta dans sa chambre ; elle trouva cette dernière invention si fort de son goût, qu'elle me garda. J'y étais depuis quatorze jours, lorsque la fée Ténébreuse, avec le manchon de Votre Majesté, vint faire une visite de voisinage à la fée aux bains. On parla de moi après les premiers compliments ; car, en meubles de cette espèce, une mode nouvelle est un événement. La fée Ténébreuse fut si fort enchantée, qu'elle me destina à son usage.

— Eh bien ! dit le sultan, n'est-il pas vrai que c'est une chose épouvantable que l'anneau de cette vilaine-là ?

— Ah ! épouvantable, seigneur, reprit Grisemine. Un jour en se servant de moi, elle me brisa en mille pièces ; et comme l'enchantement était rompu par ce malheur, je parus à ses yeux sous ma forme naturelle. Je la priai de ne pas me perdre ; mais elle était furieuse, parce qu'elle prétendait que je l'avais coupée ; elle me conduisit dans l'appartement de la Fée aux bains, et lui conta mon aventure. Je me jetai à ses genoux, en lui disant :

— Ah ! ma chère belle-mère, ne m'enlevez pas mon époux Ziliman.

Ce discours la fit entrer dan un courroux violent, je fus chassée ; et je ne sais ce que je serais devenue, si votre clémente Majesté ne m'eût pas prise sous sa puissante protection.

— Madame, dit le sultan, en faveur de votre sincérité, je vous pardonne de vous être donnée pour fille, tandis que vous n'étiez rien moins que cela : je m'aperçus bien de quelque chose la première nuit de nos noces ; je crus, je vous l'avoue, que c'était la faute de mon petit doigt, mais je vois à présent que c'était celle de ce benêt de Ziliman. Quoi qu'il en soit, oublions toutes nos infortunes passées, et ne songeons qu'au bien présent. Tâchez de me trouver de meilleurs cuisiniers. Nos enfants sont déjà grands. Marions nos filles avant de les faire voyager, nous songerons demain à ce que nous devons faire des garçons ; il est tard aujourd'hui. Allons nous coucher, en attendant que je sois capucin.

HISTOIRE DE LA FÉLICITÉ

La Félicité est un être qui fait mouvoir tout l'univers ; les poètes la chantent, les philosophes la définissent, les petits la cherchent bassement chez les grands, les grands l'envient aux petits, les jeunes gens la défigurent, les vieillards en parlent souvent sans l'avoir connue ; les hommes, pour l'obtenir, croient devoir la brusquer ; les femmes, qui ordinairement ont le cœur bon, essayent de se l'assurer en tâchant de la procurer ; l'homme timide la rebute, le téméraire la révolte, les prudes la voient sans pouvoir la joindre, les coquettes la laissent sans la voir ; tout le monde la nomme, la désire, la cherche ; presque personne ne la trouve, presque personne n'en jouit : elle existe pourtant ; chacun la porte dans son cœur, et ne l'aperçoit que dans les objets étrangers. Plus on s'écarte de soi-même, plus on s'écarte du bonheur : c'est ce que je vais prouver par l'histoire d'un père et d'une mère, qui, revenus de leurs erreurs, en firent le récit à leurs enfants, et sacrifièrent leur amour-propre au désir de les instruire.

Thémidore et Zélamire étaient deux époux qui s'étaient mariés par convenance, s'étaient estimés sans s'aimer, et en avaient aimé d'autres sans les estimer. Ils avaient eu des enfants par amour pour leur nom, s'étaient ensuite négligés par dissipation, et s'étaient fait des infidélités réciproques : le mari, par air et par mode ; la femme, par vanité et par vengeance.

L'âge les rassembla ; ils reconnurent leurs erreurs en cessant de les faire aimer aux autres ; l'amour-propre leur avait donné des faiblesses, l'amour-propre les en avait corrigés : ils avaient cherché le monde pour y trouver des louanges, ils l'avaient quitté pour éviter des ridicules ; ils s'étaient désunis par ennui, et s'étaient réunis par ressource.

Ils formèrent tous deux le même projet sans se le communiquer : c'était de faire tourner leurs fautes au profit de leurs enfants. Hémidore voulut raconter ses aventures à son fils Alcippe, pour lui faire connaître les écueils du monde ; Zélamire voulut faire part des siennes à sa fille Aldine, pour lui en éviter les dangers.

C'est, je crois, la meilleure façon d'instruire des

enfants. Il y a apparence qu'elle devient à la mode, car les jeunes gens ne font sans doute tant de sottises qu'afin d'amasser des matériaux pour la perfection de leurs descendants.

Voici le récit de Thémidore à son fils.

HISTOIRE DE THÉMIDORE

—

Depuis longtemps, Alcippe, je désire de vous ouvrir mon cœur, et de vous marquer ma confiance, bien moins en vous donnant des conseils qu'en vous découvrant mes fautes ; vous oublieriez les uns, vous retiendrez les autres ; des préceptes sont plus difficiles à suivre que des défauts à éviter : un modèle de vertu fait souvent moins d'impression qu'un modèle d'imprudence.

« J'ai été jeune. Mon père, qui était plus rigide qu'éclairé, me donna une éducation dure, et me dégoûta de la raison, en me l'offrant avec trop de sévérité ; il intimida mon esprit au lieu de l'éclairer, et desséchá mon cœur à force de réprimandes, au lieu de le nourrir et de le former par la douceur.

« Les premières leçons qu'on donne aux enfants doivent toujours porter le caractère du sentiment ; l'intelligence du cœur est plus prématurée que celle de l'esprit ; on aime avant que de raisonner : c'est la confiance qu'on inspire qui fait le fruit des instructions que l'on donne.

« Mon père n'en usa pas ainsi. Le titre de père me donna plutôt une idée de crainte que de tendresse ; la contrainte où j'étais me fit prendre un air gauche qui ne me réussit pas ; quand je débutai dans le monde, mes raisonnements étaient assez justes, mais dépouillés de grâces ; et bien souvent la bonne compagnie ne juge de la solidité de l'esprit que par son agrément.

« Mon père m'avait présenté dans quelques maisons, et m'avait répété bien des fois que le point essentiel, pour réussir, était d'être complaisant ; mais pour l'être sans passer pour un sot, il faut de l'usage du monde dans celui qui a de la complaisance, et du discernement dans ceux qui en sont les objets ; il faut qu'on sache gré à quelqu'un de se prêter aux goûts différents des sociétés, et l'on ne peut pas lui en savoir gré qu'on ne lui en suppose de contraires qu'il sacrifie : vous êtes assez payé de vous plier à la volonté d'autrui, lorsqu'on est persuadé que vous en avez une à vous.

« Mon esprit était trop intimidé pour me faire sentir cette distinction ; les gens chez qui j'étais reçu étaient trop bornés pour l'apercevoir ; j'y allais tous les jours faire des révérences en homme emprunté, des compliments en homme sot, et des parties d'hombre en homme dupe : en un mot, je les ennuyais avec toute la complaisance possible ; ils me le rendaient avec toute la reconnaissance imaginable.

« Ce genre de vie me déplaisait fort, lorsqu'un jour de grande assemblée, je crus, au milieu de trente visages hétéroclites, découvrir une femme qui, sans

11

tirer à conséquence pour le lieu où elle était, avait une figure humaine. Je la regardai ; elle le remarqua : je rougis ; elle s'approcha. Je n'ai jamais été si embarrassé ni si flatté. Elle avait bien cinquante ans, mais je n'en avais que vingt ; ainsi elle était jeune. La conversation s'anima, c'est-à-dire elle parla beaucoup et je répondis fort peu ; mais comme tous mes monosyllabes servaient de liaison à ses phrases, cela pouvait s'appeler une conversation. Je me souviens qu'elle me fit des avances très marquées. Je lui trouvai de la raison ; elle en fut flattée parce qu'elle en manquait. J'eus le secret, en peu de mots, de dire plusieurs sottises ; elle loua mon esprit ; je fus enchanté parce que personne ne m'en trouvait. L'amour-propre noua nos chaînes, il en forme bien plus que la sympathie ; et voilà pourquoi elles durent si peu ; c'est qu'on cesse de se flatter à mesure qu'on se connaît, et les liens se relâchent à mesure qu'on néglige le principe qui les a serrés.

« J'eus la hardiesse, le troisième jour, de lui offrir la main pour la ramener chez elle ; elle l'accepta, et je fus saisi de crainte dès l'antichambre. C'était mon premier tête-à-tête ; cela me paraissait une affaire décisive pour ma réputation. Je n'avais jamais rien à dire et je voulais toujours parler ; je cherchais au loin des sujets de conversation, et je ne prenais point le style de la chose ; j'étais fort respectueux, parce que je ne connaissais pas son caractère ; elle était fort prévenante, parce qu'elle connaissait le mien.

« Enfin, après plusieurs propos vagues et forcés, qui marquent plus la disette d'esprit que le silence, nous arrivâmes à sa porte ; je prenais déjà congé d'elle, lorsqu'elle me dit que l'usage du monde exigeait que je la conduisisse jusqu'à son appartement.

— Madame, lui dis-je très spirituellement, je n'osais pas prendre cette liberté-là.

— Ah ! vous le pouvez, Monsieur, poursuivit-elle, je ne crains point les jeunes gens.

— Madame, répartis-je un peu décontenancé, vous êtes bien polie.

« En entrant dans sa chambre, elle se jeta sur un sopha et me dit :

— J'en use librement avec vous, mais je compte sur votre amitié.

— Vous avez raison, Madame, lui dis-je, je serais fâché de vous importuner.

— Quel âge avez-vous, dit-elle ?

— Vingt ans, lui répondis-je.

— Ah ! bon Dieu, qu'il fait chaud aujourd'hui ! reprit-elle.

— Madame, lui dis-je aussitôt, si vous voulez, je vais ouvrir la porte.

— Gardez-vous-en bien, répliqua-t-elle ; il n'y a rien de si malsain. Vous n'avez que vingt ans, dites-vous ? En vérité, vous êtes bien avancé pour votre âge.

— Ah ! madame, lui répondis-je, vous avez la bonté de me dire cela parce qu'il y a longtemps que vous êtes l'amie de ma mère.

— Mais voilà précisément ce qui n'est point, s'écria-t-elle avec aigreur : nos âges sont si différents ! Je ne l'en estime pas moins, cependant. Et dites-moi, je vous prie, êtes-vous fort répandu, avez-vous beaucoup de connaissances ?

— Madame, je vais tous les jours dans la maison où j'ai eu le bonheur de vous rencontrer.

— C'est bien fait, dit-elle : ce sont de si bonnes gens ! Il est vrai qu'ils ne sont pas excessivement amusants ; mais, en vérité, leur commerce est sûr ; je m'en accommode assez ; car je hais tant la jeunesse ; j'entends ces petits messieurs que les femmes gâtent si bien, et je ne sais ce qu'il leur en revient, car ils sont la plupart si sots dans le tête-à-tête, et si avantageux en compagnie : je vous distingue beaucoup, au moins, en vous recevant seul.

— Madame, assurément, lui dis-je, je n'en abuserai pas.

— Je le vois bien, reprit-elle ; je suis assurée qu'il n'y a pas un jeune homme qui, à votre place, n'eût déjà été impertinent ; mais je dis fort impertinent.

— Je serais bien fâché, lui dis-je, que cela m'arrivât.

— Je ne suis point bégueule, continua-t-elle, et je n'exige pas qu'on soit toujours avec moi prosterné dans le respect : pourvu qu'on ne me manque point, voilà tout ce que je demande. Dites-moi, mon cher ami, n'avez-vous jamais été amoureux ?

— Non, Madame, lui répondis-je, car mon père ne veut me marier que dans deux ans.

— Assurément, dit-elle, il doit être bien content d'avoir un fils aussi formé que vous l'êtes. Cependant, poursuivit-elle, je ne verrais pas un grand inconvénient que vous vous prissiez d'inclination pour quelque femme, pourvu que ce ne fût point une tête évaporée, qui, au lieu de vous former le cœur, vous prouvât que l'on peut s'en passer.

— Ah! je m'en garderai bien, lui dis-je, cela nuirait à mon établissement, et ces choses-là sont contre l'honnête homme.

— Mon cher enfant, répondit-elle, j'ai une grande vénération pour votre probité ; mais il est tard, soupez avec moi.

— Je ne le puis pas, Madame, repris-je : mon père et ma mère seraient trop inquiets.

— Eh bien! allez-vous-en donc, dit-elle avec un air impatienté.

« Je lui obéis, et je sortis fort content de ma personne ; j'aurais cru m'en être bien tiré, si quelque temps après on ne m'avait dit qu'elle me faisait passer pour un sot.

« A force d'aller dans le monde, j'appris insensiblement les usages ; à force d'entendre des sottises, je me déshabituai d'en dire ; mais à force d'aller avec des gens qui en faisaient, je ne pus me dispenser d'en faire. De l'extrême simplicité, je passai à l'extrême étourderie. Ces deux excès opposés se touchent ; c'est le défaut de réflexion qui les produit tous deux ; on ne s'en garantit qu'en s'accoutumant à penser, mais c'est un parti que tout le monde ne peut pas prendre. Je remarquai que chacun vantait le bonheur et se plaignait du malheur ; je ne concevais pas pourquoi on avait la maladresse de trouver l'un plutôt que l'autre, et je n'avais pas encore assez de raison pour sentir que les routes qu'on prend pour arriver au bonheur sont presque toujours celles qui vous en éloignent ; je crus en savoir plus que les autres, et j'imaginai, comme tous les gens de mon âge, que la suprême félicité était d'être homme à bonnes fortunes : ainsi, avec de l'étude et une sérieuse attention sur moi-même, j'acquis en peu de temps tous les ridicules nécessaires pour mériter ce titre ; j'eus beaucoup de respect pour moi, et beaucoup de mépris pour les femmes. Voilà le premier pas pour faire son chemin auprès d'elles ; je fis des agaceries avec une impertinence qui faisait voir combien je me croyais de grâces ; je me louai avec une confiance qui persuadait presque les sots de mon mérite, et j'eus des prétentions avec une effronterie qui fit croire que j'avais des droits. En un mot je me donnai un maintien capable de déshonorer vingt femmes ; c'était un talent marqué dans un homme qui était aussi neuf que moi : aussi m'admirai-je perpétuellement ; car un sot est bien plus content de devenir un fat, qu'un homme d'esprit de devenir un homme de bon sens. Je manquai de respect à beaucoup de femmes ; plusieurs s'en offensèrent sans que je m'en affligeasse ; plusieurs m'écoutèrent sans que je m'en souciasse. Je fus très souvent téméraire, et quelquefois heureux ; je séduisis des prudes en louant leur vertu, des coquettes en feignant de ne pas admirer leurs charmes, et des dévotes, en déchirant tout l'univers.

« Mais je gardai toutes mes conquêtes aussi peu de temps qu'elles m'en avaient coûté ; le caprice me dégoûta des premières, la légèreté m'enleva les secondes, la fausseté me révolta contre les troisièmes ; ainsi, ce bonheur prétendu que j'envisageais s'évanouissait toutes les fois que je croyais le posséder. J'ai remarqué souvent que tous les faux bonheurs ont un point de vue, comme certains tableaux, dont les beautés diminuent et disparaissent à mesure qu'on en approche.

« Je m'étais cependant fait une réputation qui contribua à mon établissement ; car, qu'un jeune homme soit à la mode, il passe pour être aimable, et pour lors on ne s'informe pas s'il est raisonnable. On proposa à mon père un parti raisonnable, c'est-à-dire une fille riche ; j'acceptai la position ; l'entrevue se fit ; la jeune personne avait passé sa vie au couvent ; elle me trouva admirable ; on me fit jouer avec elle ; à peine ouvrait-elle la bouche pour nommer les couleurs, je lui trouvai beaucoup d'esprit, et je me crus certain de son bon caractère. Après avoir pris des précautions aussi sages pour le bonheur de l'un et de l'autre, on nous maria : la troisième fois que nous nous vîmes, on nous fit honnêtement coucher ensemble, en présence de trente ou quarante parents qui ne devaient jamais devenir nos amis. Le lendemain, ces messieurs s'égayèrent à nos dépens, avec cette légèreté lourde et gauche de gens qui sont dans l'habitude d'être plaisantés, et qui sont insupportables lorsqu'une fois dans leur vie ils se croient obligés d'être plaisants. Ma femme soutint leurs mauvais propos sans se déconcerter ; le plus fort était fait. Je vous avoue que le mariage, quoique fort respectable, m'a toujours paru un tant soit peu indécent : on oblige une fille de recevoir publiquement dans son lit quelqu'un qu'elle ne connaît pas, et elle est déshonorée d'y recevoir quelqu'un qu'elle adore. Que l'homme est étonnant ! Sa tête est un amas d'inconséquences, et cependant on l'appelle une tête raisonnable ; ce n'est assurément qu'un titre de convention. Zélamire et moi, nous vécûmes assez bien ensemble pendant deux ans : elle parlait peu, je lui répondais encore moins ; je croyais que la taciturnité faisait partie de la dignité d'un mari. Plus d'un ami me dit que ma femme avait de l'esprit ; je leur dis, pour leur marquer ma reconnaissance, que la leur avait le cœur tendre. Notre intelligence entre Zélamire et moi ne dura pas longtemps ; nos goûts, nos caractères, nos connaissances différaient en tout. Nous passâmes notre vie dans de petites contradictions, qui jettent plus d'amertune dans le commerce que des torts décidés ; nous fûmes assez heureux pour perdre patience, assez sincères pour nous le dire, et assez sages pour nous séparer sans éclat, sans donner des scènes au public. Nous nous quittâmes comme deux époux qui se détestent sans manquer au respect qu'ils se doivent. Ma femme se retira dans une de ses terres, à ce qu'elle me dit, et moi je me livrai plus que jamais au monde.

« Enfin, après avoir éprouvé l'erreur de la dissipation et l'abus des bonnes fortunes, pour parvenir à la félicité, je crus l'envisager dans les honneurs, et je devins ambitieux. Vous voyez, mon fils, que je ne me fais pas grâce d'un seul de mes défauts, pour vous les faire éviter tous. Je ne savais pas quels chagrins je me ménageais : la montagne des honneurs est bien escarpée ; il faut ou trop de mérite ou trop de mauvaises qualités pour y arriver : mais on est aveugle sur soi-même ; et parce que j'avais eu assez de talents pour faire le malheur de quelques femmes, je m'en croyais assez pour faire le bonheur d'un État ; je formai des brigues, j'intéressai pour moi plusieurs personnes que je méprisais, et qui ne m'estimaient pas. Je les éblouis à force de promesses ; je leur fis entrevoir une protection chimérique, pour en obtenir une réelle. Enfin j'eus la place d'un homme estimé ; mais je ne la possédai qu'autant de temps qu'il m'en fallut pour faire voir mon incapacité et mon ingratitude. L'injustice m'avait élevé, l'équité me déplaça : je me retirai rempli de haine pour les grandeurs et pour les hommes, mais désespéré de sentir que je ne pouvais pas en être regretté. On souffre bien plus des sentiments qu'on inspire que de ceux qu'on reçoit ; rien n'est si humiliant que de ne pas être estimé de ceux qu'on a le droit de mépriser ; un ambitieux permet le mépris, pourvu qu'il soit élevé ; un homme déplacé soutient le malheur, pourvu qu'il ne soit pas méprisé. J'allais mourir de chagrin d'avoir perdu un poste qui m'aurait fait mourir d'ennui, lorsque je rencontrai un sage qui dissipa mes ténèbres, et qui me montra le bonheur, en me prouvant que jusqu'alors je n'avais fait que changer de malheur. Il s'était, comme moi, instruit à ses dépens. C'était un homme d'une ancienne noblesse ; il avait passé sa jeunesse avec les femmes ; l'ambition l'en avait détaché et l'avait lié avec des hommes faux ; la raison l'avait corrigé de ce dernier travers et l'avait déterminé à vivre à la campagne. Il avait d'abord été un agréable, ensuite un homme de cour, et il avait voulu finir en honnête homme. Je me liai intimement avec lui ; sa probité gagna mon cœur, et sa sagesse éclaira mon esprit.

— Mon ami, me dit-il un jour, j'ai payé, ainsi que vous, le tribut aux fausses opinions ; j'ai cherché la félicité parmi toutes les erreurs, et je ne l'ai trouvée qu'après en avoir abandonné la recherche. Lassé du monde que j'habitais, je voulais aller sous un autre ciel, sous un ciel où les âmes fussent aussi pures que l'air qu'on y respire ; je me retirai ici, c'est le domicile de mes pères ; j'y vis avec mes voisins ; je leur découvre des vertus dont je fais souvent mon profit, et je ne leur trouve que des défauts communs, des défauts de province, des défauts qui tombent trop dans le petit pour germer un seul instant dans un homme qui pense. J'oublie le monde : c'est un parti plus sûr et plus honnête que de déclamer contre, et j'éprouve que le seul moyen de devenir heureux est d'être philosophe.

— Philosophe ! m'écriai-je, cela me paraît bien ennuyeux.

— Je vois bien, reprit-il, que vous ignorez ce que c'est qu'un philosophe ; la philosophie conduit toujours au vrai bonheur, lorsqu'on se garantit de l'amour-propre. Cette philosophie n'est point une vertu âpre telle qu'on se la représente, qui prend la causticité pour la justesse, l'humeur pour la raison, et le dédain pour un sentiment noble. La philosophie dont je parle est une vertu douce qui craint le vice, et qui plaint les vicieux ; qui, sans le moindre étalage, pratique exactement le bien ; qui fait distinguer une faiblesse d'avec le sentiment ; qui chérit, qui respecte tout ce qui serre les nœuds de la société ; qui établit une parfaite égalité dans le monde ; qui n'admet de prééminences que celles que donnent les qualités de l'âme ; qui, loin de haïr les hommes, les prévient, les soulage, leur fait connaître les charmes de l'amitié par le plaisir de l'exercer ; et qui tâche d'enchaîner tous les cœurs par les liens de l'amour et de la reconnaissance.

— Ah ! lui dis-je avec transport, c'est vous seul que je prends pour mon guide ; je sens que je serais heureux si je ressemblais au portrait que vous venez de faire ; je ne m'étonne pas qu'il y ait si peu de vrais sages : il est plus facile de mépriser les hommes que de les soulager. Mais, continuai-je, avez-vous pu trouver ici quelqu'un digne de votre société ? La vertu, pour s'entretenir, a besoin de se communiquer.

— Je me flatte, répondit mon philosophe, d'avoir une amie respectable ; c'est une femme retirée à une lieue d'ici, dans l'abbaye de....; elle a vécu dans la dissipation ; sa tête lui a fait commettre plus de fautes que son cœur ; elle a connu trop de monde différent, pour s'être acquis des amis ; elle s'est trop livrée au tourbillon, pour avoir eu le temps de s'attacher des amants ; presque tous ses jours ont été marqués par de fausses démarches ; ses étourderies ont paru des faiblesses ; le printemps de son âge s'est passé, la vivacité de son imagination s'est ralentie ; elle s'est dégoûtée des plaisirs ; elle a commencé à réfléchir ; elle a connu qu'elle avait fait tort à sa réputation sans avoir fait subir d'épreuves à sa vertu ; et en découvrant l'abus du monde, elle est venue sentir et goûter le prix de la retraite. J'en partage toutes les douceurs avec elle ; je vais souvent la voir, je lui développe toutes mes pensées, elle me confie les siennes; nous éprouvons que la véritable amitié, l'amitié délicate, l'amitié tendre et attentive, ne peut guère subsister qu'entre deux personnes d'un sexe différent, qui sont parvenues à l'âge de mépriser l'amour. Ce que l'on doit aux femmes multiplie les égards, détruit les inconvénients de l'égalité, émousse les pointes de l'envie, rend les nuances de la sensibilité plus douces, et devient le principe d'une confiance plus liante et plus intime.

« Ce discours alla jusqu'au fond de mon âme ; il il me rappela l'image de Zélamire.

— Ne pourriez-vous pas, dis-je d'un air attendri, me faire connaître une femme si estimable ? Vous allez souvent à l'abbaye de...., j'y dois faire une visite à une dame nommée Elmasie.

— Elmasie ! répondit mon ami ; d'où la connaissez-vous ?

— Je ne la connais point, répliquai-je ; mais ma femme, qui, depuis longtemps, vit loin de moi, sans qu'aucune aversion nous ait désunis, m'a écrit de faire toucher sa pension à cette Elmasie, qui aurait soin de la lui faire tenir ; je ne puis en être si près, sans aller lui rendre un devoir qui me paraît indispensable.

— Vous en serez content, repartit mon ami ; c'est elle-même dont je viens de vous faire l'éloge ; je veux, dès demain, vous y présenter.

— Cachez-lui mon nom, lui dis-je aussi ; je suis curieux de pénétrer, sans qu'elle me connaisse, l'opinion qu'elle a de moi ; je veux lui demander des nouvelles de Zélamire, de sa situation, de la vie qu'elle mène, des sentiments qu'elle a pour moi : je n'ai jamais eu d'éloignement pour elle ; nous ne nous sommes séparés que parce qu'elle voulait quitter le monde où je voulais rester ; je serais fâché qu'elle me méprisât : je veux que ma femme me regarde comme un ami qu'elle ne voit point.

— J'entre dans vos vues, me répliqua mon philosophe, et je les seconderai.

« Le lendemain nous exécutâmes notre résolution ; nous allâmes à l'abbaye. Nous demandâmes Elmasie ; on nous fit entrer dans un parloir assez obscur ; je fus saisi d'une espèce de frémissement dont je ne pouvais me rendre raison à moi-même ; je redoutais une amie de ma femme, je sentais qu'elle ne pouvait pas avoir pour moi une parfaite estime : c'est supporter la peine des reproches que de les deviner. J'étais agité de ces pensées, je gardais le silence de l'inquiétude, lorsque la porte s'ouvrit : je vis entrer une grande femme qui avait le visage couvert d'un crêpe, je me sentis ému ; mon ami me présenta comme un homme qui tirait parti du malheur, pour devenir vertueux. Elmasie soupira, et dit d'une voix languissante :

— Plût au ciel que l'époux de Zélamire imitât cet

exemple ! Monsieur, me dit-elle, je voudrais que vous le connussiez ; je désirerais qu'il mît vos fautes à profit, pour réparer les siennes, et pour se rejoindre à une femme qui est tombée dans quelques erreurs, qui a pu être blâmable, mais qui n'a jamais été méprisable : elle a toujours aimé son mari ; cette vertu fait sa consolation et cependant la rend à plaindre.

« Ce discours, interrompu par des soupirs, ces reproches pleins de tendresse, le son de voix qui les exprimait, me dessillèrent les yeux en éclairant mon cœur.

— Madame, lui dis-je en tremblant, je sais que Zélamire vous regarde comme son amie, et je vois qu'elle ne se trompe pas.

— Je le suis encore plus de Thémidore, répliqua-t-elle ; Zélamire lui a caché sa tendresse par un excès d'égard ; elle a été réservée, de peur de l'importuner ; elle savait que c'est l'importunité de l'amour qui conduit souvent à la haine ; c'est elle qui a pu causer l'éloignement de son mari ; si elle eût marqué davantage le désir qu'elle avait de lui plaire, elle eût peut-être empêché ses égarements : sans doute il est malheureux, il va d'écueils en écueils ; son infortune doit être au comble, par l'humiliation de s'être toujours trompé.

— Non, ma chère Zélamire, m'écriai-je en me jetant à ses genoux, il est au comble du bonheur, puisqu'il vous retrouve : revoyez Thémidore, rempli de respect et d'amour pour vous, le voile de l'erreur qui nous enveloppait tous deux est enfin déchiré, nous touchons à la vieillesse ; mais nous nous aimons, c'est être jeunes encore ; la raison répare en nous les outrages du temps ; s'il a changé nos traits, la vérité a rajeuni nos âmes, et la vertu va les confondre : deux époux qui s'estiment à notre âge sont plus heureux que ceux qui ne sont unis que par le feu de la jeunesse et le caprice des passions.

— Oui, mon cher Thémidore, me dit Zélamire, je pense comme vous, rien ne pourra nous séparer ; nous allons passer nos jours avec le respectable ami qui nous a réunis. La vie que nous mènerons deviendra le modèle du bonheur ; notre conversation sera liante sans être fade, nous soutiendrons des opinions pour nous instruire, et jamais pour nous contredire ; je jure de vous aimer toujours ; c'est un serment que j'ai rempli d'avance par l'impatience que j'avais de le former : n'oublions pas cependant nos faiblesses ; rappelons-nous-les, moins pour nous en punir que pour en garantir nos enfants ; notre jeunesse leur a donné le jour, que votre vieillesse leur vaille un bien plus précieux, qui est la sagesse et le vrai bonheur.

« Après une reconnaissance si tendre, nous retournâmes chez notre ami ; la pureté de notre amour sembla renouveler notre être : j'adore Zélamire, je la respecte, elle m'aime ; nous sommes convaincus qu'il n'y a que la vertu seule qui donne la vraie félicité ; soyez-en persuadé, mon fils, connaissez-la, soyez-en digne, et je serai toujours heureux. »

Telle fut l'instruction de Thémidore à son fils ; je ne sais s'il en devint plus raisonnable : on ne peut douter ; car M. de Fontenelle dit que les sottises des pères sont perdues pour les enfants, et je vois tous les jours qu'il a dit vrai.

Je suis engagé maintenant à raconter l'histoire de Zélamire ; c'est ce que je vais faire sans aucun préambule, de peur d'ennuyer ; car j'ai remarqué que je suis quelquefois sujet à ce petit accident.

« Ma chère fille, dit-elle un jour à la jeune Aldine, je suis votre mère ; vous avez quinze ans, vous êtes jolie, et cependant je suis votre amie. Je vais vous en donner la preuve en vous confessant toutes mes faiblesses ; je vous connais assez d'esprit pour craindre que vous ne tombiez dans beaucoup d'erreurs. Mon premier soin, pour vous en garantir, a été de vous donner une éducation différente de la mienne. On m'a tenue dans un couvent jusqu'au temps de mon mariage ; j'ai voulu vous élever sous mes yeux ; c'est un parti qui ne laisse pas que d'avoir ses inconvénients. Une fille qui accompagne sa mère est ordinairement droite, silencieuse, méprisante et caustique ; elle se tait, elle observe, elle récapitule, elle rougit et sourit souvent mal à propos ; de fille dédaigneuse, elle devient, en se mariant, impolie par faux air, contrainte par humeur, et facile, pour paraître au-dessus du préjugé.

« J'ai prévu tous ces dangers, et pour les prévenir j'ai cherché à ne pas vous en imposer. Je vous ai menée dans le monde, je vous ai même permis d'y parler ; et en vous faisant craindre la honte de dire des sottises, je vous ai empêchée de critiquer celles que l'on disait : on a de l'indulgence pour les autres lorsque l'on croit en avoir besoin pour soi-même. Je vous ai laissé dire des naïvetés, sans vous en reprendre ; j'en ai laissé le soin au rire de ceux qui les entendaient ; je pense même qu'on doit avoir bonne opinion d'une fille à qui il échappe quelques propos risibles. Si elle n'en tenait aucun, je la soupçonnerais d'être un peu trop instruite ; il faut bien que la naïveté soit une décence dans une fille ignorante, puisqu'elle devient un art dans une fille qui ne l'est pas.

« Jusqu'à présent, vous avez rempli mes vues ; votre caractère est liant ; vous avez de la simplicité dans les propos, et de l'esprit dans le maintien : voilà les vertus extérieures de votre état. Mais vous en allez bientôt changer ; je suis sur le point de vous marier ; vous n'avez pas assez d'expérience pour éviter tous les travers que la fatuité des hommes et la malignité des femmes préparent à une jeune personne qui, dans le monde, est livrée à elle-même ; c'est pour vous en instruire que j'ai voulu vous entretenir et vous confier tous les écueils dans lesquels je suis tombée.

« Ma première sottise a été d'aimer mon mari sans me donner la peine de le connaître. On peut être presque sûr qu'une femme qui fait la faute d'aimer son mari au bout de huit jours fera celle de ne plus l'aimer au bout d'un an. Rien ne prouve tant un fond de tendresse dans le cœur, et vous croyez bien qu'une femme tendre n'a pas beau jeu avec un homme qui ne l'épouse que par ce qu'on nomme dans le monde convenance. On traite une femme que l'on prend pour son bien comme on traite une terre qu'on achète pour son revenu : on y va passer huit jours par curiosité, on en touche l'argent, et l'on n'y retourne plus : cela est humiliant ; il arrive que ce sont des étrangers qui font valoir et la terre et la femme. Voilà, à peu de choses près, le commencement de mon histoire.

« J'en reviens à mon couvent ; j'y étais caressée, gâtée et ennuyée ; les religieuses me confiaient tous leurs petits secrets ; les vieilles me disaient du mal de la dépositaire, et les jeunes me disaient du bien de leur directeur : il y a des plaisirs pour tous les âges.

« Ma mère vint un jour m'annoncer qu'elle allait me marier ; cela fit un grand effet dans ma tête ; j'en parlai le soir à mes chères amies, la mère Saint-Chrysostôme et la mère de la Conception, qui me firent par conjecture un portrait du mariage à faire mourir de rire : rien ne fait dire tant de sottises que l'envie d'en deviner une. Deux jours après, je leur dis adieu, en leur promettant que, dès que je serais mariée, je viendrais leur communiquer mes connaissances, et seconder leur pénétration de mon expérience. Le jour de mes noces arriva ; et quoique j'eusse été prévenue par ma mère, je ne puis vous cacher, ma fille, que je fus étonnée ; je vous promets que vous le serez aussi. Votre père m'importuna beaucoup pendant les premiers mois ; il eut ensuite plus d'égards : je ne sais comment cela se fit, je l'aimai vivement tant qu'il fut importun, je me refroidis quand il fut attentif. Il s'en aperçut ; il devint froid aussi, et sur cet article nous jouâmes bientôt à fortune égale. Dès qu'il n'eut plus de sentiment, il me débita des maximes : un mari ne tarde guère à n'être qu'un pédant avec qui on passe la nuit. Il voulut me présenter aux amies de ses parents. Rien n'est si cruel que des amis de famille ; ce sont pour l'ordinaire de vieilles figures qui usurpent ce titre, parce que depuis trente ou quarante ans ils ennuient une maison de père en fils.

« La plupart de ceux qui venaient dans la nôtre étaient des gens à gros visage, qui mangeaient beaucoup et qui ne parlaient point, qui digéraient bien et qui pensaient mal ; c'étaient des conseillers, fort honnêtes gens, qui se couchaient à onze heures du soir, pour être au palais le lendemain à sept ; des femmes qui se portaient bien, et qui prenaient du lait par précaution ; des filles qui vivaient de régime pour trouver à s'établir, en se donnant un air de raison, et quelques gros abbés plats et galants, qui faisaient des déclarations d'amour, et qui ne voulaient pas faire celle de leurs biens. Je pensais périr de tristesse, et je fus très certaine que lorsqu'on viendrait chercher la félicité chez mon beau-père, on serait obligé de se faire écrire pour elle.

« Je fis connaissance avec des femmes de mon âge ; je les crus mes amies, parce que j'allai tous les jours au spectacle avec elles sans leur parler, et que nous soupions ensemble dans quelque maison où la maîtresse, désœuvrée jusqu'à dix heures, attendait tristement quatorze ou quinze personnes qui ne se convenaient guère. On y faisait la meilleure chère du monde ; mais la conversation était presque toujours en lacunes : elle consistait dans quelques paroles vagues, qui étaient, pour ainsi dire, honteuses de rompre le silence général, et qui cependant avaient des prétentions à former l'entretien ; on y répondait par quelques plaisanteries plates et détournées, par quelques jeux de mots, suivis de grands ris tristes et forcés, qui ne servaient qu'à faire sortir l'ennui. La gaieté est une coquette ; elle refuse ses faveurs lorsqu'on veut les lui arracher. De tous les êtres féminins, c'est celui qui se laisse le moins violer.

« Enfin, on sortait de table, au grand soulagement de tous les conviés ; car il n'y a rien de si ennuyeux que des cercles, et presque tous les soupers ne sont pas autre chose ; on jouait jusqu'à trois heures du matin, et l'on se séparait, persuadé qu'on s'était amusé. Pour moi, qui n'ai pas l'imagination vive, je me retirais chez moi, bien convaincue que, lorsqu'on est quatorze, le bonheur ne s'y trouve jamais en quinzième.

« Je rêvais perpétuellement au peu de félicité qu'on trouve dans le monde ; je renonçai aux maisons ouvertes, et je me formai une société. Ce serait là sans doute qu'on trouverait le bonheur, si l'on était certain de ceux qui la composent ; mais on ne se connaît que pour s'être rencontré, on ne se juge que par conjectures, on ne se lie que par prévention, on en rabat à l'examen, on se confie par besoin, on se trahit par jalousie : la tracasserie se met de la partie, et mine sourdement ; la prétendue amitié se découd, la société se disperse, on se voit de loin en loin, et lorsqu'on se trouve, on se caresse, et l'on se déteste.

Je m'étais cependant conservé deux personnes dont je me croyais sûre ; c'étaient une vilaine femme et un bel homme : la femme se nommait Célénie, et l'homme Alménidore. Je jugeai à Célénie un fort bon caractère, parce qu'elle avait de petits yeux, et je pris Alménidore pour le plus honnête homme du monde, parce qu'il était bien fait. Parmi tous les jeunes gens qui me faisaient la cour, c'était celui dont les hommages me flattaient le plus ; ses regards étaient tendres, et je croyais que c'était son cœur qui les rendait tels. Ses discours, remplis des louanges les plus fades, étaient, selon moi, dictés par le discernement le plus juste et le plus délicat : il me jurait qu'il m'adorait ; cela me paraissait une vérité incontestable ; quand je voyais des hommes en dire autant aux autres femmes, cela me paraissait une raillerie trop grossière. Alménidore ne me vantait jamais sans rabaisser les autres : louer une femme par comparaison est une façon immanquable de lui tourner la tête ; cela flatte sa jalousie et sa vanité : il n'en faut qu'une des deux pour lui faire accroire qu'elle a le cœur tendre.

« Alménidore avait encore un talent bien dangereux ; c'était celui d'être amusant ; c'est de quoi l'on ne peut guère se garantir. Quand vous serez dans le monde, ma fille, ne craignez jamais les hommes qui seront réellement amoureux ; il n'y a rien de si triste que ces messieurs-là : tous ces hommes à sentiments, qui ont de grands yeux blancs et fixés, qui poussent de gros soupirs, et qui sont toujours prêts à se tuer pour ramasser un éventail, ne sont nullement à craindre ; leur ridicule commence par faire rire, et finit par excéder.

« Mais défiez-vous de ceux qui ont assez de sang-froid pour épier et découvrir nos faiblesses, qui ont assez peu de sentiment pour faire usage de leur esprit, qui sont plus galants que tendres, qui ne font jamais de déclarations, de peur d'effaroucher, et qui vont chez les femmes pour les avoir, et non pour les aimer.

« Voilà ceux qui possèdent vraiment le grand art de séduire ; lorsque l'on est sans expérience, on ne les soupçonne de rien, on ne les regarde que comme des connaissances aimables, on rit avec eux sans scrupule, on s'accoutume à les avoir, on a peine à s'en passer ; ils s'en aperçoivent ; ils arrangent leur marche en conséquence, et la tête d'une femme est prise avant que sa main soit baisée. »

Aldine, en cet endroit, interrompit Zélamire, pour lui faire cette question :

— Ma mère, Alménidore n'était-il pas amusant ?

— Il l'était beaucoup, ma fille, répondit Zélamire ; mais par bonheur pour moi il devint amoureux : celui qui m'en fit apercevoir fut une grosse bête, ami de mon mari, qui se répétait sans cesse, et que par conséquent personne ne répétait. On peut s'en rapporter aux sots pour remarquer tout ; ils n'ont que cela à faire. Ils sont espions par malignité, et indiscrets par besoin de conversation. Celui-là me parla si souvent de l'amour d'Alménidore, que je commençai à m'en douter ; je remarquai qu'il était moins gai, quoiqu'il voulût le paraître davantage, et qu'il prenait bien plus de liberté avec les autres femmes qu'avec moi. Je ne pus m'empêcher en secret de lui en savoir gré ; je causais quelquefois avec lui ; il devenait sérieux, et j'aurais été fâchée s'il eût été plaisant : autrefois il me disait, sans conséquence, qu'il m'adorait, et pour lors il rougissait du nom d'amour. Ces découvertes ne m'affligèrent point ; je me défiai de ma faiblesse, je me soupçonnai, je m'examinai, et je me convainquis. Il ne me restait de raison que ce qu'il m'en fallait pour être sûre que j'en avais beaucoup perdu ; j'en eus cependant assez pour craindre les suites de mon penchant, et pour vouloir en arrêter les progrès.

« Je questionnai mon ami la bête, pour savoir ce qu'on pensait de moi ; il me répondit qu'il n'y avait qu'une voix sur mon compte, et qu'il passait pour constant que j'avais pris Alménidore : cependant je gardais trop peu de ménagements pour être condamnée ; on prend plus de mesures lorsque l'on est d'accord. Je demandai si quelques soupçons... « Ah ! bon Dieu, oui, me répondit-il, il est le premier à en plaisanter. » J'en fus piquée, je l'avoue : il n'y a rien de si humiliant qu'un mari qui ne l'est pas assez.

« Mon amour-propre se révolta au profit d'Alménidore ; j'en vins même jusqu'à lui faire des agaceries en présence de Thémidore ; mais Thémidore n'en était pas ému ; il s'en applaudissait au contraire ; il paraissait me remercier ; il me lançait les épigrammes d'un homme plaisant, et jamais il n'y en avait une seule d'un homme piqué. J'étais outrée, et dans ces dispositions, Alménidore me trouva seule. Vous tremblez pour moi, ma fille ; rassurez-vous, vous allez voir qu'il y a des vertus que l'on doit au hasard. Je commençai par prendre la chose au tragique ; je priai Alménidore de mettre fin à ses visites ; j'ajoutai que je n'ignorais point tous les propos qu'occasionnait son assiduité, et que j'y voulais mettre ordre.

— Madame, me répondit-il, si je n'étais pas votre ami, et si j'étais de ces petits-maîtres qui ne veulent que se donner l'air d'une bonne fortune, je vous obéirais avec plaisir ; mais je suis trop honnête homme pour cesser de vous voir ; ce serait vous perdre de réputation : votre mari ne sera jamais accusé de vous l'avoir défendu ; il ne vous fait pas l'honneur d'être jaloux.

« Alménidore me dit ces derniers mots d'un air ironique.

— Monsieur, lui répondis-je, cela ne peut prouver que l'excès de sa confiance.

— Cela prouve encore plus, répliqua Alménidore, son manque de sensibilité : voilà de ces choses impardonnables dans un mari ; et quand on ne les pardonne point, poursuivit-il d'un ton plus doux, il est aisé de les punir : mais pourquoi lui voudrais-je du mal ? C'est lui qui, par ses plaisanteries déplacées, vous a fait rougir le premier de mon amour. Mon respect m'aurait toujours empêché de vous en instruire ; votre mari m'en a épargné la peine : je le regarde comme mon bienfaiteur.

— Il me paraît, lui dis-je, que vous voulez lui marquer votre reconnaissance d'une façon bien singulière.

— Madame, dit Alménidore, l'équité me presse plus à son égard que la reconnaissance.

— Pour moi, Monsieur, lui répondis-je, je ne suis point curieuse de pénétrer dans vos motifs ; mais je sais ce que je me dois à moi-même, et je vous défends de me revoir.

— Vous voulez apparemment, repartit Alménidore, passer pour volage, après avoir passé pour sensible. Cela vous fera plus de tort que vous ne pensez, Madame. Sans doute que je n'ai pas le bonheur de vous plaire ; je vois que je vous importune, mais on ne le croit pas : ceci aura tout l'air d'une rupture, je vous en avertis.

— C'est-à-dire, lui répliquai-je, que pour prévenir une telle opinion, vous voudriez que cela prît le tour d'un arrangement.

— Madame, me répondit-il, votre réputation y est trop intéressée pour que je ne le désire pas.

— Voilà qui est admirable, m'écriai-je ; il va me prouver que je dois manquer de vertu, afin que l'on m'en croie.

— C'est, me dit-il, la façon la moins pénible, et peut-être la plus sûre, de se faire estimer : si nous cessons de nous voir, on sera convaincu que nous nous sommes vus comme amants ; et si nous nous voyons toujours, on se persuadera que nous ne pouvons nous voir que comme amis.

— Mais il me semble, lui répondis-je, qu'entre homme et femme on ne croit guère à l'amitié.

— Du moins, reprit-il, vous y croyez, madame.

— *Comme cela*, lui répliquai-je.

— Comment, s'écria-t-il, serais-je assez heureux pour que vous ne fussiez pas mon amie ?

— Voilà un bonheur d'une nouvelle espèce, lui dis-je.

— Madame, poursuivit-il, cela en serait bien plus tendre.

— Vous êtes insupportable avec vos conséquences, lui repartis-je d'un air embarrassé.

— Me défendrez-vous toujours de revenir, me dit-il d'un ton languissant?

— Alménidore, lui dis-je en portant ma main sur mes yeux, qui vous connaissez bien mon faible !

« En cet instant nous nous tûmes, et nous nous regardâmes ; il tourna la tête du côté de la porte, apparemment pour savoir si elle était fermée, et par bonheur Célénie l'ouvrit et vint nous interrompre.

— Vous ne disiez plus rien, dit Aldine à sa mère ; comment vous interrompit-elle ?

— Ma fille, lui répondit Zélamire, vous éprouverez peut-être un jour que dans un tête-à-tête on n'est jamais interrompu davantage que lorsqu'on ne dit rien.

« Je ne pus pas douter de mes sentiments pour Alménidore, et je m'y serais livrée de plus en plus, si l'on ne m'eût pas avertie que cette Célénie, que je croyais mon amie, était ma rivale, et ma rivale préférée. On m'offrit de m'en convaincre ; j'eus la faiblesse d'y consentir : on me cacha dans l'appartement de Célénie : elle ne fut pas longtemps sans y venir avec Alménidore. La conversation ne fut pas longue ; je le vis dans les bras d'une femme qu'il déchirait si cruellement en ma présence. A ce spectacle, je pensai m'évanouir; ma fureur seule m'en empêcha. J'entendis la perfide me donner cent ridicules, et surtout me plaisanter sur ma crédulité : ma rivale faisait à chaque instant de grands éclats de rire ; il n'y avait que la joie qui interrompait le plaisir. J'eus la patience de les laisser sortir ; je me crus corrigée, je n'étais qu'humiliée : je bannis Alménidore sans retour. Il m'avoua qu'il n'avait aucun goût pour Célénie, et il ne se justifia qu'en me disant que c'était une femme qui lui faisait du bien. Ce fut alors que j'appris, pour la première fois, que l'argent supplée souvent aux charmes : je sentis qu'on doit plaindre les femmes qui en donnent, et mépriser celles qui en reçoivent. Je quittai mon système de sentiment pour trouver le bonheur ; mais je ne sus comment le remplacer, et je fus incertaine si je me ferais dévote ou bel-esprit ; car il n'y a personne qui tous les ans n'ait le choix d'une réputation nouvelle.

« Une femme de notre voisinage, qui était sage avec éclat, et tendre avec mystère, pensa m'attirer dans son parti ; elle avait été assez belle pour avoir été trompée dans sa jeunesse par plusieurs agréables; après en être devenue la fable, elle s'en était détachée, et avait fait les honneurs de sa nation à quelques ministres étrangers, qui l'avaient trouvée fort étrange ; de là elle s'était retirée dans une province, où elle se livrait à des officiers subalternes, qu'elle entrelardait pieusement de quelques bêtes à froc ; car dans tous les temps les moines ont été les troupes auxiliaires des femmes dérangées. Elle me confia tous ses secrets, et m'avoua ingénument qu'il n'y avait que les révérends pères qui eussent pu la fixer. Cela ne m'étonna point, elle n'était plus jolie ; et quand une femme est changée, elle cesse d'être changeante.

« Je ne me trouvai point assez voluptueuse pour me faire dévote ; je me décidai pour le bel-esprit : je vis bientôt que c'est un état dans le monde. J'examinai les ouvrages de la plupart de ceux qui avaient examiné mes actions ; je fus recherchée, considérée, citée ; on vanta mes jugements, et jamais mon jugement. A la fin je m'ennuyai de ne voir que des beaux esprits, qui très souvent manquaient d'esprit. Je crus que je trouverais plutôt le bonheur avec des gens aimables ; je voulus les attirer, je voulus les séduire, et, sans m'en apercevoir, je donnai dans la coquetterie ; j'éprouvai que c'est un chemin où l'on trouve des fleurs et point de fruit : on marche toujours, on n'arrive jamais, et la réputation y fait naufrage en pure perte ; je fus bien convaincue que ce n'était qu'un plaisir de dupe.

« On ne se corrige que par les extrêmes ; je voulus être réservée, et je fus prude ; je me mis entre les mains d'une petite femme qui avait un air sec, un teint pâle, une voix aiguë. Elle m'assura qu'elle avait trouvé le bonheur ; j'en fus surprise ; je me défiais un peu du bonheur d'une femme sans rouge. Cependant je lui demandai en quoi il consistait. « Dans la vertu, « reprit-elle avec un ton suffisant ; venez chez moi, « liez-vous avec mes sociétés, vous y trouverez cette fé- « licité qui vous est inconnue. » Je la suivis, et je m'en repentis; je me trouvai confondue avec un amas de commères qui avaient le maintien droit et l'esprit gauche, vives par tempérament, et bégueules par décence; elles prononçaient le nom de vertu, même en s'y dérobant; elles succombaient plus au danger de l'occasion qu'au charme du penchant; mais, leur faiblesse passée, elles reprenaient leur fierté, pour en accabler froidement celui qui venait de la faire paraître. Je renonçai à ce bonheur : je m'étais ennuyée de la coquetterie, qui est une fausseté gaie, je fus révoltée de la pruderie, qui est une fausseté triste et tracassière, car la tracasserie n'habite que chez les prudes et chez les grands.

« Je m'étais si souvent trompée, que je ne sus plus à quoi me déterminer. Rien n'humilie tant la vanité que les méprises de l'amour-propre; je tirai cependant un jugement favorable de ce qu'aucune de mes fautes n'avait pu me plaire. On n'est jamais sans espérance de trouver la vérité, lorsqu'on n'a pas rencontré une erreur qui contente. Je voulus essayer de vivre plus en société avec votre père; il s'y prêta avec assez de grâce : il ne vécut avec moi ni comme mari ni comme ami, mais comme une connaissance aimable; nous ne nous estimions pas assez pour vivre ensemble : il me disait des choses galantes qui cependant n'avaient aucun objet; en un mot, il se conduisait comme un homme qui n'a ni droits ni prétentions. Je me souviens qu'un jour il me trouva lisant une brochure intitulée *Le Je ne sais quoi.* « Je connais cet ouvrage, me dit-il; l'auteur y fait un grand éloge de ce « Je ne sais quoi », et l'auteur a tort ; le « Je ne sais quoi » est vu en beau, et serait toujours vu en laid si on le connaissait bien. C'est à tort que l'on nomme ainsi le trouble de deux cœurs qui voudraient s'unir. Qu'un amant adore une femme aimable, ce qu'il sent pour elle, il sait bien quoi ; et ce qu'il voudrait lui dire, il sait fort bien quoi ; et ce qu'il voudrait faire pour lui en donner des preuves, il sait encore mieux quoi. Cette femme, que je suppose n'avoir jamais aimé, est touchée de l'amour de cet amant ; elle nous tromperait, si elle nous disait qu'elle ne sait pas ce que c'est que ce sentiment qui se développe en elle : elle y résiste, elle veut l'éviter, elle sait bien pourquoi.

— Quel est donc ce « Je ne sais quoi », lui dis-je?

— C'est, me répondit-il, le serment qu'une femme fait d'aimer son mari, qu'elle ne connaît point ; comme il n'est fondé sur rien, c'est déjà un « Je ne sais quoi » ; c'est le plaisir que le mari prétend lui procurer, qui est encore un « Je ne sais quoi, » parce qu'il n'y a que l'amour seul, qui n'est presque jamais entre eux, qui fait savoir ce que c'est que ce bonheur ; c'est la jalousie de ce mari qui est souvent fondée sur je ne sais quoi, et son déshonneur prétendu, attaché à la conduite de sa femme, qui est le plus « Je ne sais quoi » de tous. Ainsi, puisque vous voulez le savoir, le « Je ne sais quoi » est le génie des maris. »

« Je ne pus m'empêcher de rire de cette peinture, surtout dans la bouche de Thémidore ; je ne sais rien de plus ridicule qu'un mari petit-maître ; ses façons légères semblent défier uue femme d'avoir un attachement : je ne conçois pas que ce puisse être une vertu que de ne lui pas manquer, puisque c'est une justice que de lui être infidèle. Enfin, Thémidore eut assez peu de ménagements pour vouloir me raccommoder avec Alménidore : j'en fus surprise, je l'avoue, et le peu d'obstacles qu'il trouva en moi me fit sentir son imprudence.

« On arrangea un souper. Alménidore m'y parut plus volage et plus aimable que jamais. Célénie y était aussi, elle n'aimait plus Alménidore, et s'amusait toujours avec lui : le goût qu'il lui avait inspiré était totalement passé, elle ne s'en cachait pas. Voilà la différence qui est toujours dans la conduite des hommes et des femmes. Un homme qui a une affaire réglée ne se fait pas un scrupule de saisir toutes les occasions que le hasard lui donne. Une femme est plus délicate, mais elle aime peut-être moins longtemps : en général, les femmes sont plus inconstantes, et les hommes plus infidèles.

« Notre souper fut charmant ; Célénie fut aussi gaie qu'une femme qui ne doit ses conquêtes qu'à sa beauté : je devins son intime amie, et je sentis que cette union entraînait nécessairement le pardon d'Alménidore ; je ne pus cependant pas m'empêcher de lui faire des reproches très amers ; mais il me répondit que cette aventure n'était qu'un badinage : ce mot occasionna une dissertation qui fut appuyée sur plusieurs exemples, et ces exemples me démontrèrent clairement qu'à moins d'assassiner, tout était badinage dans le monde.

« Notre partie fut suivie de plusieurs autres. Thémidore plut à Célénie : heureusement pour elle, Thémidore avait beaucoup perdu au jeu ; il avait besoin de ressources ; par conséquent il trouva que Célénie avait encore de la fraîcheur. Il se vanta de nos soupers ; il lui paraissait délicieux de se trouver en partie carrée avec sa femme. Il avait une maison de campagne, nous y allâmes passer quelques jours. Alménidore, à force de m'amuser, recommença à m'occuper ; il était si gai quand il me voyait, que j'étais triste quand je ne le voyais pas ; je croyais même que ma tristesse faisait partie de ma reconnaissance.

« Célénie était ordinairement présente à tous nos entretiens. Alménidore me demanda un jour si nous ne pouvions pas nous en passer ; je répondis que cela était impossible, et cependant, depuis cette question, je la trouvais toujours de trop, je lui faisais plus de politesses et moins d'amitiés ; plus elle m'importunait, plus je voulais le lui cacher : je croyais lui faire des caresses, et je ne lui faisais que des compliments. Apparemment qu'elle s'en aperçut, elle manqua un jour au rendez-vous ; je me trouvai seule avec Alménidore. Je fus d'abord effrayée ; il me donna tant de paroles d'honneur qu'il serait sage, qu'il me rassura. Le temps était beau, il me proposa une promenade ; je crus, après tous ses serments, la pouvoir hasarder. Il commença adroitement par être fort enjoué ; en m'amusant, il étourdit mes craintes ; insensiblement il fit tourner la conversation sur le sentiment ; il avança des propositions que je voulais réfuter ; il les soutint ; en les prouvant, il se rendit intéressant. Je l'écoutais, je devins rêveuse, et je ne répondis qu'en soupirant : je m'aperçus de mon trouble, je voulus retourner sur mes pas ; mais nous nous étions égarés dans le parc, qui était fort grand, et que je ne connaissais pas.

— Voilà qui est affreux, m'écriai-je. Que va-t-on penser de moi ? En vérité, cela n'est pas raisonnable.

— Ah ! me dit-il, vous ne vous êtes tant écartée que par distraction.

— Il est vrai, repris-je, que ce n'était que dans la vue de faire de l'exercice.

— Pour moi, poursuivit-il, je ne me suis égaré que parce que je ne pouvais pas faire autrement ; je suis si attentif à vous regarder, à vous entendre, à vous persuader, que je ne m'aperçois ni du lieu où je suis, ni des routes qui peuvent m'y avoir conduit ; à vous dire le vrai, Madame, continua-t-il, quand j'ai l'honneur d'être avec vous, je songe beaucoup plus à faire mon chemin qu'à retrouver le vôtre.

— Alménidore, répliquai-je, voilà un propos qui ne va qu'à une petite maîtresse ; je suis fâchée que vous me regardiez comme telle.

— Il s'en faut bien, Madame, reprit-il aussitôt ; si je ne vous aimais pas, il y a longtemps que je vous aurais convaincue.

— Mais en effet, lui dis-je, pour détourner la conversation, je crois que vous avez abusé bien des femmes.

— Celle qui les venge, me répondit-il, me les fait oublier.

Je m'aperçus qu'il rougit en disant ces mots, je ne fis pas semblant de le remarquer; au contraire, je lui reprochai d'avoir été toujours trop entreprenant et de s'être déclaré trop brusquement.

— Lorsque j'en agissais ainsi, repartit-il, je n'aimais pas; j'éprouve que lorsqu'on a une véritable passion, on n'ose pas la faire deviner.

— Alménidore, dis-je d'un air un peu troublé, changeons de conversation.

— Vous voyez bien que vous en êtes l'objet, répondit-il, en me baisant la main.

— Ah! Monsieur, lui dis-je, en la retirant assez brusquement, mais cependant pas autant que je l'aurais pu, je ne puis pas souffrir ces façons-là.

— Voilà la première fois, poursuivit-il, que je vois une femme aimable s'offenser vivement de la justice qu'on lui rend.

— Ce mot de vivement est de trop, répliquai-je; je serais très mécontente de moi si je ne me fâchais pas froidement.

— C'est-à-dire, reprit-il, que vous me méprisez.

— Mais, Monsieur, m'écriai-je, où avez-vous pris qu'on vous méprise?

— C'est dans votre sang-froid, dit-il, qui est insultant, à force d'être dédaigneux.

— Ne dirait-on pas, répondis-je, que l'estime et l'amitié sont quelque chose de bien chaud? Je vous estime, Monsieur, je veux bien être votre amie, mais il faut que vous ayez la bonté de vouloir bien en rester là.

— Je voudrais pouvoir vous obéir, répondit-il,

mais cela n'est pas en moi ; ainsi je ferais mieux de prendre demain la poste, et de m'en retourner.

— Comment, Monsieur, lui dis-je vous prétendriez me laisser ici entre Célénie et mon mari ? En vérité, vous voulez me faire jouer un joli personnage !

— Madame, répliqua-t-il, je vous en proposais un autre qui n'était pas si indécent.

— Alménidore, lui dis-je, asseyons-nous, et parlons sensément.

— J'y consens, reprit-il. (Je fis une faute de m'asseoir, et je ne vous le dis, ma fille, que pour vous avertir d'y prendre garde quand vous serez seule avec un homme.)

— Eh bien ! Madame, me dit Alménidore, me voilà prêt à vous entendre.

— Parlez-moi avec vérité, lui dis-je, quel est votre but?

— Mon but, reprit-il, était de vous plaire; je vois bien que je n'y parviendrai pas à présent ; mon dessein est de ne vous plus aimer ; je sens trop que le second projet ne réussira pas mieux que le premier.

— Mais, m'écriai-je, quelle est cette idée-là de m'aimer ? car je jurerais que cet amour s'irrite par la contradiction, et ne doit rien au sentiment.

— Ah ! Madame, me dit-il, ne m'accablez pas par vos doutes, c'est bien assez de vos rigueurs.

— Par exemple, lui dis-je, pour le consoler un peu, je vous crois un fort honnête homme, mais je vous juge bien léger.

— Est-ce à vous, Madame, reprit-il, à reprocher des défauts dont vous corrigez?

« Il me prit la main, je la lui laissai, il la baisa, je me troublai, je m'en aperçus : apparemment que je me défendais mal, car Alménidore me pressait davantage, mais cependant avec une vivacité mêlée de crainte : je voulus l'intimider encore en feignant de me fâcher.

— Ah! pour le coup, Monsieur, lui dis-je, c'est pousser le manque de respect trop loin.

Il se ralentit à ces mots ; j'étais rouge, il l'imputa à ma colère ; je crois qu'il se trompait. Il me demanda le sujet qui m'irritait ; je le traitai d'impertinent : ce mot le rendit immobile, et son immobilité me rendit la raison : j'eus honte d'avoir été si près du danger ; je prenais le parti de m'éloigner, lorsque j'aperçus très près de nous Thémidore assis sur le gazon à côté de Célénie : il ne me dit rien, mais je crus remarquer qu'il me raillait par ses regards ; je commençai à craindre qu'il n'eût été à la portée d'entendre notre conversation, et je n'en pus pas douter le lendemain, car il nous proposa une promenade, et nous conduisit dans le même endroit, où nous trouvâmes un poteau nouvellement placé sur lequel je vis ces mots écrits en très gros caractères : *Route de l'occasion perdue.*

— Il y a peu d'allées couvertes, dit-il à Alménidore, qui portent le nom de celle-là.

« Alménidore fut interdit, et je fus confondue.

« Nous quittâmes la campagne le lendemain : je ne cessai pas de faire des réflexions ; je m'accablai moi-même de reproches ; la certitude où j'étais que Thémidore était instruit de ma faiblesse me le rendit insupportable; je lui déclarai que j'étais entièrement dégoûtée du monde, et que je voulais me retirer dans une de ses terres. Nous nous séparâmes amicalement : je le priai de m'oublier, je cherchai un asile dans l'abbaye de.... où, sous le nom d'Elmasie, je touchai la pension que je m'étais réservée.

« J'appris, depuis ce temps, toutes les adversités de Thémidore, j'en fus attendrie, j'oubliai tous ses procédés : je pense que dès que l'on est malheureux, on cesse d'avoir tort. Nous nous sommes retrouvés, nous nous sommes réunis, nous sommes convenus de nos faiblesses; les avouer, c'est vouloir s'en corriger. Depuis que nous vivons ensemble, je sens le calme renaître dans mon âme, je commence à connaître que je suis dans la route du bonheur. Deux époux se trouvent toujours, il n'y a qu'un amour pur qui puisse rendre constamment heureux : nous jouissons d'une félicité parfaite, parce que nous jouissons de nous-mêmes, et que nous sommes parvenus à nous estimer. »

Après ce récit, Aldine tint ce discours à Zélamine : « Ma mère, je vous suis assurément bien obligée de vos instructions, j'espère que vos expériences me suffiront, mais je ne puis m'empêcher de vous dire que vous l'avez échappé belle. »

ZULMIS ET ZELMAÏDE

CONTE

Si l'on suivait toujours les règles de la nature et de l'équité, il n'y aurait que des heureux sur la terre; on ne verrait ni mères rigides, ni filles dissimulées, ni maris maussades, ni femmes infidèles.

On se conduit par des principes bien différents : une fille trompeuse devient un jour une mère défiante et trompée; les époux s'achètent au lieu de se choisir, et l'on enlaidit l'hymen en le séparant de l'amour.

Cette morale est nécessaire pour justifier Zelmaïde.

Elle était fille d'une reine (comme vous le croyez bien), qu'on appelait la reine Couleur de rose, quoique déjà âgée; et l'on voyait à ses cheveux que le blanc était sa couleur de nécessité, et la couleur de rose sa couleur d'inclination.

Elle avait autrefois, c'est-à-dire il y a longtemps, épousé le Gris de lin, sur lequel je n'ai point de mémoires bien étendus. Il est à présumer qu'il n'avait pas assisté à beaucoup de sièges. Sa femme était devenue veuve, et avait eu raison. Zelmaïde était sa fille unique, par conséquent fort riche, et par une autre conséquence destinée à un mari fort sot. C'était à un génie de ses voisins, qu'on appelait le génie Épais, et qui certainement portait bien son nom. Il parlait peu, pensait encore moins, et rêvait beaucoup. Je n'ai pas ouï dire qu'il ait jamais rien composé ; mais c'est tout ce qu'il aurait pu faire qu'une ode comme on les faisait l'année dernière.

Enfin, c'était là l'époux dont Zelmaïde devait être honorée. Leurs États étaient mitoyens, et leurs cœurs éloignés. Cela s'appelle aujourd'hui une affaire de convenance.

On s'attend bien que Zelmaïde était une princesse accomplie : il ne tiendrait qu'à moi de lui prêter quelques défauts, mais je ne profiterai pas de la permission ; et pour faire son portrait en peu de mots, elle était aussi aimable qu'une bégueule se croit respectable.

La reine Couleur de rose, dont le talent n'était point d'élever des enfants, avait confié l'éducation de la princesse à la fée Raisonnable. C'était une vieille fée décrépite, et qui, comme toutes les femmes de son âge, avait, dit-on, été belle comme le jour. Son palais était bien loin d'ici (Tavernier et Paul Lucas, qui mentent beaucoup, en auraient dû parler dans leurs voyages). Enfin, les nouvellistes du Palais royal, à force de parcourir sur la carte les bords de l'Escaut, de la Lys et du Rhin, ont découvert qu'il était situé dans le pays des fées.

C'était chez la fée Raisonnable qu'on mettait tous les enfants : les grands par air, et sans que cela tirât à conséquence ; les petits par principes, et sans que cela les menât à rien.

La vraie science de la fée était de rendre l'esprit juste et le cœur droit, d'apprendre à sentir et à penser ; mais en même temps elle enseignait à parler modérément, à réduire les leçons en exemples, et les maximes en actions. On peut conclure de là que nos historiens modernes, nos faiseurs de contes, et moi tout le premier, n'avons point fait nos classes chez elle. On trouvait dans son palais plus de gens d'esprit que de beaux esprits : on n'était point flatté de ce dernier titre, et l'on était persuadé qu'il était plus aisé d'être un bel esprit qu'un homme d'esprit.

Comme elle était chargée d'un grand nombre d'enfants, et qu'elle n'était pas fée pour rien, elle les distinguait, en donnant à chacun une bougie mystérieuse, qui avait le don de rester allumée tant que celui qui la portait était docile à ses préceptes, mais qui s'éteignait dès qu'on en était ennuyé ; et pour lors il fallait abandonner le palais. C'est cette bougie qu'on a nommée dans la suite la lumière de la raison.

L'état de chaque bougie faisait distinguer à la fée le goût, le penchant et la profession de ses disciples. Les filles qui devaient être coquettes se plaisaient à porter la leur dans une lanterne sourde ; une prude allumait la sienne dès qu'elle voyait quelqu'un, et la soufflait dès qu'elle se croyait seule.

Les philosophes avaient toujours la leur éteinte, et croyaient de bonne foi qu'elle était plus brillante que celle des autres. La fée les renvoyait à leurs parents. Ils n'en étaient pas moins persuadés des obligations qu'ils lui avaient. Ils prenaient l'amour-propre pour le mérite, et le raisonnement pour la raison. Les poëtes, au contraire, avaient une bougie à laquelle le feu prenait si vivement, qu'elle coulait d'abord, ou s'usait en un jour.

Depuis cinquante ans au moins, la fée n'avait pu conduire aucun de ses écoliers jusqu'à la fin de son éducation. On devait lui redemander les garçons à dix-huit ans, et les filles à seize, et jamais elle ne pouvait garder les uns jusqu'à dix-sept ans, et les autres jusqu'à quinze. Passé cet âge, la bougie s'éteignait. Elle échouait toujours à cette dernière année, par les ruses de la fée Trompeuse, qui était sa mortelle ennemie.

Trompeuse n'était point une de ces fées terribles qui ont des cheveux de serpents, des dents de rouille, des yeux comme des charbons ardents, et un char tiré par des dragons volants. Elle était bien plus dangereuse ; elle était attirante au lieu d'être effrayante, elle avait le pouvoir de prendre telle figure qu'elle voulait, et avait toujours soin d'en prendre une aimable, pour nuire plus sûrement, et pour être adroitement malfaisante.

La fée Raisonnable n'avait pas droit de lui interdire l'entrée de son palais, c'était au contraire une épreuve nécessaire pour la perfection de la jeunesse, mais qui tournait presque toujours à son imperfection.

Elle se montrait aux uns sous une figure de la fée Ambitieuse, et leur peignait les grandeurs en beau. La fée Raisonnable s'efforçait en vain de les peindre dans le vrai, *c'est-à-dire en laid :* on l'écoutait sans la croire, le portrait qu'en faisait la fée Trompeuse flattait l'orgueil, il n'en faisait pas davantage ; l'amour-propre de ceux à qui elle parlait s'appropriait déjà les respects qu'on ne rend qu'à la place, et le souffle de la vanité éteignait bientôt la bougie.

Trompeuse étudiait avec soin le caractère des filles ; à celles qui n'en avaient aucun (ce qui arrivait souvent) elle faisait valoir la douceur et la gloire d'attirer vingt amants, sans en aimer un seul, donnait le nom d'esprit à l'art de les engager, le nom de gentillesse à la malignité d'entretenir l'esprit, et le nom de sagesse au plaisir de les railler.

Si par hasard elle en trouvait qui avaient le cœur bon, elle en faisait des dupes ; elle leur inspirait le désir d'aimer, en leur vantant le bonheur d'un attachement durable et d'un amour sincère. C'était vainement que la fée Raisonnable, vertueuse sans être sévère, et aimable sans être fausse, leur représentait que ce bonheur est trop dépendant de celui auquel on s'attache ; on ne l'en croyait pas. L'amour-propre, *ce vilain amour-propre*, qui pourrait produire tant de vertus, et qui les gâte presque toutes, leur persuadait que la fée se trompait, et qu'il n'était pas possible qu'on cessât jamais de les aimer.

Toutes les vues de la fée Trompeuse se tournèrent

vers Zelmaïde ; elle négligea même de séduire les autres, et la fée Raisonnable en profita pour achever l'éducation de deux ou trois garçons qu'on n'a jamais employés dans le monde, parce qu'on les trouvait trop singuliers, et de deux filles qu'on força de se faire religieuses par raison, pour les en corriger.

Zelmaïde avait quinze ans, et jusqu'alors sa *petite bougie s'était maintenue* allumée *comme une chandelle d'offrande* ; mais il se trouva un certain Zulmis qui l'empêcha de brûler jusqu'au bout. Il était fils d'un roi de la Cochinchine ; c'était *un petit Monsieur* fort agréable, qui savait l'espagnol comme un Indien, l'anglais comme un Turc, et le français comme Paméla.

Il inventait des modes, *avait une montre de Baillon*, faisait des logogriphes, et savait par cœur le Bal de Strasbourg. Il avait donné ordre qu'on lui envoyât, par la diligence de Lyon, les jugements nouveaux, une comédie bourgeoise transcrite par Minet, et le cordon de S*t*-Michel ; mais tout cela fut saisi et confisqué à une barrière des États de la fée Raisonnable. Quoiqu'il eût des ressources en lui-même, il n'en cherchait pas moins Zelmaïde, qu'il voyait quelquefois et qui s'amusait autant à l'entendre parler qu'à lire le M*ercure*.

La fée Trompeuse, pour le confirmer dans son goût naissant pour cette jeune princesse, prenait souvent la figure de la fée Raisonnable, et lui vantait beaucoup le mérite de Zulmis. La princesse aimait bien la fée dans ces moments, et ne lui trouvait jamais tant de raison que lorsqu'elle en manquait.

Quand elle retrouvait la fée Raisonnable, elle remettait la conversation sur Zulmis : la fée lui disait de s'en défier, elle ne pouvait pas allier ces contradictions, et finissait par dire que la fée Raisonnable était vieille et commençait à perdre la raison.

Un jour qu'elle se promenait dans un petit bois du palais, elle y trouva Zulmis qui rêvait ; elle fut émue, et ne put s'empêcher de l'interrompre. La fée Trompeuse avait su amener ce hasard, car, en les servant, elle voulait en tromper d'autres, et se préparait peut-être un jour à les tromper eux-mêmes.

— Je me croyais seule ici, dit Zelmaïde avec un air ému, et tenant toujours sa bougie qui commençait à l'incommoder.

— Je ne m'attendais pas non plus, dit Zulmis, à m'y voir avec vous ; je me contentais d'y rêver ; mais puisque le hasard nous y rassemble, et que nous sommes tous deux disciples de la fée Raisonnable, éprouvons, en raisonnant ensemble, si nous avons bien profité de ses leçons.

— Volontiers, reprit Zelmaïde, car j'aime à raisonner. Vous venez de me dire que vous rêviez à moi, de quelle façon y rêviez-vous ? Je suis curieuse de savoir si c'est de la même manière que je rêve à vous.

— Quoi ! vous rêvez à moi, Zelmaïde ? s'écria Zulmis.

— Oui, sans doute, répliqua-t-elle avec une naïveté qui prouvait que sa bougie brûlait encore ; mais je n'y rêve que la nuit, car la fée m'a défendu d'y songer le jour.

— Ah! pour moi, dit le prince, à toute heure, à tout instant, soit que je dorme ou que je veille, vous êtes le sujet de mes songes ou de mes pensées ; vous excitez en moi des impressions que je ne connaissais pas ; c'est un tumulte d'idées et de sentiments qui me tourmentent et qui me plaisent ; je m'en demande la cause à moi-même, et je ne la puis comprendre : mais ce que je comprends encore moins, c'est que mon esprit et mon cœur, que la fée nous assure être indépendants du corps, y sont nécessairement liés dans ces instants, et réfléchissent sur lui les effets de tous leurs mouvements. Oui, charmante Zelmaïde, dès que je pense à vous, dès que je rêve à vous, je sors de mon état naturel, mais c'est pour passer dans un état mille fois préférable. J'en goûtais toutes les douceurs quand vous avez paru...

— Mais, en effet, dit Zelmaïde, vos yeux ne sont pas comme ils ont coutume d'être ; ne vous en offensez pas au moins. Ils me plaisent autant de cette façon-là.

— Votre état, Zelmaïde, aurait-il quelque conformité avec le mien ?

— Mais..... répondit-elle, oui.... cela peut être... je n'en suis cependant pas sûre. Puisque nous sommes en train de raisonner, je vais vous en faire la peinture. Je rêve à vous plus que je n'y songe ; c'est apparemment par respect pour les ordres de la fée. Quand je suis éveillée, je ne vous cherche pas, et je désire vous trouver. J'aime votre conversation, elle m'amuse sans me faire rire, et j'en suis bien aise, parce que je n'en ai pas l'air moins raisonnable. Vous n'avez peut-être pas plus d'esprit qu'un autre ; mais cependant ce que vous me dites me plaît davantage : c'est sans doute la façon dont vous le dites. Quand vous me quittez, je deviens triste ; il semble que le contentement se sépare de moi pour aller avec vous, et me laisse dans un état de langueur dont j'ai honte, sans savoir pourquoi. Voilà l'histoire de mes journées.

— Et celle des nuits ? demanda Zulmis en la regardant tendrement.

— Ah ! Zulmis, je n'ose pas vous la conter.

— Eh ! qui peut vous en empêcher ? dit Zulmis en lui baisant la main. Craignez-vous de me rendre trop content ?

— Prenez donc garde, dit la princesse, vous ferez tomber ma bougie. Vous êtes cause que j'ai déjà eu bien peur pour elle.

— Et comment cela, répondit Zulmis ?

— Vous voulez donc tout savoir ? répliqua Zelmaïde. Oh ! pour cela, Zulmis, vous êtes impatientant.....

— Je serais bien fâché de vous déplaire, poursuivit le prince, mais vous m'affligez véritablement.

— Hé bien, dit-elle, je vais donc vous satisfaire.

« Vous savez que la première chose que la fée Raisonnable recommande aux filles, c'est de tenir toujours leur bougie allumée ; c'est là ce qui décide, à ce qu'elle prétend, de leur réputation, de leur vertu et de leur établissement. L'article essentiel, à ce qu'elle dit, est de n'avoir jamais de prédilection que pour celui qu'on épouse. Si par malheur on en marque pour quelque autre, adieu la bougie, elle s'éteint, et l'honneur s'évanouit avec sa flamme.

— La vôtre, dit Zulmis, rend bien de l'éclat ; je ne puis imaginer qu'elle ait couru quelques dangers.

— Mais... oui, répondit Zelmaïde, il est vrai qu'elle est allumée ; il me semble pourtant qu'elle éclaire moins que quand je vous ai abordé ; cela m'inquiète.

— Pourquoi, s'écria Zulmis, avoir des inquiétudes si mal fondées ? Mais nous nous éloignons du point le plus intéressant de notre conversation.

— Je crois l'avoir oublié, dit Zelmaïde... De quoi s'agissait-il donc ?

— De vos histoires de nuit, répondit Zulmis.

— Il est vrai ; vous m'en faites souvenir, reprit Zelmaïde. En vérité, Zulmis, je m'imagine que je fais mal de vous confier toutes ces choses-là. Ce ne sont que des rêves au moins ; et comme vous en êtes l'objet, je crois que vous pouvez en être le confident.

— Hé bien, voilà parler raison, Zulmis.

— Je ne sais, poursuivit Zelmaïde, ma bougie *pétille furieusement; on dirait qu'il est tombé de l'eau dessus.*

— Revenons à votre rêve, je vous en conjure, dit Zulmis.

— Hé bien, mon rêve... je ne le conçois pas. La fée m'a souvent dit que les rêves n'étaient que des impressions gravées dans notre âme par des idées qui nous ont occupé le jour. Le mien n'est pas de cette nature, car il m'a mise dans une situation, dans un désordre, dans une satisfaction que je n'ai jamais sentie, et *dont je n'ai jamais eu le moindre soupçon* pendant tout le temps que j'ai veillé. On vous a dit souvent que j'étais destinée à épouser le génie Épais ; je ne le connais que pour l'avoir vu deux fois venir ici avec ma mère ; on m'a dit qu'il m'avait trouvée jolie : je ne sais pas si on lui a rapporté que je l'avais trouvé fort sot.

— Cela prouve, dit Zulmis, que vous avez tous deux l'esprit juste.

— On me répétait souvent, continua Zelmaïde, que c'était lui qui devait être mon mari. Je demandais à la fée ce que c'était qu'un mari ; elle me répondait que c'était quelqu'un qu'on devait aimer de tout son cœur ; cela m'embarrassait, et j'aurais voulu, puisqu'on doit aimer son mari, qu'il fût fait de façon à rendre l'amour un plaisir, plutôt qu'un précepte. La fée disait alors que c'était de ces choses sur lesquelles il ne faut point raisonner : c'est un de ces articles qui m'impatientent le plus dans la fée Raisonnable ; elle semble n'employer la raison qu'à exclure le raisonnement. Je sortais toujours fort peu satisfaite de tous ces entretiens-là. Un jour, je vous vis, vous m'abordâtes ; nous liâmes une conversation qui nous conduisit à la connaissance : cette connaissance approcha bientôt de l'amitié ; nous devînmes amis. Vous remplîtes l'idée que je m'étais formée de ce que devait être un mari ; j'en parlai à la fée, qui me réprimanda, et qui m'assura que ma bougie s'éteindrait pour toujours, si j'avais du penchant pour un autre que le génie Épais. Ce discours-là me donna de l'humeur, et je me retirai de bonne heure. Je ne fus pas plus tôt endormie que je me crus éveillée ; je vous vis entrer dans ma chambre, et jamais je ne vous avais trouvé le modèle d'un mari. Vos cheveux étaient épars ; vos yeux vifs ne rendaient cependant que des regards languissants. Vous vous jetâtes à mes genoux... vous me baisâtes la main ; je voulus la cacher... vous la cherchâtes, et... je vous en sus gré... Ah ! Zulmis, je n'ose poursuivre. Je commets certainement une faute en vous faisant ce récit ; j'en rougis, et l'on ne rougit jamais que quand l'on fait mal.

— Je fais donc mal en vous écoutant, dit Zulmis avec une voix entrecoupée ; car je sens aussi le feu qui me monte au visage, et je n'en suis point inquiet. Poursuivez, aimable Zelmaïde, achevez mon bonheur.

— Je ne puis avoir la force de vous contredire, répondit la princesse. (Le lecteur saura qu'ici la bougie de Zelmaïde diminua beaucoup sans qu'elle s'en aperçût.) Où en étais-je ? dit Zelmaïde ; je perds toujours le fil de mon histoire, et je m'en prends à vous.

— Je ne vous interromps cependant pas, répliqua Zulmis ; vous en étiez, je crois, à votre main, que vous me sûtes gré de chercher ; il ne s'agit plus que de savoir où j'eus le bonheur de la trouver.

— Ah ! oui, il est vrai, parce qu'en la tenant dans la vôtre, vous gêniez trop ma tranquillité... Mais je n'y gagnai rien (cela prouve qu'il y a une étoile pour tout). Je ne sais comment cela se fit ; mais mon obstination à vous refuser cette faveur vous en valut d'autres auxquelles je ne songeais, pas et dont je ne pouvais me défier. Vous étiez plus pressant, et moi plus agitée. En vain je vous repoussais, en vain je vous criais que je vous détestais, ma physionomie me servait mal apparemment ; cependant je rappelai toutes mes forces pour vous marquer ma colère, quand j'aperçus tout à coup la fée Raisonnable : sa vue m'effraya, mais la douceur de son air me calma. Il vaut bien mieux la voir en rêvant que lorsqu'on est éveillée. « Pourquoi, Zelmaïde, me dit-elle, tant résister à ce prince ? Il vous aime, il vous plaît ; c'est donc lui que les dieux ont marqué pour être votre époux. Ils seraient injustes de vous en donner un autre, et de vous commander des sentiments contraires à ceux qu'ils vous inspirent. »

— Vraiment je suis de votre avis, dit Zulmis, cette fée raisonne bien mieux la nuit que le jour. Hé bien, que lui répondîtes-vous ?

— Hélas ! Zulmis, je ne lui répondis rien, je soupirai, je vous regardai, je vous sentis dans mes bras... je ne vis plus la fée ; je voulus l'appeler, et je ne pus prononcer que ces mots : Ah ! Zulmis... mon cher Zulmis, que faites-vous ? Je me sentis alors dans un était que je ne puis dépeindre. Je me réveillai, je me crus perdue ; je regardai bien vite à ma bougie, et je fus surprise de la voir plus brillante que quand je m'étais couchée.

— N'en doutez point, Zelmaïde, s'écria Zulmis..., ce rêve était un ordre des dieux, tout mon cœur en est rempli, jamais je ne me suis senti tant de pitié. Oui, votre récit m'a mis hors de moi-même ; sans doute c'est le feu divin qui m'anime... et je lis dans vos yeux qu'il vous inspire aussi.

— Zulmis ! Zulmis ! répondit la princesse, puis-je le croire, lorsque les desseins de ma mère y sont si opposés ? Il me semble qu'une mère ne doit vouloir que ce que les dieux ordonnent, ou que les dieux nous trompent en nous faisant vouloir ce que défend une mère (1).

Ce beau raisonnement ne déconcerta pas le prince, qui commença à presser Zelmaïde, comme si elle eût rêvé. Elle prit la fuite ; mais elle trouva la fée Trompeuse, qui, sous les traits de la fée Raisonnable, l'arrêta, et donna le temps à Zulmis de la saisir. Elle disparut dans le même moment. Cette vue avait redoublé les instances du prince : Zelmaïde voulait toujours s'échapper ; mais tout d'un coup sa bougie glissa de sa main, et s'éteignit en tombant.

— Ah ! c'en est fait, s'écria-t-elle, voilà tout ce que je craignais arrivé. Cruel ! vous êtes cause que ma bougie est éteinte, je n'oserai plus reparaître devant la fée.

— Hé bien, fuyons sa vue, dit Zulmis ; ne pourrons-nous être heureux sans elle ?

— Hélas ! répondit Zelmaïde en pleurant, vous m'abandonnerez. Je ne puis me fier à vous... Non, je veux chercher ma bougie.

En disant ces mots, elle voulut effectivement se baisser et chercher à tâtons ; mais elle fit un faux pas dont Zulmis profita.

---

(1) Quelques critiques s'imagineront peut-être que, dans cet endroit, j'ai pillé le *Pastor fido;* ils seraient dans l'erreur; j'ai seulement imité sa façon d'argumenter.

— Ah! Zulmis, lui cria-t-elle, vous me prenez en trahison ; ce procédé est horrible... Zulmis... Zulmis... voulez-vous bien finir ?.... Ah! je vous abhorre... je ne vous le pardonnerai jamais... Oui, j'en suis sûre, vous me serez infidèle.

Zulmis, sans répondre un seul mot, l'accablait de baisers.

— Quoi! disait-il avec la voix tremblante du bonheur ; quoi! tant de charmes seraient la proie du génie Épais ? Zelmaïde! adorable Zelmaïde!...

Ici ils perdirent tous les deux la parole, et pour tout dialogue, silence et baiser, baiser et silence. Zelmaïde revint à elle, et voulut dire encore : « Je vous abhorre ; » mais elle se méprit en articulant, et dit en poussant un soupir :

— Ah! Zulmis, je vous adore.

Le lecteur ne s'attend pas, je crois, à voir Zelmaïde retrouver sa bougie ; elle ne se donna même plus la peine de la chercher ; mais quand elle fut revenue de son ivresse, quand elle vit de sang-froid l'avantage que Zulmis venait de remporter, la honte et la douleur s'emparèrent de son âme. On ne connaît jamais mieux la pudeur, que lorsqu'on vient de s'en écarter. Elle fit des reproches au prince ; elle n'osait plus paraître devant la fée. *C'était la fée Trompeuse, qui, fière de les avoir réduits, s'était empressée de l'annoncer à la fée Raisonnable.* Enfin Zulmis fut si persuasif, qu'il dissipa les craintes de Zelmaïde. Ils sortirent à l'instant du palais de Raisonnable. Je ne sais pas s'ils furent aussi contents que je le suis d'être sorti de ce palais de la Raison ;

je craignais de ne pouvoir pas m'en tirer, et je ne crois pas qu'on m'y rattrape.

Les voilà donc voyageant avec l'amour de plus et la raison de moins ; ils firent peu de chemin, parce que le plaisir les arrêtait souvent. C'est un obstacle qui s'use promptement. Zulmis, après plusieurs preuves de sa façon de penser, en fut réduit aux simples assurances. Il jura à Zelmaïde qu'il l'aimerait toujours, et commença à devenir beau parleur : mais Zelmaïde ignorait encore que les protestations d'amour ne sont que des ressources, et qu'il n'y a que les faits qui soient de vrais serments. Un jour ils rencontrèrent dans un bois (car c'est toujours dans un bois qu'il faut que ces choses-là arrivent), ils rencontrèrent une tortue qui leur dit, d'une voix traînante, qu'elle était fée, qu'elle les connaissait, et qu'elle les protégeait. Cette manière d'éloigner les mots à un quart d'heure l'un de l'autre plut tant à nos amants, qu'ils la conservèrent ; elle devint même, pendant quelque temps, le bon ton de la cour ; mais comme tous les arts vont en se perfectionnant, ce ne sont plus à présent les mots qui traînent, ce sont les pensées.

Zelmaïde fut un peu honteuse d'apprendre que la tortue la connaissait, cependant elle s'y accoutuma.

— Je sais, leur dit cette fée, que vous êtes fatigués, et je me suis traînée exprès ici pour vous donner mon équipage.

Ils virent en effet un char attelé de six tortues. Le prince et la princesse s'y placèrent, et la tortue protectrice les laissa aller. On se doute bien que c'était la fée Trompeuse qui avait pris cette forme : ce ne sera pas la dernière qu'elle prendra.

La lenteur de cette voiture impatienta beaucoup Zulmis, et causa des maux de cœur à Zelmaïde ; ils commencèrent à se dire en bâillant :

— Ah ! que nous sommes heureux !

La conversation se tourna insensiblement en monosyllables, le prince s'endormit, la princessse en fut choquée ; l'aigreur se mit de la partie : le prince descendit, et tout à coup les six tortues devinrent six papillons qui enlevèrent Zelmaïde et la portèrent chez la fée Coquette.

Zulmis fut fort étonné quand il l'eut perdue de vue et demeura fort honteux de se trouver à pied comme un comédien de campagne ; il n'y eut alors de plus sot que lui que le génie Épais, qui était arrivé chez la fée Raisonnable avec la reine couleur de rose, pour venir *chercher* et épouser Zelmaïde. Il fut *confondu* quand on lui dit qu'elle n'était plus dans le palais. La reine, qui en était sortie à quatorze ans, à peu près de la même façon, cria beaucoup, mais admira en secret la patience et la vertu de sa fille ; elle n'est pas la seule qui ait pensé ainsi en pareille circonstance. Le génie n'écoutait pas un mot de ce qu'on disait, et répondait à tout. Sa figure était l'image de son esprit ; il avait des petits traits noyés dans un visage boursoufflé ; il ressemblait à un enfant *que l'on regarde avec un microscope*. Il avait un frère qui lui était encore inférieur pour l'esprit ; on le nommait le génie la Bête, pour le distinguer ; malgré cela, l'on prenait souvent l'un pour l'autre.

Sa fureur fut poussée à l'excès, et il disait toujours :

— Je n'entends point raison, Mesdames (le fait était vrai), je veux avoir ma femme ; j'ai compté là-dessus ; si l'on me prend pour un sot, on se trompe fort ; en un mot, je n'en veux pas avoir le démenti. Si on a donné la princesse à un autre qu'à moi, je veux qu'on me la rende, et si c'est elle-même qui s'est donnée, il faut la renvoyer chez sa mère, et la faire mettre à Saint-Lazare.

On lui dit, pour le calmer, qu'il raisonnait très bien, et l'on convint de faire des perquisitions pour découvrir où était Zelmaïde. Cette résolution l'apaisa : en effet, il partit avec la reine, *et comme c'était un petit homme bien fin*, il demandait à tous les voyageurs, *sans faire semblant de rien*, s'ils n'avaient pas trouvé une fille qui se laissait enlever de bonne volonté par quelque petit-maître. Si par hasard quelqu'un d'eux avait fait la rencontre d'une femme et d'un homme, il en rendait compte au génie.

— Hé bien ! répliquait-il avec vivacité, cette femme ou fille s'appelle-t-elle Zelmaïde ?

— Je ne sais pas son nom, lui répliquait-on.

— Comment diable voulez-vous donc que je la reconnaisse ? disait-il.

Il s'applaudissait, et disait à la reine :

— Voyez-vous, il faut être rusé ; c'est d'abord le nom qu'il faut demander ; c'est un moyen bien plus sûr pour reconnaître quelqu'un que les traits du visage.

Le voyage se passa en entretiens de cette force-là,

ce qui fit que la reine fut très contente que sa fille se fût échappée. Elle était cependant toujours soumise au génie Épais, elle ne pouvait en espérer un autre que par sa permission. Tel était l'ordre du destin, car un conte de fée ne se passe pas plus du destin, qu'un opéra nouveau de tambourins et de pantomimes.

Je reviens à Zelmaïde, qui était arrivée chez la fée Coquette, et je laisse le temps à Zulmis de marcher longtemps avant que de raconter ses aventures. La princesse ne se plut point dans ce nouveau palais ; elle avait trop d'esprit pour s'amuser avec des femmes qui souvent réduisent le leur en pantomimes, et elle avait trop bien débuté avec Zulmis pour être satisfaite d'un pays où le cœur et le tempérament ne sont que dans la tête.

Elle vit plusieurs filles qui avaient manqué leur établissement, quoiqu'elles fussent réellement filles, mais l'apparence était contre elles, et c'est le cas où il vaut mieux le paraître que l'être.

Elle remarqua beaucoup de femmes séparées de leurs maris, qui n'avaient à se reprocher que leur étourderie ; on ne pouvait pas blâmer leurs époux, car leur déshonneur n'étant qu'un préjugé, le tort des femmes consiste plus dans l'opinion publique que dans l'infidélité.

La reine Couleur de rose, qui connaissait son sang, se douta bien du chemin qu'avait pris Zelmaïde. Malgré son âge, elle faisait quelquefois le même voyage ; elle avait été coquette dans sa jeunesse, elle l'était encore dans sa vieillesse ; c'est un travers qui survit toujours aux agréments qui le font tolérer : on s'en moque quand il devient un ridicule.

Elle prit son écharpe couleur de rose, sa robe à fleurs vertes, et ses souliers blancs brodés d'argent. Le rouge à double couche ne fut point épargné. Les assassins furent placés avec choix ; elle se mira, minauda et partit.

Toutes les portes du palais lui furent ouvertes : rien ne relève tant l'empire de la coquetterie que les hommages et les prétentions d'une vieille. Elle aperçut sa fille, l'intimida par sa présence, et la rassura par ses caresses.

— Viens m'embrasser, dit-elle, ma pauvre Zelmaïde, viens, ne crains point ta mère ; tu me rencontres ici, et tu sais que je n'ai été chez la fée Raisonnable que pour t'en retirer. Fais-moi ta confidence ; est-tu venue ici par inclination, ou par désœuvrement ?

— Hélas ! ma mère, répondit Zelmaïde en soupirant, je suis bien malheureuse !

— Quel en est le sujet ? reprit la reine avec un air de bonté. Avoue-moi tes fautes, ma chère fille, je te les pardonnerai *avec autant d'indulgence que si je n'en avais jamais fait.*

— Vous me rassurez, grande reine, dit Zelmaïde.

Après ces mots, elle posa sa main sur son front, recueillit tous ses esprits, et après un moment de silence s'exprima en ces termes :

— Ah ! ma mère, qu'il est long d'attendre jusqu'à seize ans pour se marier !

— Me voilà au fait, répliqua la reine ; j'ai été de ton sentiment. A l'âge de quatorze ans je commençai à trouver que chez la fée Raisonnable les soirées étaient bien longues ; je trouvai le secret de les rendre bien plus courtes ; j'en sortis comme vous ; je m'étais fiée à un petit-maître qui me trompa. J'étais promise en mariage au prince Gris de lin ; il fallut avoir recours à l'artifice pour l'abuser. Je me retirai, sous prétexte de piété, dans une maison de vierges consacrées à la déesse Isis ; le prince Gris de lin en fut informé, et crut que je n'étais sortie de chez la fée Raisonnable que parce que la dévotion m'avait tourné la tête. Cette opinion redoubla son amour ; il me fit plusieurs visites, il me pressa beaucoup : je résistai à ses instances ; à la fin j'y cédai, après avoir joué mon rôle, et depuis ce temps j'ai toujours été heureuse et respectée.

— Ah ! Madame, s'écria Zelmaïde, vous venez de raconter mon histoire.

— Je m'en doutais, dit la reine ; tu as été persuadée par quelque jeune homme, cela marque ta bonne foi ; tu as eu des bontés pour lui, cela prouve ton bon cœur ; tu voudrais à présent rétablir ta réputation et tromper un mari, cela fait voir ton bon esprit.

— Je demeurerais fille sans peine, dit Zelmaïde, de la façon dont je l'ai été depuis un an ; mais il me semble qu'on perd sa considération en vieillissant, ce qui est le seul dédommagement du plaisir ; ainsi je prends le parti que vous avez pris : conduisez-moi, je vous prie, dans cette maison de vierges.

— J'y consens, ma fille, répondit la reine ; mais je dois vous avertir d'un article assez embarrassant :

sans doute vous avez eu de la faiblesse pour ce jeune homme dont vous ne m'avez pas dit le nom.

— Il se nomme Zulmis, dit Zelmaïde ; c'est un prince, vraiment.

— Il vous a donc trompée? répondit la reine, car ces messieurs-là sont moins scrupuleux sur l'amour que sur la gloire.

Je reviens à l'article embarrassant. Dans cette maison d'Isis, on sort par une porte différente de celle où l'on entre ; elle s'appelle la porte des épreuves : c'est celui qui doit vous épouser qui vous mène par la main ; il est maître de vous faire sortir par la porte d'entrée ; mais s'il a quelque défiance, ce qui arrive souvent, il conduit toujours par l'autre. Lorsqu'une fille s'est retirée dans ce temple par un excès de ferveur, elle passe sans obstacle ; mais si sa conduite n'a pas été sans reproche, la porte se baisse, on ne peut pas sortir, et l'on est condamné à rester dans cette maison de mortification pendant toute sa vie.

— Mais véritablement, ma mère, dit Zelmaïde, cet article est embarrassant ; comment avez-vous pu faire pour passer ?

— Le prince Gris de lin était si persuadé de ma sagesse, répondit la reine, qu'il aurait cru m'outrager en me faisant sortir par la porte des épreuves ; mais il est rare de trouver des hommes aussi crédules. Le génie Épais est trop sot pour n'être pas soupçonneux.

— N'importe, dit Zelmaïde, je n'ai plus que cette ressource, il faut la tenter ; d'ailleurs, je vous avouerai que j'aime Zulmis plus que jamais ; je suis inquiète de lui : la dissipation du monde irait mal avec mes inquiétudes; je les irriterais en me forçant de les contraindre. Si Zulmis est perdu pour moi, je consens sans peine à passer ma vie dans la maison des vierges. Si l'absence le fait réfléchir sur son ingratitude, si le repentir le ramène, s'il vient me trouver, son amour se renouvellera bien davantage, lorsqu'il saura que je ne l'ai quitté que pour fuir les autres hommes, ou pour songer à lui dans le fond d'une solitude.

La reine, aussi charmée que surprise d'avoir mis au jour une fille à sentiment, la conduisit sur-le-champ au temple d'Isis; elle fit demander la grande prêtresse, et lui présenta Zelmaïde comme un modèle de sagesse. La prêtresse lui répondit avec des yeux bénins et un ton mielleux que cela ne l'étonnait pas, puisqu'elle était sa fille.

— Je la recevrai avec grand plaisir, grande reine, continua-t-elle, mais je dois en faire une petite politesse à notre modérateur; je ne doute point qu'il n'agrée la princesse : souffrez que je le fasse avertir.

Quelques moments après, le modérateur entra ; c'était un grand-prêtre d'Isis, fait à peindre, qui avait cinq pieds et six pouces, les sourcils bruns et les narines ouvertes ; sa physionomie annonçait qu'il rendait la porte des épreuves impraticable.

— Vous regardez attentivement, dit la prêtresse à la reine, le vénérable rayon de la sainte Déesse. Il répand la bénédiction sur notre maison ; jamais nous n'avons eu tant de vierges que depuis que nous sommes assez heureuses pour le posséder.

— Je le crois, répondit la reine ; de mon temps, vous n'aviez qu'un petit vilain prêtre que nous haïssions toutes.

— Je m'en souviens, dit la prêtresse, c'était la Déesse qui nous l'avait donné dans sa colère. Hé bien, Très Vénérable, continua-t-elle, que pensez-vous de la princesse?

— Je la juge très propre, répondit-il, à attirer sur nous les influences célestes de la Déesse, et c'est, si je ne me trompe, la vertu qui l'amène ici, comme c'est elle qui m'y retient.

— Vous êtes bien poli, répliqua Zelmaïde en rougissant.

— Oh! le Vénérable est connaisseur, dit la supérieure ; l'expérience vous le prouvera.

Après ces compliments, la reine laissa la princesse entre les mains de la prêtresse et du Vénérable, et retourna dans son palais, résolue d'informer le génie Épais de l'excès de zèle de sa fille.

Je profite de cet intervalle pour instruire le lecteur de ce que devint Zulmis.

L'éloignement de Zelmaïde ranima sa passion ; il s'agitait, il implorait l'Amour, il apostrophait la fée Tortue, il parlait fort mal des dieux et du destin, et même tout haut. Ce fut là le premier monologue qui ait jamais été fait : il arrive souvent que ceux qu'on entend dispensent de la reconnaissance pour celui à qui on doit cette invention : il ne se promenait pas de long en large, mais il allait tout droit son chemin ; enfin, il se consola en se fatiguant, car il s'endormit... (le lecteur s'imagine bien que je ne laisserai pas échapper une si belle occasion de placer un songe). En effet, une heure après qu'il se fut livré au sommeil, dans le temps que l'aurore allait paraître, et que tous les songes sont vrais, il se crut transporté dans un palais, qui était habité par deux fées. L'emploi de l'une était de rassembler plusieurs particules d'une substance aérienne et subtile, et d'en former des esprits. Ces esprits étaient tous différents entre eux, bons ou mauvais, déliés ou pesants, solides ou superficiels, doux ou caustiques, selon la qualité de la substance dont ils étaient composés ; car souvent il s'y mêlait un peu de matière grossière, ce qui faisait les sots ; encore plus souvent beaucoup de nitre, ce qui faisait les esprits satiriques et méchants ; en un mot, la différence de tous ces mélanges faisait la différence de tous ces caractères, soit grands et élevés, soit flatteurs et rampants ; les vices et les vertus se pétrissaient avec la substance qui formait chaque esprit, et se développaient à mesure que se déliaient les organes des corps qu'ils animaient.

Après que la fée avait créé un certain nombre d'esprits, elle venait les déposer entre les mains de l'autre fée, dont l'emploi était de former les corps avec de la matière terrestre. Comme elle était malicieuse et quelquefois malfaisante, elle se plaisait à rendre ces images différentes entre elles. Après s'être sérieusement appliquée à former l'image d'un homme bien fait, elle se délassait et riait en faisant dix autres corps bossus ou tortus. Elle faisait le même traitement aux visages ; quand elle en avait fait une douzaine de beaux, elle en faisait trente qui étaient ridicules ; les uns étaient louches, les autres avaient un nez paté ; ceux-ci étaient près d'être bien, mais ils étaient fades; ceux-là avaient l'air ignoble. Tel était le caprice de la fée, qu'elle exerçait encore avec plus de plaisir à l'égard des femmes : elle paraissait souvent avoir les meilleures intentions du monde en donnant toutes les perfections au corps de quelques-unes, et l'on était tout étonné de voir qu'elle y joignait une tête d'une laideur abominable. D'autres fois elle formait des corps en dépit des Grâces, sans taille, sans embonpoit, sans blancheur, et leur donnait une figure charmante ; les premières étaient destinées à être de bonnes jouissances, et les dernières à être de bonnes fortunes.

Ce n'étaient là que les malices innocentes de la fée ; elle avait malheureusement le droit d'animer ces corps avec tel esprit qu'elle jugeait à propos de choisir ; et comme elle était instruite de l'état et des emplois que le destin réservait à chacun, l'esprit qu'elle emprisonnait dans chaque corps était presque toujours le contraire de celui qu'on aurait dû avoir.

Un spectacle si nouveau fit naître à Zulmis la curiosité de savoir de quel genre était l'esprit qui animait Zelmaïde. Il s'en informa à la fée maligne, qui lui fit cette réponse :

— Zelmaïde est une princesse accomplie ; je n'eus aucune idée de mal en la formant depuis la tête jusqu'aux pieds, ce qui ne m'arrivera de longtemps ; mais je lui donnai une âme trop sensible, et je m'en repens, car elle s'est attachée follement à un certain Zulmis, qui est assez aimable, mais qui est un peu fat ; aussi, pour l'enpunir, il reverra cette princesse, qui le traitera comme un chien, et il passera trente nuits avec d'autre beautés, sans en être plus heureux.

Cet oracle l'affligea tant qu'il se réveilla ; il se trouva sur une pelouse humide, et il se sentit encore plus fatigué du chemin qu'il avait fait qu'effrayé de son rêve. Il se remit cependant en marche sans avoir d'objet déterminé, étant également inquiet du traitement qu'il devait recevoir de la princesse, et de celui qu'il devait faire aux autres beautés. Il s'imaginait sottement (car l'amour-propre tire toujours tout à lui) que c'étaient trente épreuves auxquelles Zelmaïde l'exposerait, et trente sacrifices qu'il lui ferait.

Il voyageait dans cette confiance, lorsqu'il aperçut qu'il était dans une grande avenue qui conduisait à un château : il espéra que peut-être il y trouverait Zelmaïde ; ainsi son premier motif, pour y aller, fut l'amour, quoi qu'il en eût de plus pressants, qui étaient le besoin et la lassitude. Il trouva, à la grille de la première cour, deux nains qui faisaient les géants : il leur demanda poliment si la princesse Zelmaïde n'était pas dans ce palais. Ils lui répondirent fièrement qu'ils ne connaissaient pas cela.

— Du moins, Messieurs, poursuivit-il encore plus humblement, ayez la bonté de m'apprendre le nom de votre maître ou de votre maîtresse.

— *Je ne sais comment*, répliquèrent-ils en haussant la voix.

— Eh ! Messieurs, ayez pitié, dit Zulmis, d'un pauvre prince qui vous demande le nom...

— Eh ! que diable ! s'écria un des nains en l'interrompant, on se tue de vous dire que ce palais appartient à la fée *Je ne sais comment.*

— Ah ! je vous demande pardon, dit Zulmis, le nom de votre maîtresse est *Je ne sais comment ?*

— Eh oui ! mon garçon, reprit l'autre nain. Vous n'entendez donc pas le français ?

Pendant cet entretien, la fée *Je ne sais comment* revint de la promenade et demanda à ses nains quel était cet homme. Ils lui répondirent que c'était le prince *Je ne sais qui.* Zulmis se présenta à la fée avec un air de seigneur, lui fit une révérence légère et un compliment avantageux. Ce début répondait au caractère de la fée, et lui donna bonne opinion du mérite de Zulmis. Elle lui ordonna de l'accompagner ; et pendant ce trajet de la cour jusqu'à son appartement, elle le questionna, l'interrompit, le loua, et le contredit. Le prince ne savait comment prendre la chose, et voyait que le nom de la fée tirait son étymologie de son esprit, et même sa figure, car elle n'était pas comme une autre ; elle avait des cheveux blonds et la peau noire, un œil grand et beau, et l'autre petit et joli ; c'était là l'uniforme des autres traits : elle avait les joues molles, parce qu'il faut les avoir fermes, et l'esprit dur, parce qu'il faut l'avoir doux. Le prince ne connaissait encore que cela d'elle.

La fée demanda à dîner, ce qui fit grand plaisir à Zulmis. On lui annonça qu'elle était servie ; elle dit qu'elle avait mal au cœur, et qu'elle ne mangerait que le soir ; ce qui fit beaucoup de peine à Zulmis.

Elle avait autant de tempérament que d'humeur ; ce qui la contrariait cruellement, et la rendait quelquefois obligeante malgré elle ; mais elle était difficile, et faisait, dans le plaisir même, trouver des circonstances qui sauvaient les droits de son humeur.

Elle ne connaissait pas encore Zulmis, et, pour n'en être pas connue, elle lui dit qu'elle avait l'esprit sérieux. Il voulut raisonner, elle bâilla ; il tourna la conversation sur le sentiment, elle le railla ; il voulut hasarder l'équivoque, elle s'en offensa. Le prince était entièrement déconcerté. Elle trouva qu'il faisait trop chaud dans ses appartements ; elle sortit dans ses jardins. Dès qu'elle y fut, elle dit qu'il y faisait du serein ; elle rentra, toujours accompagnée de Zulmis, qui n'avait pas besoin de demander comment elle se nommait.

Enfin, l'heure du souper arriva ; elle passa dans la salle à manger, fit placer le prince vis-à-vis d'elle ; elle apuya ses coudes sur la table, marmotta quelques injures entre ses dents, chercha querelle à tous les plats, brusqua tous les domestiques, et dit des politesses au prince d'un ton si rentré et si impoli, qu'il s'imagina qu'elle lui faisait des reproches. Ses réponses ne furent pas injustes, parce qu'il n'entendait pas les demandes ; outre cela, il mangeait beaucoup, ce qui le fit passer pour un sot. Après le souper, elle lui demanda s'il savait lire les comédies.

— Non, Madame, répondit-il. J'ai négligé ce talent-là, depuis que l'on m'a dit qu'on n'en savait plus faire.

— Voilà qui est assez plat, ce que vous répondez là, dit la fée. Avec qui avez-vous donc vécu ? Du moins vous savez quelque jeu ?

— Je ne sais que le tric-trac, Madame.

— Assurément voilà un beau choix, répliqua-t-elle aigrement, il faut que vous ayez été père de l'Oratoire.

— Madame, dit-il humblement, je ne suis qu'un prince.

— Mon cher ami, répondit-elle, vous paraissez bien délicat pour faire ce métier-là.

— Madame, reprit Zulmis, si vous jugez à propos, je vais vous conter mon histoire.

— Eh non ! en vérité ; dit-elle, j'aimerais autant lire *le Loup galeux*. Je crois bien que vous n'êtes propre qu'à vous coucher, aussi bien il est tard.

A ces mots, le prince se retira respectueusement, et demanda à une femme de la fée où il devait coucher. Cette femme lui éclata de rire au nez, et lui dit qu'il n'y avait qu'un lit dans la maison, qui était celui de la fée ; qu'elle faisait quelquefois passer aux étrangers la nuit dans la cour ; mais que quand elle leur avait fait l'honneur de les faire manger avec elle, elle leur faisait ordinairement le plaisir de les y faire coucher : en disant ces mots, elle prit le prince, et le ramena dans l'appartement de la fée, qui avait déjà pris sa coiffure de nuit et ôté son rouge ; ce qui ne rappela pas Zulmis.

— Je crois, lui dit-elle, que vous avez été assez sot pour vous imaginer que j'avais plusieurs lits dans ce palais : je me suis réduite au simple nécessaire, et puisqu'on peut coucher deux ensemble, il est certain que de deux lits, il y en a un de superflu ; il faut être économe et honorable. Je remplis le premier titre en ne multipliant pas les meubles inutiles, et je m'acquitte du second en vous permettant de coucher avec moi.

Toutes les femmes sortirent alors de la chambre, et laissèrent le prince en tête à tête avec la fée.

— Madame, dit-il en tremblant... assurément... je suis... bien sensible...

— Ce n'est point là ce que je vous demande, dit la fée ; tout ce que j'exige, c'est que vous soyez reconnaissant.

— Grande fée, reprit Zulmis avec un peu plus de hardiesse, j'accepterais vos faveurs avec plaisir, mais j'ai un engagement.

— Un engagement ! répliqua la fée. Dites-moi, s'il vous plaît, ce que c'est qu'un engagement, cela me paraît neuf.

— Cela se peut-il ? dit Zulmis. Pouvez-vous méconnaître un effet dont vous avez dû si souvent être la cause ?

— Eh bien ! répondit la fée, ce que vous dites là peut être assez joli, quoique je ne l'entende pas, mais je meurs de peur que cela ne soit que fade. Revenons à la question que je faisais. Un engagement empêche donc un honnête homme de se coucher pendant toute sa vie ?

— Oui, Madame, dit le prince, quand ce n'est pas avec celle qui l'engage.

— La chose est singulière au possible, dit la fée ;

il faut que ce pauvre garçon-là ait été élevé dans quelque coin du monde absolument ignoré ; et puis, après cela, négligez l'éducation des enfants! Oh çà, mon cher ami, continua-t-elle, donnez-moi de meilleures raisons, car vous devez sentir vous-même qu'elles ne sont pas recevables.

— Eh bien! Madame, répliqua-t-il, puisque vous m'ordonnez de parler avec franchise, j'ai fait vœu de ne coucher qu'avec des vierges; un oracle me l'a ordonné.

— Et que suis-je donc, s'il vous plaît ? dit la fée. Voilà un propos bien singulier que vous me tenez là!

— Madame, on m'a dit, répondit Zulmis, que vous aviez coutume de coucher avec tous ceux qui ont l'honneur de manger avec vous et je présume que ce n'est pas d'aujourd'hui que vous donnez à souper.

— Il est vrai, répliqua-t-elle, mais cela ne veut rien dire: j'aurais bien voulu qu'on se fût oublié jusqu'à me manquer de respect, et même jusqu'à ne pas dormir tout d'un somme!

— Quoi! reprit le prince, tout ce que vous exigez, c'est qu'on dorme à côté de vous?

— Sans doute, répondit-elle: je vous conseillerais de vous émanciper! Je veux qu'on couche avec moi pour dire seulement que le lit est bon; cela fait honneur à une maison.

— Ah! Madame, dit Zulmis, à ce prix j'y consens.

En conséquence il se déshabilla, et la fée, en se déchaussant, fit voir au prince deux jambes je ne sais comment dont la vue était un vrai calmant.

Enfin, après quelques cérémonies à qui se coucherait le premier, ils se placèrent l'un à côté de l'autre. La fée lui dit :

— A propos, j'oubliais, avant que vous vous endormiez, de vous prévenir que je suis sujette à rêver, à conter des histoires en dormant.

— Il n'importe, Madame, répondit le prince, pourvu que vous permettiez de ne les pas écouter.

Le silence fut exactement gardé de part et d'autre pendant un quart d'heure. Zulmis crut entendre la fée articuler quelques mots de loin en loin. Il prêta l'oreille, et voici de quelle façon la fée commença ses histoires :

« Il y a un mois qu'un prince coucha avec moi, et fut assez sot pour me laisser dormir ; je le punis, et le changeai en blaireau. »

Le pauvre Zulmis, à ces mots, frissonna depuis la tête jusqu'aux pieds ; cependant, comme il ne voulait pas être blaireau, il s'approcha doucement de la fée pour s'éprouver. Dans l'instant, elle prononça cet arrêt :

« Il y a quinze jours qu'un bramine passa la nuit à mes côtés, et fut assez insolent pour vouloir me séduire ; je le changeai en loup-garou. »

Zulmis fit aussitôt un bond du côté de la ruelle, afin de n'être point loup-garou, mais fort inquiet de savoir si un blaireau était plus heureux.

La fée feignit de s'être réveillée par le mouvement que venait de faire le prince.

— Quoi donc ! dit-elle, n'êtes-vous pas encore endormi ?

— Madame, répondit-il en balbutiant... je n'en étais pas éloigné.

— C'est peut-être moi, poursuivit la fée, qui ai troublé votre sommeil ?

— Eh ! point du tout, Madame, répliqua-t-il promptememt.

— N'ai-je pas déjà conté quelques histoires, dit-elle ? Il faudrait m'en avertir.

—Ah ! vous êtes trop bonne, dit le prince, toujours en tremblant.

Le silence recommença pendant une demi-heure. Zulmis commençait à reprendre ses sens, quand la fée prononça ces terribles paroles :

« Si le prince qui est actuellement dans mon lit est éveillé, je vais le changer en chat des chartreux. »

Dans l'instant, le prince fit semblant de dormir et de ronfler ; mais quel fut son état, lorsqu'il entendit la fée qui poursuivait ainsi :

« Et si ce même prince est assez impoli pour dormir, je vais le changer en barbet. »

Il tomba en faiblesse sur-le-champ : la fée le tâta, et le trouva froid comme un marbre ; à force de secours et d'eaux spiritueuses, elle le fit revenir.

— Qu'avez-vous donc ? lui dit-elle.

— Oh ! rien, Madame, répondit-il avec une voix éteinte.

— Comment rien ? dit la fée. Cela n'est pas possible ; ce n'est pas là votre état naturel ?

— Pardonnez-moi, Madame, répliqua-t-il.

— Voilà précisément, dit la fée, ce que je ne vous pardonnerai point. Vous êtes fait comme un déterré, et si vous sortiez d'ici aussi défait, cela me ferait tort. Je veux bien, pour vous rendre à vous-même, violer la loi que je m'étais faite de rester toujours insensible ; vous me faites compassion, approchez-vous de moi, je veux bien vous faire plaisir. »

Voilà tout ce que Zulmis craignait ; il obéit cependant : la fée le serra contre elle ; mais Zulmis, en dérangeant sa main par hasard, crut toucher une peau de chien de mer. Comme il était déjà très effrayé, il fit un élan surprenant. La fée alors prit sa baguette, le toucha et le malheureux Zulmis devint un petit choupille fort joli, et courut dans la chambre en aboyant beoucoup. Les femmes du palais arrivèrent à ce bruit, et la fée le fit chasser, quoiqu'il fît un temps à ne pas mettre un chien dehors.

La fée rit beaucoup de l'aventure. C'était encore la fée Trompeuse qui s'était transformée pour rendre service à Zulmis : c'est ce que la suite fera voir.

Zulmis, quoique très affligé de son nouvel état, prit cependant son parti en grand chien. Il délibéra s'il serait hargneux ou caressant : il crut que le plus sûr était d'être fort doux, tant qu'il ne serait qu'un chien de hasard, et qu'il ne devait aboyer qu'en cas qu'il appartînt un jour à quelque dame. Il savait que c'est alors le premier devoir d'un petit chien de japper à chaque visite. Cela fournit les plus jolies choses du monde à sa maîtresse ; par exemple, celle-ci :

— Qu'est-ce que c'est donc que ce petit vilain-là qui ne connaît pas les amis de la maison ?

Zulmis, pour mériter une telle fortune, s'accoutuma, dans ses différentes conditions, à danser les olivettes, entre deux chaînes, à passer à travers un cerceau, à battre du poivre, à sauter par dessus une canne, à faire sentinelle, à ne marcher qu'à trois pattes, et à faire la révérence toutes les fois qu'on éternuait ; mais tant de talents le fatiguèrent beaucoup, parce que son maître les lui faisait exercer rop souvent. Enfin, il s'échappa, et après avoir courut huit jours et huit nuits, ennuyé de ne manger que rarement et de ne dormir qu'à l'air, il résolut de s'attacher au premier venu. Le hasard voulut que ce fût un jardinier qui retournait chez lui, après avoir vendu ses légumes au marché. Zulmis l'aborda, le caressa, et le suivit. Le jardinier le prit en amitié; ainsi, dès ce moment, voilà Zulmis le chien du jardinier.

Ceux qui savent la nécessité des événements dans un conte ne seront pas surpris en apprenant que ce jardinier était celui des vierges d'Isis.

Zulmis gagna bientôt toute l'affection de la famille jardinière. Il fut trouvé si joli et si plein de grâces, qu'on résolut d'en faire un présent à la princesse. Zulmis ne fut point du tout fâché de cette résolution, quoiqu'il ne connût point cette princesse ; mais il était bien certain que sa condition serait meilleure. Il devait être présenté le lendemain : il était déjà agréé, et on lui faisait répéter ses révérences avec un grand succès : mais quelle fut sa surprise quand il reconnut sa chère Zelmaïde dans la princesse ! Il se pressa de faire la révérence, fit des courbettes étonnnantes, fit des cris de joie, et s'élança sur Zelmaïde, en l'accablant de caresses, et en remuant la queue comme un chien qui retrouve sa maîtresse.

Zelmaïde l'aima à la folie, et depuis la perte de son amant, ce fut là le premier instant où sa tristesse fut un peu suspendue. Elle demanda le nom du petit chien ; on l'ignorait : l'amour lui suggéra le véritable ; elle l'appela Zulmis. A ce nom, Zulmis redoubla ses caresses, fit des efforts pour parler et ne put qu'aboyer. La nouveauté de cet événement fit verser quelques larmes à la princesse, que Zulmis s'empressa de lécher.

« Hélas ! disait souvent la tendre Zelmaïde en soupirant et en baisant son petit chien ! hélas, mon pauvre Zulmis, celui dont tu portes le nom est un infidèle qui m'a trompée, qui m'a oubliée, et que j'aime toujours. »

Ces discours étaient interrompus par des lamentations de Zulmis, qui fendirent le cœur de Zelmaïde.

— Je vois, continuait-elle, que mes malheurs et font compassion. Ah ! quelle âme serait assez dure pour n'en pas être touchée, puisque toi-même en es attendri ?

Les cris de Zulmis redoublaient, il voyait la douleur et la fidélité de sa maîtresse sans pouvoir la détromper, il adorait Zelmaïde, et maudissait la fée *Je ne sais comment.*

Dans cet instant, la reine Couleur de rose entra chez sa fille : le premier sujet de la conversation fut le petit chien ; on dit sur lui tout ce qu'on pouvait dire. Enfin, la reine parla ainsi à la princesse :

— Eh bien, ma chère fille, à quoi vous déterminez-vous ? Le génie est instruit du parti que vous avez pris : loin de vous soupçonner, il vous admire et vous aime plus que jamais; il demande à vous voir.

— Ah ! ma mère, répondit Zelmaïde, je dois vous avouer ma faiblesse : Zulmis est toujours présent à mon cœur. Je ne le reverrai plus sans doute ; mais enfin je m'y suis livrée ; tout autre objet m'est insupportable, et j'aime mieux me mettre au nombre des vierges d'Isis, et consacrer mes jours à cette déesse (car je ne puis plus lui consacrer mon cœur), que de trahir Zulmis et tromper le génie en recevant sa main.

Ici le petit chien recommença ses plaintes, et le génie Épais parut accompagné du Vénérable.

Zulmis, en voyant son rival, ne put pas s'empêcher de lui mordre le gras de la jambe, ce qui le mit fort en colère, jusqu'à dire qu'il était défendu d'avoir des chiens dans des maisons de filles. Mais le modérateur prit la parole, et dit :

— Seigneur, nous les permettons aux pensionnaires.

— Et à vos vierges ? reprit le génie.

— Oh ! pour nos vierges, répondit modestement le Vénérable, ce sont mes affaires.

— Revenons aux miennes, dit le génie.

— Quoi donc ! Zelmaïde, on prétend que vous faites l'enfant, et que vous voulez rester ici : je ne puis pas vous en empêcher, mais, en vérité, vous ne savez pas ce que vous perdez.

— Je m'en doute à peu près, Seigneur, répondit la princesse, mais mon parti est pris.

— Oh ! pour cela, Madame, dit le génie Épais à la

reine, je n'ai jamais vu de vertu comme celle-là ! Je manque là une bonne affaire, et je tomberai peut-être sur quelque jolie princesse qui me jouera quelque vilain tour. Cela se pourrait au moins, et quoique je ne sois pas un sot... enfin, je ne serais pas le premier ; cependant je vais encore essayer de persuader Zelmaïde.

En conséquence, il continua ainsi :

— A propos, princesse, savez-vous que quand vous serez vierge, vous ne pourrez plus avoir votre chien ?

— Je le donnerai à une pensionnaire, dit la princesse, et du moins je le verrai toujours.

Zulmis aussitôt lécha Zelmaïde ; la reine éternua, il fit la révérence ; le Vénérable laissa tomber son mouchoir, il le rapporta ; le génie voulut le caresser, il lui montra les dents.

— Mais il est vrai, dit-il, que ce petit chien-là est joli, il ne lui manque que la parole.

La visite dura encore une heure sans que Zelmaïde fût persuadée ; il fut même décidé qu'elle prendrait le voile un mois après. Cela fit une grande nouvelle dans le temple ; le petit chien continua d'être un bien plus grand événement. Chaque vierge lui donnait des dragées, des biscuits et des gimblettes, on ne s'entretenait que de lui.

Ah ! qu'on voit de jolies choses quand on est chien ! Ne le serai-je jamais quand je deviendrai vieux ?

Zulmis avait si bien gagné l'affection de toute la maison, que chaque vierge le demandait à la princesse pour un jour. On en vint jusqu'à le demander pour une nuit. Zelmaïde n'avait pas la force de le refuser. Voilà donc Zulmis passant tour à tour dans tous les lits des vierges. Ce fut alors qu'il fut bien surpris, en voyant qu'il y était toujours en troisième.

Enfin, Zulmis remarqua que toutes ces vierges-là, passé quinze ans, se faisaient appeler ainsi comme on se fait souvent appeler Monsieur le Marquis. Je ne sais s'il en fit part aux autres chiens de la maison, qui l'ont rendu aux autres par tradition ; mais depuis ce temps, aucun chien ne veut sauter pour les pucelles de quinze ans.

Zulmis se rappelait le songe qu'il avait fait, et le voyait accompli : sa maîtresse l'avait traité comme un chien, et il avait couché avec plusieurs beautés sans en être plus heureux. Cependant, le lendemain était le jour que Zelmaïde devait faire ses vœux : Zulmis résolut de troubler la cérémonie à quelque prix que ce fût. En effet, ce triste moment arriva. Toutes les vierges étaient assemblées dans le Temple, la reine était venue en fondant en larmes voir le sacrifice de sa chère Zelmaïde. Cette princesse charmante était parée comme une victime ; elle avait mis ses habits les plus éclatants, pour s'en dépouiller un instant après, et se plonger dans un deuil éternel. Elle versa quelques pleurs en sortant de sa chambre avec sa mère et son cher petit chien, et dit ces mots entrecoupés de sanglots et de soupirs :

— Ma mère, vous êtes témoin de ma fidélité, Zulmis, que ne peux-tu savoir que c'est à toi que je m'immole !

Elle ignorait qu'elle lui perçait le cœur.

Elle arriva au lieu marqué pour faire les serments de son malheur. Le Vénérable l'attendait, orné de ses habits de grand-prêtre : c'était lui qui devait recevoir l'engagement. Zelmaïde allait prononcer les paroles fatales; un silence profond régnait dans le temple. Zelmaïde avait les yeux baissés; sa mère couvrait les siens d'un mouchoir, quand Zulmis sauta tout à coup au visage du Vénérable, et prit si bien ses mesures qu'il lui arracha le nez avec ses dents. Il tombe évanoui ; les vierges poussèrent des cris lamentables ; Zelmaïde demeura immobile, et la reine rit dans ce même mouchoir où elle venait de pleurer, Zulmis fut saisi, sa vie était en danger ; mais la reine le prit, l'emmena, et dit qu'elle en répondait. Cependant le chapitre s'assemble, toutes les vierges condamnèrent à mort le chien de la princesse, et dirent qu'il fallait le réclamer, et que c'étaient elles qui devaient le juger.

La princesse le regrettait, mais n'osait pas s'opposer à la sentence.

Elle devait bientôt connaître tous ses malheurs. A la fin du jour, quand toutes les vierges furent retirées, Zelmaïde aperçut vis-à-vis sa fenêtre la fée Trompeuse dans le même char qui l'avait conduite chez la fée Coquette. Elle crut qu'elle ne pouvait pas se dispenser poliment de lui demander des nouvelles de sa santé.

— O Zelmaïde ! Zelmaïde, répondit la fée, je viens vous avertir d'un crime effroyable qui est prêt à se commettre, et que vous pouvez prévenir.

— Quel est-il ? dit la princesse.

— Je sais, poursuivit la fée, que vous aimez toujours Zulmis, et je vous apprends qu'il vous adore.

— Zulmis m'adore? s'écria la princesse. En quel pays est-il ? Ah ! fée secourable, transportez-moi dans votre char...

— Il n'en est pas besoin, répliqua-t-elle. Votre petit chien, que vous avez nommé Zulmis, est Zulmis en effet ; c'est votre amant que j'ai métamorphosé ainsi pour le faire passer jusqu'à vous, et c'est lui qui sera demain égorgé à vos yeux; il ne reprendra sa figure humaine qu'en poussant son dernier soupir, et l'usage de la parole ne lui sera rendu que pour vous dire :

— Zelmaïde, je vous aime, et je meurs.

La princesse fondait en larmes à ce récit, et n'était pas loin de s'évanouir. (Elle ne s'évanouira pourtant pas, car cela gâterait tout.)

— Vous pouvez lui sauver la vie, continua la fée ; c'est en disant que vous consentez d'épouser le génie Épais.

— Hélas! dit la princesse, vous savez que ce moyen n'est pas praticable. Si j'accepte pour époux le génie Épais, il voudra me faire sortir par la porte des épreuves ; je crains que cela ne me réussisse pas, et ne serve qu'à me faire renfermer ici, sans pouvoir sauver la vie à Zulmis.

— Donnez-moi votre consentement, dit la fée, et je me charge du reste.

— Dois-je me fier à vous ? répondit Zelmaïde

— Oui, reprit la fée, je ne vous sers que pour tromper quelqu'un.

A ces mots, qui valaient mieux que sa parole d'honneur, elle disparut, et Zelmaïde envoya dire le lendemain à sa mère qu'elle avait changé de résolution, et qu'elle voulait épouser le génie Épais.

Le génie Épais, comblé de joie, vint la voir aussitôt, et lui fit ce compliment :

— Eh bien ! vous vous êtes donc ravisée ? Ma foi, vous avez fait sagement ; je voyais bien, moi, que dans le fond vous en mouriez d'envie ; mais vous n'osiez pas le dire ; voyez ce que c'est que la timidité. En vérité, vous avez une vertu qui me fait plaisir. Madame, dit-il à la prêtresse, je vous avertis que j'épouse demain la princesse, qu'elle n'est plus à vous, que par conséquent son petit chien n'est plus soumis à votre autorité, que je lui fais grâce, et qu'il ne quittera jamais sa maîtresse, car il m'importe peu que votre Vénérable ait un nez ou n'en ait point.

La prêtresse fut irritée d'apprendre ce changement ; et Zulmis fut au désespoir, en jugeant que la princesse l'avait oublié, puisqu'elle épousait le génie Épais ; mais c'était là un raisonnement de chien.

La reine tira à part le génie, et lui dit:

— Seigneur, sans doute vous ne ferez pas sortir ma fille par la porte des épreuves, ce serait l'indisposer contre vous, en faisant entendre que vous doutez de sa vertu ; et vous auriez tort assurément, car la pauvre enfant est si simple et si innocente.....

— Savez-vous bien, Madame, répondit le génie, que vous ne savez ce que vous dites ? et si vous n'étiez pas reine, je vous soutiendrais que vous raisonnez comme une cruche. Votre fille a été sage, ou ne l'a pas été : si elle l'a été, comme je le crois, elle doit me prier de la faire sortir par la porte des épreuves; et si..... vous m'entendez bien, ah ! pour lors, nous verrions beau jeu ; comme elle a toujours été ici, je brûlerais la maison, et le Vénérable n'en serait pas quitte pour son nez. »

Il fut donc arrêté que le jour suivant le génie Épais, en présence de toutes les vierges, sortirait avec Zelmaïde par la porte des épreuves. La reine n'en dormit point de la nuit, la princesse fut inquiète, mais se rassura sur la foi de la fée Trompeuse.

Jamais jour ne fut si beau que celui qui fut destiné au mariage de la princesse. Il semblait que le soleil avait pris aussi son habit de noces, et se plaisait à jeter plus de clarté, pour mieux voir de quelle façon Zelmaïde soutiendrait le passage redoutable.

Le génie ayant un habillement magnifique au lieu d'en avoir un de goût, vint prendre la princesse, accompagné d'une nombreuse suite, et la conduisit à cette porte dangereuse, qui était si haute, et qui souvent devenait si basse. Toutes les prêtresses étaient rangées aux deux côtés, la reine suivait Zelmaïde avec Zulmis entre ses bras, qui était fort inquiet de ce qui allait arriver.

La princesse tremblait : ce qui augmenta sa crainte fut d'apercevoir au delà de la porte une fée vieille et hideuse, qu'on nommait la fée Portière. Le génie Épais, sentant sa défaillance, parce qu'il était obligé de la traîner, commença à en mal augurer. Mais quelle fut sa colère en voyant le cintre se baisser et faire devant la porte une véritable barrière ! Le respect que j'ai pour un sexe que j'aime m'empêche de répéter les vilains reproches qu'il fit à Zelmaïde. Elle était déconcertée et gardait le silence, lorsque la fée Portière ouvrit son effrayante bouche, pour dire ces paroles rassurantes:

— Seigneur, c'est peut-être vous, et non Zelmaïde, qui causez cet événement.

— Ah! ah! en voici bien d'un autre, dit le génie; vous verrez que c'est ma faute si cette princesse n'est pas ce qu'elle doit être.

— Non pas, répondit la fée, mais je crois que c'est vous qui n'êtes pas ce que vous devez être. Il faut vous instruire de la loi bizarre qu'établit le génie qui enchanta cette porte. Il ordonna qu'elle se baisserait pour les filles qui n'auraient plus leurs prémices, mais il dit qu'elle produirait aussi le même effet pour les hommes qui auraient les leurs. Oserais-je vous demander si vous ne seriez pas dans le cas?

— Voyez cette vilaine, s'écria le génie, qui croit qu'avant de me marier j'ai été capable de..... Morbleu! vous me feriez dire des sottises.

— Ah! vous êtes le coupable, dit la fée.

— Comment, ventre-bleu, répliqua le génie, vous me nommez le coupable parce que j'ai toujours été sage?

Toute l'assemblée, et même la princesse, ne put s'empêcher d'éclater de rire, ce qui redoubla encore le courroux du génie.

— Il y a un moyen, dit la fée Portière, de rompre cet enchantement, c'est de me donner tout à l'heure ce que vous n'auriez pas dû conserver si longtemps.

— A vous, Madame, dit le génie?

— Oui, Seigneur, répondit-elle, ce sont là mes profits.

— J'aimerais mieux, répartit le génie, qu'on me..... Mais voyez la vilaine guenon ; s'il faut avoir la princesse à ce prix, vous pouvez la garder, j'y renonce.

Alors la fée prit l'assemblée à témoin que le génie Épais n'était pas capable de se marier, et dégagea la princesse de l'obligation de l'épouser.

— Ah! que vous me faites plaisir! s'écria la princesse.

— Oh, oh, ma belle, dit le génie tout essoufflé de rage, vous le prenez sur ce ton-là, je vais bien vous attraper ; je consens à n'être pas votre époux, mais votre destinée dépend de moi ; écoutez votre arrêt ; je ne veux pas seulement que vous demeuriez dans cette maison, je la crois trop susceptible de consolations.

— Du moins, dit la princesse, mon petit chien ne me quittera pas, vous l'avez vous-même prononcé.

— Il est vrai, répondit-il, je m'en repens à présent, mais je ne puis plus m'en dédire.

— Et ne convenez-vous pas, dit la fée, que vous perdez tout pouvoir sur la princesse, si vous la livrez à son amant?

— Eh bien! sans doute ; sur quoi cela vient-il? Elle extravague, en vérité ! continua-t-il tout en colère.

Dans cet instant, la fée Portière parut sous les traits de la fée Trompeuse.

— Génie Épais et sot, dit-elle à haute voix, connais ton rival.

Elle toucha le petit chien de sa baguette, qui reprit sa jolie figure de prince, et se jeta aux genoux de Zelmaïde. Le génie se sauva en criant : « *Ah! chien!* »

Le mariage de ces amants fut aussitôt célébré, et l'on prétend que la nuit on entendit Zelmaïde dire aussi : « *Ah! chien!* » mais d'un ton différent de celui du génie, ce qui rend vraisemblable une vieille histoire, qui assure que Zulmis et Zelmaïde vécurent heureux et eurent plusieurs enfants.

NI TROP NI TROP PEU

CONTE MORAL

LE sieur de Ratonville, dit le Bref, eut tant d'amour pour le laconisme, qu'il abrégea jusqu'à son nom, et se fit appeler Raton, ou Bref, tout court. On peut dire qu'il était né au sein de la précision. Son père était un riche négociant, toujours renfermé dans les bornes exactes du calcul, et sa mère, qui devait le jour et l'éducation à un géomètre, réglait tout au compas. Le petit Raton, dès l'enfance, ne parlait que par monosyllabes, et n'achevait jamais ses phrases; il ne lisait que des abrégés, des extraits, des précis; Bref en était un lui-même par sa taille. On le pressa de prendre un état : il n'embrassa point le parti du commerce, ni celui de la finance, par le goût si commun que les enfants ont pour la profession de leur père, et pour celle qui semble y avoir le plus de rapport : il parcourut tous les autres états. Il fut homme de robe un jour ; les formalités et l'éloquence prolixe du barreau l'impatientèrent. Il fut abbé une semaine ; le verbiage de l'école l'excéda. Il fut militaire deux mois entiers ; cet état lui parut charmant. Il y trouva d'abord, dans les procédés et dans les propos, cette aimable précision qu'on cherche en vain ailleurs, et qu'on ne rencontre que là. Il y serait demeuré, mais il fallait trop attendre pour parvenir aux premiers grades ; l'ordre vint d'ailleurs de partir pour la Westphalie ; le trajet lui parut trop long ; Bref essaya tout, et ne fut rien. Quand on a le bonheur de naître riche, on peut vivre inutile impunément. Raton jugea donc l'indépendance le parti le plus commode ; il s'y fixa : mais, du caractère dont la nature l'avait formé, il n'y put éviter l'ennui qu'il fuyait, et qu'il rencontrait partout. Il ne trouvait le point de précision nulle part.

Dans un cercle, quelqu'un contait-il la nouvelle du jour, il interrompait l'historien au milieu de son récit, en se récriant : « Trop long ! »

Dans un souper, servait-on l'entremets, il se levait brusquement de table, en répétant toujours : « Trop long. »

A la comédie, il ne restait qu'à la petite pièce, ou qu'au cinquième acte de la grande ; le débit lent de la tragédie le désolait ; à peine l'acteur avait-il prononcé dix vers de suite, que Raton sortait du théâtre en murmurant tout haut : « Trop long, vingt fois trop long ! »

A l'Opéra, il n'entendait jamais que le dernier aïr,

et à chaque reprise, il chantait constamment : « Trop long. »

C'était son refrain.

Un mardi il entra au parterre ; il eut, pour la première fois, la patience de voir un ballet entier : mais comme il était petit et précis en tout, il trouvait tous les spectateurs trop grands, et toutes les danses trop longues. Dès qu'un voisin lui masquait la vue d'une danseuse qu'il lorgnait, il répétait sans cesse :

— Trop grand ! morbleu, trop grand !

Et chaque fois que l'on recommençait le même pas, il criait impitoyablement :

— Trop long, encore un coup, trop long !

Un grand officier de dragons, qui était auprès de lui, impatienté de ses exclamations, lui répliqua en colère :

— Trop grand, trop long, finissez ; quand on a le corps si petit et l'esprit si court, on doit se taire ou se tenir tapi dans sa boîte.

Raton, qui était aussi brave que concis, lui dit tout bas : « Sortons. »

Il partit en même temps et fut suivi de l'officier. Dans la première rue, il mit l'épée à la main ; mais, par malheur, il avait le bras trop court pour atteindre son adversaire, dont le fer, proportionné à la longueur de sa taille, le renversa du premier coup. Raton, en tombant, s'écria : « Trop long ! »

On le remporta chez lui. La blessure était peu dangereuse ; mais le chirurgien eut l'art de la rendre longue, et de désespérer notre petit homme, qui ne cessait de lui crier son refrain. Il guérit enfin au bout de six semaines. Dès qu'il fut parfaitement rétabli, il lui prit fantaisie de se marier : le choix était plus difficile pour lui que pour un autre ; quoique petit, il n'aimait pas les grandes femmes ; il en voulait une dont la taille, ainsi que l'humeur, fût assortie à la sienne, qui parlât peu, mais juste, et qui fût précise à tous égards comme lui. Pour la trouver telle plus sûrement, après plusieurs vaines recherches, il fit choix d'une jeune personne de seize ans, qu'on pouvait appeler une vraie miniature : faite à peindre dans sa brièveté, et jolie, faute d'étoffe pour être belle ; elle y gagnait, elle en était plus piquante, elle en avait plus de grâces ; ses yeux, pleins d'esprit, en cachaient la moitié par modestie, et sa bouche, encore plus réservée, ne répondait que oui et non, mais toujours à propos ; cela lui seyait. Elle était dans l'âge du silence, où l'on doit écouter pour apprendre ; un souris fin d'ailleurs suppléait à sa réserve. Raton crut avoir rencontré, comme l'on dit familièrement, chaussure à son pied ; mais il n'y trouva pas la précision qu'il attendait, ni la conformité d'esprit dont il s'était flatté. Chloé développa ses sentiments. Il vit avec douleur qu'ils formaient un parfait contraste avec les siens. Raton ou Bref (on lui donnait les deux noms indifféremment) examinait tous les objets avec un microscope qui les lui grossissait, et Chloé les regardait, au contraire, à travers un verre qui les lui rapetissait, de sorte que l'un voyait tout trop long ou trop grand, et que l'autre voyait tout trop court ou trop petit. Bref aimait les petits soupers, les courtes fêtes, les petits chiens, les petits serins, les coureurs. Chloé préférait les grands repas, les longs bals, les gros perroquets, les grands lévriers, les grands laquais ; elle avait en ce point le goût des femmes de sa taille. A force de passer les nuits, elle devint vaporeuse ; elle eut recours à un grand jeune médecin fait exprès pour guérir les vapeurs des jeunes mariées ; il s'exprimait avec une facilité et une abondance de termes qui faisaient extasier la femme et mourir son mari. Chloé avait une inclination marquée pour la grande éloquence, pour les périodes nombreuses, et Bref une aversion mortelle pour les phrases. L'entretien du médecin orateur occasionnait toujours entre eux un duo contradictoire. A chaque propos du docteur, Raton :

— Eh ! trop long, Monsieur, trop long de moitié ! Abrégez.

— Non, trop court, Monsieur, disait-elle, trop court des trois quarts ! Plus vous allongerez, plus j'aurai de plaisir.

Le bouillant petit homme ne put soutenir la contradiction éternelle de sa femme ; il s'en sépara brusquement et l'abandonna à l'éloquence verbeuse de son Galien. Dans le besoin de se consoler ou de s'étourdir, il effleura la connaissance de toutes les filles de spectacle ; en parcourant leur cercle séducteur, il fixa un jour ses regards sur une petite danseuse qui formait ses pas avec une précision admirable, qui parlait et qui se conduisait de même. La jeune Souris avait appris à calculer sa danse et ses allures dans la finance, dont elle avait mis les chefs successivement à contribution ; mais, malgré la justesse de ses calculs, elle avait des goûts et des fantaisies sans nombre qui la rendaient souvent pauvre au sein de l'opulence. Raton la prit dans un de ces moments fâcheux qui la laissaient libre, mais indigente ; il en devint amoureux fou et crut avoir trouvé un vrai bijou pour lui : elle crut de son côté avoir rencontré un petit trésor pour elle. Leur union fut d'abord parfaite ; tout paraissait conforme en eux, leur taille, leur caractère, leur nom même : Souris était faite pour Raton et Raton fait pour Souris ; elle ne ressemblait point à celles dont tout le talent, dont toutes les saillies sont dans le brillant de leurs pas ; une loure, un menuet, un tambourin, font leur conversation, et trois entrechats leurs épigrammes. Souris pensait, elle avait de l'esprit, elle l'aimait, l'applaudissait dans les autres. Elle avait pris en affection un petit abbé qui faisait de petits jolis vers ; elle l'engagea à rimer un opéra ; il en fit un en cinq actes : elle présenta l'auteur et le poème à son nouvel amant, qui fit politesse à l'abbé par vanité ; car il avait la manie des gens riches de s'ériger en petit Mécène. Il le protégea donc ; mais en jetant les yeux sur son poème, il le trouva quatre fois trop long et condamna l'auteur à le mettre en un acte. L'abbé, surpris de l'arrêt, lui représenta que c'était un opéra sérieux qui demandait cinq actes ; Bref lui dit que la précision n'en voulait qu'un : l'auteur insista, Raton s'obstina ; les petits hommes sont têtus. Pour les mettre d'accord, Souris se rendit médiatrice et opina pour trois. Bref y souscrivit, mais à condition que chaque acte n'aurait au plus que deux scènes pour amener un ballet et que tout l'ouvrage ne contiendrait que soixante vers.

— Eh! le moyen? interrompit l'auteur effrayé.

— Le voici, répondit Bref.

En disant cela il, prend une plume, et crac, il fait main basse inhumainement sur plus de six cents vers.

— Arrêtez, Monsieur, s'écria douloureusement l'abbé les larmes aux yeux; arrêtez, vous me déchirez les entrailles; brûlez plutôt mon enfant que de le mettre ainsi cruellement en pièces; tout ou rien.

— Rien, répliqua méchamment le petit homme en jetant le poème au feu.

L'auteur fit les hauts cris; la danseuse riait comme une folle, et Raton s'applaudissait: cependant, comme il était foncièrement bon, il eut pitié de l'abbé, et, pour le dédommager, il lui fit une pension de quinze cents livres dont chaque quartier lui fut payé d'avance. Cette scène singulière que la pièce avait occasionnée fut la meilleure pour l'auteur qu'elle mit presque à son aise et qu'elle guérit de la fureur des grands ouvrages. Il se renferma sagement dans le cercle étroit de son talent, et pour mieux faire sa cour, il ne fit plus que des chansons, de petits airs détachés, des bouquets et des madrigaux. Le protégé se rendit par là très agréable au protecteur qui redoubla ses bienfaits.

La maison de Souris et de Raton (car ils vivaient ensemble) devint l'asile de tous les plaisirs en raccourci; on y donnait des fêtes courtes et charmantes, dont elle était la reine; et des petites soupers délicieux, dont elle faisait tout le charme. Ils étaient accompagnés de mille petits jeux variés, que l'aimable gaieté faisait naître, que la bonne plaisanterie assaisonnait, et dont l'esprit était le premier à faire toujours les frais. Un bon mot suivait une saillie qui finissait par un trait, et, ce qui flattait le plus le maître du logis, on y contait l'histoire du moment en trois minutes. Enfin le cher petit Raton était idolâtre de sa jolie petite Souris, et croyait avoir saisi son vrai bonheur, le point de précision qu'il désirait. Cette félicité dura trois mois, et finit aussi rapidement qu'elle avait commencé. Une affaire importante appela Raton ailleurs. L'amour impatient la lui fit gâter ; il le consulta plus que ses intérêts, et sacrifia cent mille francs au désir de revoir ce qu'il aimait huit jours plus tôt. Il en fut bien payé : en arrivant, il trouva la Souris délogée ; il ne restait chez lui que les quatre murs, avec ce billet qu'il trouva sur l'unique table qu'on y avait laissée :

« Je vous quitte pour des raisons trop longues à dire ; bref, j'emporte tout pour être mieux dans votre souvenir : vous voulez de la précision, en voilà. »

« Ah ! la scélérate, s'écria-t-il ! mais dois-je en être surpris ? toutes ces souris-là sont faites pour ronger et pour détruire tous les lieux où elles s'établissent. » Il eut beau s'armer de philosophie, ce coup fit sur tous ses sens une révolution si forte que la fièvre le prit ; les remèdes l'augmentèrent, l'impatience l'attisa. Le médecin, la garde, et, qui pis est, sa femme, dont la visite lui causa le transport, se donnèrent tous le mot pour le réduire à l'agonie : on vint alors l'exhorter à la mort par un discours très édifiant, mais dont la prolixité l'acheva. Le pauvre petit Raton rendit le dernier soupir, en proférant trois fois : « Trop long, trop long, trop long ! »

Chloé suivit Raton de près. Il expira d'impatience, elle mourut de langueur ; les deux extrémités sont mortelles. La passion du trop emporta la femme au delà du vrai point de précision ; et l'amour du trop peu retint le mari toujours en deçà : ce point est le point moyen ; et qui veut le saisir doit adopter pour maxime : Ni trop, ni trop peu.

LES A-PROPOS

CONTE

LES A-PROPOS

CONTE

Les à-propos sont aussi rares que les mal-à-propos sont fréquents ; le choix des sociétés, les liaisons d'amitié, les moyens d'éviter l'ennui, les parties de plaisir, les projets de fortune ou de bonheur, la fureur de l'esprit, les discours que l'on tient, les choses que l'on fait, sont des mal-à-propos. Les mariages sont les premiers de tous ; et l'amour, qui est quelquefois un à-propos si joli, est presque toujours le contraire, par la façon dont on le mène.

Je ne connais que les gens bornés qui savent saisir les à-propos. Dans cent personnes qui s'élèvent, il y en a quatre-vingts de médiocres ; je ne finirais point, si je voulais rapporter tous les mal-à-propos du monde ; je me contenterai d'en donner un extrait par l'histoire qui suit.

HISTOIRE DES DEUX FRÈRES

Mlle de Vierville était une héritière de Normandie : on l'éleva dans un couvent de Rouen ; on ne contraria point ses volontés, on ne rompit point son humeur ; son caractère prit tel pli que la nature voulut lui donner, et la nature les donne souvent mauvais ; les religieuses auraient craint de manquer d'égards pour sa naissance, si elles lui avaient fait la moindre représentation. Cette crainte était aussi fondée que si l'on s'abstenait, par respect, de ratisser la grande allée des Tuileries, parce que c'est un jardin royal.

Mlle de Vierville était très sensée ; mais, grâce à son éducation, elle devint la plus impertinente de toutes les créatures ; elle le savait elle-même et ne put pas s'en corriger. On la maria avec M. de Sermanville, président du parlement de..... C'était un homme qui de sa vie n'avait dit ni fait rien à propos. Il n'avait de l'esprit qu'un quart d'heure après qu'il aurait dû en avoir ; il était né railleur, et c'était toujours tant pis pour lui ; il savait attaquer, et ne savait pas parer ; il portait une épée, et jamais de bouclier. Essuyait-il une repartie sanglante, il demeurait muet ; mais un quart d'heure après que la conversation était changée, il l'interrompait, pour dire :

— Monsieur, voici ce que j'aurais dû vous répliquer.

Tel qu'il était, il épousa Mlle de Vierville ; mais trois mois après son mariage, il lui dit :

— Madame, je n'aurais pas dû vous épouser.

Elle était tendre et vive ; il était froid et jaloux : voilà une belle sympathie. Il la renferma avec soin ; elle n'eut point d'enfants ; il consulta des médecins qui assurèrent que la vie sédentaire de Mme la présidente nuisait à sa postérité ; il lui laissa voir tous ses amis, elle eut une fille et un garçon.

M. de Sermanville fut obligé d'aller passer une année entière en Bretagne, pour remettre en ordre des terres dont les maisons étaient inhabitables. Mme de Sermanville resta à Rouen. Le président revint sur les ailes de l'amour ; il la mena dans le monde : la dissipation lui réussit si bien, que cinq mois après elle accoucha d'un beau gros garçon. Je crois qu'on peut accoucher plus à propos.

C'était une belle occasion de se fâcher ; M. de Sermanville la laissa échapper ; il ne dit rien à sa femme ; mais, en récompense, il lui fit le soir une sortie pour avoir cassé une tasse de Saxe : il n'avait pas si grand tort. Une femme a beau être fragile, elle reste toujours à son mari ; il n'en est pas de même d'un vase de porcelaine. Mme de Sermanville se régla là-dessus, et prit dans la suite bien plus garde à ses tasses qu'à sa conduite.

Ses deux fils devinrent en âge d'être dans le monde, et sa fille d'être mariée. M. le président essaya, à cette occasion, de raisonner avec Mme la présidente: elle lui coupa la parole, et fit bien.

— Monsieur, lui dit-elle, je n'ai aucune vue sur l'état que doivent embrasser mes enfants ; je m'en rapporte à eux pour s'examiner et se juger. Ils iront à Paris ; s'ils sont dignes de s'y faire des amis, ils seront bien conduits, je n'en serai pas inquiète ; ils ne le mériteraient pas. A l'égard de ma fille, elle a quinze ans ; je ne l'ai pas mise au couvent, on l'aurait élevée comme moi ; je ne la garderai point dans ma maison, elle s'y ennuierait ; l'ennui dessèche le cœur ; la contrainte qu'inspire la présence d'une mère, l'habitude de la voir, nuisent aux sentiments qu'on lui doit. Il faut que les enfants apprennent à désirer leurs parents, et qu'ils envisagent comme une récompense, plutôt que comme un devoir, l'obligation de les rejoindre.

— En vérité, Madame la présidente, dit M. le président, savez-vous que, pour être ma femme, vous raisonnez fort bien ? Mes garçons étant à Paris apprendront à parler français, et ma fille à l'entendre : et voyez-vous, tenez, cela me fait plaisir ; je regarde cette affaire-là comme l'essentiel ; c'est à quoi je me suis attaché. Croyez-vous que je me soucie qu'ils fassent fortune ? On ne pourra pas du moins leur ôter leur noblesse ; j'ai tous les titres dans mon *armoire* du côté du *corridor ;* je les ai encore lus la *veille* de Noël : il y en avait un très important qui me manquait ; mais je l'ai trouvé *avant-hier.* Ainsi, vous voyez, madame, que vous faites bien d'envoyer vos enfants à Paris. L'aîné a de l'esprit, c'est un garçon capable de faire un grand chemin. Pour ce qui est du cadet, il ne sait pas trop son *pain manger.* Je crois cependant qu'il saurait occuper un poste comme un autre, s'il avait un bon secrétaire. Je ne dis rien de votre fille, c'est une dégourdie ; mais laissez faire, dans ce pays-là elle trouvera à qui parler. Tenez, Madame la présidente, vous prenez un bon parti, et, en vérité, vous vous conduisez comme ma femme.

— Et vous, Monsieur, répliqua-t-elle, vous parlez comme mon mari. Tout cela est à sa place.

Trois jours après, elle mena elle-même ses enfants à Paris ; elle y choisit un logement pour ses deux garçons et confia sa fille à Mme de Nisey. C'était une femme de ses amies, dont elle était sûre. Elle fit quelque séjour chez elle ; mais elle s'y trouva déplacée, et tous ceux qui la virent en pensèrent de même. Paris n'est fait que pour ceux qui y vivent ; il commence par étonner et finit par ennuyer ceux qui y passent.

Mme de Sermanville, accoutumée, dans sa province, à recevoir les respects de la petite noblesse et les soupers des conseillers, fut humiliée de se voir réduite à de si simples égards. Elle se trouva confondue avec les autres et fut forcée d'être polie comme une femme de qualité qui n'est pas en habit de cour. Elle retourna dans ses terres où elle trouva M. le président, qui avait tout fait mal à propos.

Mlle de Sermanville gagna d'abord l'amitié de Mme de Nisey. C'était une femme jeune, jolie et sensée; sans être coquette, elle avait envie de plaire; elle faisait l'amusement de ses sociétés, et ne faisait le bonheur de personne. Son fils était borné; mais, sentant son peu d'esprit, il était du moins circonspect, attentif et modeste. Les deux Sermanville, en venant voir leur sœur, firent connaissance avec la mère et le fils. Le marquis de Sermanville résolut d'avoir Mme de Nisey, sans en être amoureux. Le chevalier en devint éperdu sans le savoir, et fut tout entrepris dès qu'il s'en aperçut. Le marquis dit un jour au fils :

— Monsieur de Nisey, je suis tenté d'avoir votre mère.

— Monsieur, lui répondit-il, vous lui ferez bien de l'honneur.

Le marquis fit un grand éclat de rire et s'en alla. Le jeune Nisey alla trouver le chevalier de Sermanville.

— Votre frère, lui dit-il, veut avoir ma mère; qu'est-ce que cela veut dire ?

— Je n'en sais rien, répliqua le chevalier.

Mme de Nisey survint avec Mlle de Sermanville.

— Ah ! ma mère, s'écria son fils, le chevalier et moi sommes dans un grand embarras; son frère prétend vous avoir, et nous ne savons pas ce que cela signifie.

— Vous êtes un nigaud, repartit-elle; allez-vous-en.

Nisey obéit. Le chevalier, qui s'était appliqué la moitié du compliment, le suivit, en jetant sur Mme de Nisey des regards où la passion et le respect étaient écrits. Mme de Nisey en fut émue. Le trouble du chevalier et son silence étaient un à-propos.

Mlle de Sermanville ne se vit pas plus tôt seule avec son amie qu'elle fit cette question :

— Madame, oserais-je vous demander ce que c'est que d'avoir quelqu'un ?

Mme de Nisey balbutia quelques paroles mal articulées.

— Je ne vous entends point, dit Mlle de Sermanville, je veux absolument savoir ce que mon frère prétend quand il dit qu'il veut vous avoir.

— Il entend, reprit Mme de Nisey, il entend..... qu'il voudrait m'épouser.

— Oh ! vraiment oui, répartit Mlle de Sermanville ; je suis bien bête de n'avoir pas compris cela d'abord.

Le marquis entra ; sa sœur lui cria du plus loin qu'elle l'aperçut :

— Mon frère, je veux absolument que vous ayez Mme de Nisey ; oui, vous l'aurez, je vous le promets.

— Je vous rends grâces, ma sœur, dit le marquis d'un ton fat ; vous êtes bien obligeante, et vous commencez à l'être de fort bonne heure ; Mme de Nisey y aura égard, je pense. Mme de Riqueville se jette à ma tête ; il ne tient qu'à moi de l'avoir ; mais les avantages et les inconvénients bien pesés, bien examinés, Mme de Nisey me convient mieux. Cette madame de Riqueville a un mari, et c'est toujours un mal-à-propos pour une femme.

— Me voilà retombée dans la perplexité, reprit Mlle de Sermanville ; Madame, vous prétendez que d'avoir quelqu'un, c'est l'épouser ; Mme de Riqueville est mariée, et mon frère assure qu'il ne tient qu'à lui de l'avoir ; comment cela se peut-il faire?

— Eh! mais, mais, interrompit le marquis, qu'est-ce que toutes ces dissertations-là ?

— Monsieur, lui repartit Mme de Nisey, c'est que vous ne dites et ne faites rien à propos; et vous m'obligerez de ne plus revenir ici.

Le marquis, sans être déconcerté, sortit en ricanant, en répétant :

— Je l'aurai, ma sœur, fiez-vous-en à moi, je l'aurai.

Mme de Nisey, pour esquiver les questions, se retira dans son appartement. Mlle de Sermanville prit le même parti : l'une rêva à ce qu'elle savait ; l'autre tenta de deviner ce qu'elle ignorait.

Le marquis fit part au chevalier de son exclusion. Le chevalier, pénétré de chagrin, crut qu'il était enveloppé dans la même disgrâce et n'eut rien de plus pressé que d'écrire cette lettre à Mme de Nisey.

« Mon frère vient de me faire part, Madame, de
« son imprudence ; je vous prie d'être persuadée que
« je n'y entre pour rien. Ne me privez pas de l'hon-
« neur de vous faire ma cour : je vous donne ma pa-
« role de ne jamais vous avoir. »

« Oh ! pour cela, s'écria-t-elle, voilà deux frères insoutenables; l'un est trop fat, l'autre est trop sot. »

Elle lui défendit sa maison comme à son aîné. Cette

conduite dut leur prouver que les contraires ne sont pas toujours des à-propos.

Le marquis et le chevalier résolurent d'aller à la cour. Le marquis ne cessait pas de parler; le chevalier, timide, gauche, emprunté, ne savait que dire. L'un parut bavard, l'autre passa pour un homme fin. A la cour, on soupçonne des vues à tout et quelquefois l'imbécillité y passe pour adresse. Le silence est le grand à-propos de ce pays-là.

Mme de Venal, une de ces femmes qui sont à l'affût des jeunes gens qui débutent, jugea que le chevalier était un à-propos pour elle. Elle l'engagea à la venir voir. Le chevalier s'y rendit; la conversation était intéressante; les à-propos se liaient ensemble fort naturellement, lorsqu'on annonça le marquis.

— Oh! Monsieur, s'écria Mme Venal, vous venez à contre-temps.

Le marquis en rit, et le chevalier se retira. Le marquis ne parla que par épigrammes; ce n'était pas là l'à-propos favori de Mme de Venal; il lui parut insupportable : un homme qui n'a que de l'esprit n'est pas fait pour doubler un homme qui n'a que du sentiment. Le marquis s'en alla, mais il revint le lendemain : il crut qu'il n'avait pas réussi par manque de témérité; il fut entreprenant, sans que cela fût amené. Mme de Venal s'en offensa; son amour-proper lui donnait quelquefois des moments de vertu. Le chevalier arriva.

— Chevalier, lui dit-elle, vous venez bien à propos.

Le marquis sortit humilié. Mme de Venal crut qu'il était à propos de ramener la conversation du jour précédent ; et l'on prétend qu'elle trouva beaucoup de bons sens au chevalier.

Le marquis devint ambitieux ; il alla chez les gens en place ; il y fit un trop grand étalage de ce qu'il savait ; il avait des connaissances, mais il lui manquait la plus essentielle de toutes, c'était de cacher la moitié de son esprit. On ne plaît à ceux dont on a besoin qu'en se tenant toujours en deçà de ce qu'ils sont. La modestie est l'adresse la plus sûre pour faire son chemin ; le chevalier en fit l'épreuve ; bien inférieur à son frère pour les lumières et le génie, il se défiait toujours de lui-même, et ne parlait jamais que comme un homme qui cherche plutôt à proposer des doutes qu'à avancer des principes. Ce qu'il savait, il paraissait le tenir de ceux avec lesquels il s'entretenait ; cela flattait leur vanité. Le chevalier obtint un poste de confiance, eut des amis, du crédit et de la considération. Le marquis, quoique homme capable, ne fut pas employé ; il ne vécut à la cour que pour y avoir des femmes dont personne ne voulait plus. Il prit le parti de retourner dans sa province ; il y joua le rôle déplacé de gentilhomme oisif, nouvelliste et frondeur. Le chevalier, dans un voyage de Paris, trouva sa sœur Mme de Nisey ; elle fut charmée de la façon dont il s'était formé ; elle vit bien cependant qu'il n'avait pas d'esprit ; mais, pour s'en apercevoir, il fallait de la pénétration. Le chevalier avait acquis une facilité à s'exprimer qui mettait en défaut sur son peu de fonds. Ce qu'il disait, ce qu'il faisait, était toujours à propos. Les louanges qu'il donnait étaient mesurées et vraisemblables; ses politesses ressemblaient à des offres d'obliger et lorsqu'il offrait ses services, c'était avec un air de sensibilité qui touchait au lieu d'humilier. Voilà ce qu'on apprend à la cour ; la science des à-propos, l'art de les bien saisir ne se trouvent que là ; c'est à tort que l'on crie contre ceux qui l'habitent ; les vertus y sont adorées et l'on y donne aux défauts une forme douce qui tend au bien de la société. Le chevalier parut charmant aux yeux de Mme de Nisey. Il était riche des bienfaits de la cour, mais c'était toujours un cadet de Normandie. Mme de Nisey crut ne pouvoir mieux faire que de lui donner sa main ; elle unit son fils avec Mlle de Sermanville, et ces deux mariages réussirent. Le chevalier fit éprouver à Mme de Nisey que de la douceur dans le caractère, de la recherche dans les égards, de la suite dans l'amitié, de la délicatesse dans l'amour, tiennent à l'honnête homme; et que l'exacte probité est l'à-propos de toute la vie.

ANECDOTES LITTÉRAIRES

BOURDALOUE

Il parut à Paris avec tant d'éclat que Louis XIV voulut l'entendre. Le Roi en fut si content qu'il l'envoya à Montpellier ; et la station qu'il y prêcha convertit plus de protestants que les exécutions de Basville. Le Roi lui dit un jour : « Mon père, vous devez être content de moi, Madame de Montespan est à Clagny. — Oui, Sire, répondit Bourdaloue, mais Dieu serait plus satisfait si Clagny était à soixante-dix lieues de Versailles. » Madame de Maintenon voulut le choisir pour directeur. Il n'y consentit qu'à condition qu'il ne lui donnerait qu'un jour par an. C'est ainsi qu'il traitait en grand homme une fonction dont tant d'autres ne font qu'un métier. Le P. d'Arcy, jésuite, disait : « Quand le P. Bourdaloue prêchait à

Rouen, les artisans quittaient leurs boutiques; les marchands leur commerce, les avocats le Palais, et les médecins leurs malades; j'y prêchai l'année d'après, je remis tout dans l'ordre. »

Une dame de la cour, se confessant au P. Bourdaloue, lui demanda s'il y avait bien du mal d'aller aux spectacles et de lire des romans: « C'est à vous à me le dire, Madame, » lui répondit le père.

MASSILLON

Massillon était né en Provence, et fut un des plus grands ornements de l'Oratoire. Après le premier Avent qu'il prêcha à Versailles, le Roi lui dit: « Mon père, j'ai entendu plusieurs grands orateurs dont j'ai été fort content; mais toutes les fois que vous m'avez prêché, j'ai été fort mécontent de moi-même. » En 1717, il fut fait évêque de Clermont; le petit carême qu'il prêcha devant Louis XV est regardé comme un chef-d'œuvre. Il cessa d'être prédicateur sitôt qu'il fut successeur des apôtres.

L'ABBÉ DE SAINT-PIERRE

L'ABBÉ DE SAINT-PIERRE, d'une famille noble de Normandie, se distingua par la singularité de ses écrits et de sa conduite. Le cardinal Du Bois, en parlant de ses ouvrages, disait que c'étaient les rêves d'un homme de bien (son Éminence ne devait pas être sujette à en faire de semblables). L'abbé de Saint-Pierre était grand partisan de la populace ; entouré de cent petits laquais, c'était un père de famille. Il poussa ses vues de citoyen jusqu'à composer un chapitre pour traiter des moyens dont on pourrait se servir pour rendre un duc utile à l'État.

L'ABBÉ COYER

Il a commencé par donner des frivolités, telles que *l'Année merveilleuse*, le *Voyage de l'Amiral Andson dans l'Isle frivole* : cela lui a valu de l'argent. Il a composé *la Noblesse commerçante* : cela lui a fait quelque réputation. Il a donné *l'Histoire de Sobieski* : cela lui a valu la Bastille. Ensuite il a voyagé, et est revenu, et ferait bien de repartir.

MADAME DE FOUQUET

Recueil de remèdes faciles et domestiques.

La mère du surintendant Fouquet était Marie de Maupeou, dame d'une piété et d'une charité singulière et éminente. Elle mourut en 1681, âgée de quatre-vingt-onze ans, regrettée de tout le monde et particulièrement des pauvres, qui la nommaient leur mère ; lorsqu'elle apprit la disgrâce du surintendant, elle dit tout haut, en joignant les mains : « Seigneur, il y avait longtemps que je vous demandais cela pour son salut. »

MADAME DACIER

C'était une des plus savantes personnes de son siècle. La reine Christine l'honora de ses bontés, et MM. Bossuet et de Montauzier de leur estime. Devenue catholique avec son époux, elle éprouva la générosité de Louis XIV. Sa dispute avec M. de La Motte, sur les anciens, ne lui fit pas honneur : elle le conbattit avec la rudesse d'un savant ; La Mottte lui répondit avec l'élégance et les grâces d'une femme aimable.

DESPRÉAUX

C'ÉTAIT, sans contredit, le poète le plus sensé qu'ait eu la France. Son *Art poétique* et son *Lutrin* passeront à la postérité la plus reculée. Il était riche des trésors d'Horace et de Juvénal, qu'il avait l'art de fondre dans ses ouvrages. Ce n'était pas un homme de bonne foi, et son amour-propre excessif le rendit insupportable. Le vieux Falconet m'a conté plusieurs fois qu'un jour il l'alla voir à sa maison d'Auteuil. On parla des génies de la France : « Je n'en connais que trois, s'écria-t-il : Corneille, Molière... — Sans doute Racine est le troisième? repartit Falconet. — Racine, répliqua Despréaux avec humeur, n'est qu'un bel-esprit à qui j'ai appris à faire difficilement des vers : le troisième est moi. »

ROUSSEAU

IL n'était ni aussi grand poète, ni aussi malhonnête homme qu'on le dit. Il est prouvé qu'il n'est point l'auteur des fameux couplets dont il fut le martyr, et l'on commence à convenir que dans ses *Odes* il y a des vers durs et obscurs. Il échoua toujours dans les pièces de théâtre. Il fit, en 1738, un voyage clandestin à Paris. Le procureur général lui fit savoir qu'il voulait bien l'ignorer, mais que l'air de la Seine ne valait rien. Son crime le plus réel et le plus impardonnable était d'être ennuyeux ; mais, si l'on exilait tous ceux qui le sont, le loyer des maisons diminuerait beaucoup.

L'ABBÉ DE GRÉCOURT

L'ABBÉ DE GRÉCOURT aimait passionnément une belle chapelière de la place Maubert. Cette chapelière avait l'honneur d'être janséniste forcenée ; elle prenait si vivement à cœur le parti de la grâce triomphante, de la grâce efficace, et même de la grâce nécessitante, que sa conscience la pressa d'accorder ses faveurs à l'abbé, à condition qu'il composerait quelques pièces de vers contre la Bulle et les jésuites. L'abbé fit son poème de *Philotanus*, et toucha tous les jours sa part d'auteur. La belle chapelière levait les mains et les yeux au ciel, et s'applaudissait d'avoir gagné cette âme au parti. Mais quelques années après l'abbé se prit de goût pour la femme d'un cordonnier, qui détestait le jansénisme, parce que la maison de Saint-Magloire avait ôté sa pratique à son mari. Elle exigea que l'abbé tournerait en ridicule les Arnaud, les Saint-Cyran et les Pâris. On a trouvé dans les papiers de Grécourt les fragments de ce poème. On a de lui beaucoup de contes orduriers et quelques jolies fables. C'était un homme qui avait un mauvais ton, crapuleux, et aimant encore plus le vin que les chapelières et les femmes de cordonnier.

LA FONTAINE

Il était de Château-Thierry. Il entra chez les pères de l'Oratoire, et les quitta. Il ne se doutait pas qu'il fût poète. La lecture d'une ode d'Horace développa son talent. La fameuse duchesse de Bouillon lui désignait les sujets de ses contes, et madame de la Sablière lui donna un asile chez elle. Un jour qu'elle avait chassé tous ses domestiques, elle disait : « Je n'ai gardé que mes bêtes : mon chien, mon chat, et La Fontaine. » Il était de la société de Boileau et de Racine, qui le nommaient le Bon homme ; Molière leur dit : « Le Bonhomme vivra peut-être plus longtemps que vous. » Personne n'a jamais été plus tourmenté du besoin d'aimer. Il était trop honnête pour n'être pas tendre. Ce sentiment le fit retourner à Dieu ; il mourut couvert d'un cilice.

SCARON

SCARON, fils d'un conseiller du Parlement de Paris, embrassa l'état ecclésiastique, et fut chanoine du Mans. Il devint impotent; en conséquence, il se lassa d'une profession qui ne demandait aucun exercice. Il se maria à la fameuse mademoiselle d'Aubigny, qu'il ne desservit pas mieux que son canonicat. C'est lui qui inventa le genre burlesque, et qui l'emmena avec lui. De tous ses ouvrages, il ne restera que son *Roman comique*, parce qu'il est réellement plaisant, et *Don Japhet*, parce que c'est une bonne farce. Son *Virgile travesti* n'aurait à présent aucun succès.

GRESSET

GRESSET commença par être jésuite; il quitta l'ordre, et choisit la maison de Madame la duchesse de C***, comme la véritable piscine pour se laver du levain jésuitique; c'était une belle entrée dans le monde. Il y fit sa comédie du *Méchant*, fut de l'Académie française, et, dans la réponse à la réception de M. d'Alembert, s'éleva contre les évêques et prêcha la résidence; quelques années après, il se retira à Amiens et se maria. Il fit imprimer une capucinade, pour marquer son repentir d'avoir fait des pièces de théâtre; peut-être, quand il sera rongé par la rouille de la province, il reviendra à Paris, et voudra composer des comédies, pour peindre un monde qu'il ne connaîtra plus. Il sera sifflé : cela sera une belle fin.

CORNEILLE

Il était de Rouen. Ce fut lui qui eut la gloire difficile de tirer la tragédie du *chaos* où elle était. Son génie, à l'exemple du soleil, vint dissiper les brouillards qui enveloppaient le théâtre. Il est vrai que dans plusieurs de ses pièces les brouillards reprennent le dessus. Il avait trop de force pour avoir de l'élégance, et son goût était si peu sûr, qu'il préférait Lucain à Virgile, et Sénèque le Tragique à Sophocle. Ses beautés sont dues à la grande élévation de son âme. C'était un honnête homme, incapable d'intrigues, rempli de candeur et de probité. Tandis que les lettrés employaient tout leur temps à obtenir des grâces, il perdait tout le sien à les mériter. Il devint dévot; on lui donna pour pénitence de traduire en vers français l'*Imitation*, et aux autres de la lire. Quoique l'amour ne fût jamais dans ses tragédies qu'un accessoire très faible, il avait cependant le cœur tendre. C'est à lui ce morceau, de *Psiché*, que tout le monde sait par cœur : *Je le suis, ma Psiché, de toute la Nature*. Le maréchal de Grammont disait que la tragédie d'*Othon* devait être le bréviaire des rois ; et M. de Louvois ajoutait qu'il faudrait un parterre composé de ministres, pour juger cette pièce.

THOMAS CORNEILLE

THOMAS CORNEILLE n'était pas du nombre des cadets qui ont plus d'esprit que leurs aînés. Sans son frère, il n'aurait pas eu plus de génie, mais il n'aurait pas payé les dépens de la comparaison. La distance qui était entre leurs esprits n'en mit aucune dans leurs cœurs. Ils étaient extrêmement unis. Ils logeaient ensemble. Thomas travaillait bien plus facilement que Pierre, et, quand celui-ci cherchait une rime, il levait une trape et la demandait à Thomas, qui la lui donnait aussitôt. L'un était un dictionnaire de rimes, et l'autre un dictionnaire d'idées et de raisonnements. Il est resté au théâtre trois pièces de Thomas : *Ariane, le Comte d'Essex* et *l'Inconnu*, toutes trois faiblement écrites, mais intéressantes. On a encore de lui les *Métamorphoses d'Ovide*, un *Dictionnaire universel géographique et historique;* ce qui marque qu'il avait une profonde érudition.

RACINE

Racine, né à la Ferté-Milon, fit paraître dès sa tendre enfance un génie extraordinaire. L'étude des auteurs grecs eut pour lui un attrait singulier. Retiré à Port-Royal, il s'enfonçait dans les bois, et passait des journées entières avec Sophocle, Homère et Euripide. A vingt-un ans, il donna sa *Thébaïde*, pièce très imparfaite, dans laquelle le monologue qui commence par le vers :

Dureront-ils toujours, ces ennuis si funestes ?

décela ses talents. Il devint le rival du grand Corneille; mais on ne peut lui pardonner le mépris qu'il affectait en faisant semblant de dormir à toutes les pièces du premier. Aucun poète n'a jamais mieux connu l'art des vers, et n'a écrit avec une élégance plus continuelle. Racine était un bel esprit qui connaissait la marche du cœur humain, et qui savait en mettre en jeu tous les ressorts. Voilà pourquoi il n'était pas inégal ; il était toujours lui, il avait de la force quand il le fallait ; le caractère d'Acomat, celui d'Agrippine, de Burrhus, et même de Narcisse, sont les portraits hardis d'un grand peintre. *Mithridate* est une tragédie de la plus grande beauté ; *Athalie* un chef-d'œuvre pour la pompe du spectacle et du style. De toutes les tragédies de Racine, le fameux

Arnaud n'avait lu que *Phèdre*. « Pourquoi, dit-il à l'auteur, avez-vous fait Hippolyte amoureux ? — Monsieur, répondit Racine, qu'auraient dit nos petits-maîtres ? » Il eut une vive dispute avec Messieurs du Port-Royal, qui, dans leurs ouvrages, avaient traité les poètes dramatiques d'empoisonneurs publics. Il écrivit contre eux plusieurs lettres, qui sont des chef-d'œuvre de plaisanterie et d'éloquence. Ces Messieurs sentirent la nécessité de se réconcilier avec lui. Il était historiographe de France, sans en écrire l'Histoire, parce qu'il était courtisan. Louis XIV lui faisait souvent l'honneur dangereux de l'admettre dans son cabinet, entre lui et madame de Maintenon. Un jour, cette bourgeoise reine lui demanda pourquoi personne n'allait au théâtre de l'Hôtel de Bourgogne. Racine, sans réfléchir, répondit : « Madame, c'est depuis qu'on n'y joue plus que les farces de ce cul-de-jatte. » Un silence affreux lui fit sentir sa faute. Le roi le fit retirer de son cabinet, et ne l'y fit plus rentrer. Racine, qui n'était pas encyclopédiste et n'avait pas l'honneur de mépriser les rois, tomba dans la mélancolie, se retira à Port-Royal, où il se fit enterrer, après y être mort de chagrin. M. de Roussy, l'ayant appris, dit aussitôt : « Racine n'aurait jamais fait cela de son vivant. » Il y a des bêtises qu'un homme d'esprit achèterait.

RACINE FILS

C'est de lui que M. de Voltaire a dit : petit fils d'un grand père. Il fut le premier à sentir son infériorité ; il se fit peindre, les *Œuvres* de son père à la main, et les regards fixés sur les vers de la tragédie de *Phèdre* :

Et moi, fils inconnu d'un si glorieux père.

Il composa le poème de la *Grâce* que le parti janséniste fit beaucoup valoir. Il donna ensuite le poème de la *Religion*, qui était moins relatif aux affaires du temps. Il n'est pas possible d'être plus dénué de toute espèce de grâces que l'était Racine le fils. Il avait l'air d'une grimace, et sa conversation ne démentait point sa physionomie. Je me trouvai un jour avec lui chez M. de Voltaire, qui nous lisait sa tragédie d'*Alzire;* Racine crut y reconnaître un de ses vers, et répétait toujours entre ses dents : « Ce vers-là est à moi. » Cela m'impatienta ; je m'approchai de M. de Voltaire, en lui disant : « Rendez-lui son vers, et qu'il s'en aille. »

MOLIÈRE

Molière, né à Paris, fut, sans contredit, le plus grand philosophe de son siècle. Personne n'a jamais mieux connu les ridicules, et ne les a peints avec tant de force et de vérité. Les auteurs qu'il surpassait, les originaux qu'il peignait, ses camarades qu'il enrichissait, étaient ses ennemis. Il critiquait les hommes, et sa femme les aimait ; l'un tirait sa gloire de leurs défauts, l'autre tirait son plaisir de leurs faiblesses. Molière avait des amis respectables, qui le consolaient des chagrins qu'il essuyait. Il avait des talents trop supérieurs, et s'appliquait trop à corriger les mœurs pour n'être pas le plus honnête homme. Il était ce qu'il désirait que les autres fussent. La gaieté répandue dans ses comédies n'était point dans sa conversation. Molière pensait trop pour être plaisant dans la société ; c'était un observateur qui n'allait dans le monde que pour y moissonner. Chapelle, son ami de confiance, était bien plus aimable que lui : voilà pourquoi l'envie lui faisait souvent l'honneur de lui attribuer les pièces de Molière. Mais Chapelle, avec beaucoup d'esprit et d'agrément, ne se doutait point de l'art du théâtre ; il ne connaissait ni la texture d'un drame ni la filiation des scènes, ni les différentes nuances des caractères. Comme il était fort dissipé, il rendait à Molière ce qu'il avait vu, et Molière le mettait en œuvre. Chapelle n'en était pas plus l'auteur qu'un facteur l'est des lettres qu'il apporte. Cet homme unique mourut presque subitement : on eût dit qu'il voulait enlever aux médecins l'honneur et le plaisir de le tuer.

DUFRÉNI

CHARLES DUFRÉNI, valet de chambre de Louis XIV et contrôleur de ses jardins, était né à Paris. Tous les arts semblaient le réclamer. Il avait un goût naturel pour la musique, le dessin, la peinture, la sculpture et l'architecture ; il obtint le privilège d'une manufacture de grandes glaces, qui eut un grand succès, mais qui ne l'enrichit pas. Le Roi l'aimait et ne pouvait pas le tirer de l'indigence. Il était réduit à se faire servir par une fruitière qui était vis-à-vis de ses fenêtres. Cette femme avait deux filles, l'une de treize ans, et l'autre de quatorze. La dernière vint un jour chez Dufréni, prit ses plumes et les rompit, après avoir jeté beaucoup de pâtés sur le papier. Dufréni, impatienté, lui donna le fouet, mais doucement, comme Vénus le donnait à l'Amour avec des roses ; la petite fille en rendit compte à sa mère, qui envoya la cadette chez Dufréni, pour y faire la même espièglerie : elle reçut le même traitement. La mère, très contente, assigna Dufréni pour cause de viol. L'affaire allait devenir sérieuse ; enfin on l'arrêta, avec six cents livres que Dufréni emprunta pour calmer la fruitière, qui tira plus de profit du fruit défendu que de celui qu'elle vendait. Dufréni comprit que le semblant de viol coûtait plus cher que le viol même. Un jour sa blanchisseuse vint lui présenter un mémoire ; mais, comme il n'avait pas de quoi la payer, il changea le mémoire en contrat et l'épousa. Cela le mit bien en linge blanc. Il reprocha à l'abbé Pellegrin de ce que le sien était noir. « Tout le monde, lui répliqua l'abbé, n'est pas assez heureux pour pouvoir épouser sa blanchisseuse. » Il mourut âgé de soixante-seize ans. On donne encore la plupart de ses pièces, qui toutes portent le cachet de l'originalité.

REGNARD

REGNARD, un des meilleurs poètes comiques après Molière, né comme lui à Paris, eut dès sa jeunesse un penchant décidé pour les voyages ; il commença par l'Italie, dont il admira moins les antiquités qu'une belle Provençale, pour laquelle il se prit de la passion la plus violente. S'étant embarqué sur un vaisseau anglais avec sa femme et sa maîtresse, il fut pris par un corsaire algérien, et amené à Alger avec les deux beautés, qui y passèrent fort bien leur temps, et lui fort mal le sien. Racheté par le consul français, il revint en France, sans pouvoir épouser sa belle Provençale, quoiqu'elle fût devenue veuve, et que sa femme fût morte ; il en repartit, et, pour calmer ses feux, parcourut tous les pays du Nord, et alla même en Laponie. Il revint enfin dans sa patrie, et s'y fixa. Ce fut alors qu'il composa ses comédies. Il donna *le Joueur*, et se peignit lui-même : il était possédé de la fureur du jeu. Son *Légataire universel* est une farce en cinq actes, qu'on ne se lasse point de voir. Le public fut heureux de ce que Regnard mit fin à ses voyages, et il le serait tout autant presque, si tous les poètes d'à présent prenaient le parti de commencer les leurs.

BARON

Il fut, dès sa plus tendre enfance, élevé par Molière, et beaucoup meilleur acteur que son maître, qui ne jouait que dans le comique et qui était grimacier. Le tragique fut le vrai genre de Baron ; il s'appropriait si bien l'esprit de ses rôles que dans la société même il croyait être Achille, César et Mithridate. Je crois cette fatuité nécessaire dans un homme à talent : cela montre son âme ; on doit s'en divertir dans le monde, et songer qu'on en retire le profit au théâtre. Mademoiselle Clairon serait peut-être moins bonne, si elle ne s'imaginait pas toujours être la reine de

Carthage. Baron réduisait l'art de la déclamation au ton de la conversation simple et noble. Mademoiselle Le Couvreur eut la même perfection. On est redevenu boursouflé ; cependant, quand mademoiselle Duménil n'est point dans le bas, elle est d'un naturel sublime, et le public n'applaudit tant Aufrêne que parce que la nature le guide. Baron était si fat qu'un jour il trouva très mauvais que son cocher et son laquais, aussi insolents que lui, eussent été battus par les gens du marquis de Biron. « Monsieur le Marquis, dit-il, vos gens ont battu les miens, je vous demande justice. » Ce marquis, choqué du parallèle et de cette redite perpétuelle, lui répondit : « Mon pauvre Baron, que diable veux-tu que je te dise ? Pourquoi as-tu des gens ? » Il y avait une grande dame qui était dans l'habitude de le recevoir la nuit ; il s'avisa d'y aller le jour, comme compagnie : « Monsieur Baron, lui dit-elle froidement, que venez-vous chercher ? — Mon bonnet de nuit, » répondit-il tout haut. Le P. de La Rue a donné sous son nom l'*Andrienne* et l'*Homme à bonnes fortunes*.

PIRON

C'EST, sans contredit, l'homme de la nation qui a le plus de saillies, le plus d'imagination et le moins de goût. Il sera immortel par sa fameuse ode, qui est certainement un chef-d'œuvre pour la force, l'énergie et le débordement. Son vrai talent est l'épigramme ; il en faisait une tous les matins contre l'abbé Desfontaines, et la lui envoyait très régulièrement. Malheureusement pour l'abbé, elles étaient toutes très plaisantes. Il demanda un armistice. Piron alla chez lui, et contrefit si bien le bon homme que, par ses discours insinuants, il l'amena au point de transcrire lui-même l'épigramme du matin. L'abbé s'arrêta plus d'une fois, faisant des haut-le-corps presque à chaque vers. Enfin il acheva sa tâche laborieuse, après quoi Piron alla conter l'aventure à tous ses amis. Il est le fils d'un apothicaire de Dijon, et fort pauvre. Le feu curé de Saint-Sulpice, Languet, lui disait, un jour : « Monsieur Piron, j'ai beaucoup connu votre père ; c'était un bien galant homme, je n'ai vu personne qui eût les bras aussi longs. — Ah ! Monsieur, lui répondit Piron, s'il avait eu vos mains au bout de ces bras-là, je serais plus riche. » On ferait un volume de toutes ses reparties. Il a excellé dans l'art de parodier des airs difficiles ; c'est de lui la chanson si connue :

> Vive notre vénérable abbé
> Qui siège à table
> Mieux qu'au jubé.

L'abbé Le Gendre, frère de Madame Doublet, en est le héros, et l'on peut dire qu'il en est digne. Piron travailla pour la Foire ; ensuite il enrichit le Théâtre-Français : *les Fils ingrats* ont des beautés ; *Gustave*, qui n'a nulle vraisemblance, est cependant intéressant, et *la Métromanie* est une des meilleures comédies qu'on ait faites depuis Molière. Il est étonnant qu'il l'ait écrite aussi bien, aussi élégamment, non seulement en ne connaissant point l'harmonie, mais en la niant même. Il a donné souvent du chagrin à Voltaire par ses bons mots. Après la première représentation d'*Adélaïde Du Guesclin*, qui ne vaut guère mieux aujourd'hui qu'alors, Voltaire rencontra Piron, et lui demanda ce qu'il pensait de cette pièce : « Je pense, Monsieur, lui répliqua-t-il, que vous voudriez que je l'eusse faite. » Tant qu'il a été jeune, il a été dans l'indigence, et s'en est peu soucié, parce qu'il se portait bien. Il a épousé ensuite une femme qui lui a donné du bien assez pour vivre dans l'aisance. Il est devenu veuf, et à présent il est dévot. Il a fait imprimer, cette année, la traduction du *De profundis* ; si dans l'autre monde on se connaît en vers, cet ouvrage pourrait l'empêcher d'entrer dans le ciel, comme son ode l'a empêché d'entrer à l'Académie. Il est vrai qu'il s'en est vengé par une épigramme dont on se souviendra plus longtemps qu'on ne se serait souvenu de son discours de réception.

MARMONTEL

MARMONTEL, homme qui a plus d'esprit que de talent, est né à Bort en Limousin ; il débuta par des *Odes* couronnées par les Jeux Floraux. Il vint à Paris, et fut précepteur chez des gens de finance ; ces Messieurs l'admirèrent avec étonnement, et le récompensèrent d'avoir soin de leurs enfants et de leurs femmes. Il règne en maître dans leurs maisons, et y exerce sans efforts la charge glorieuse de bel esprit de l'Hôtel des Fermes. Il commença par donner la tragédie de *Denys le Tyran*, qui eut autant de succès qu'une bonne pièce. *Aristomène* parut après, avec autant d'applaudissement. Je démêlai, malgré ses triomphes, que l'auteur était absolument incapable de faire une bonne pièce, et qu'il n'avait aucune connaissance de l'art dramatique : l'évènement m'a justifié ; il a toujours été de chute en chute. Les petites maîtresses de finances jugèrent qu'il avait du talent pour composer des opéras, parce qu'il jouit d'une santé robuste. Il donna la *Guirlande*, *Acante et Céphise*, et la *Mort d'Hercule*, qui firent regretter Cahusac. Il s'avisa de faire des contes, où il y avait des femmes faciles et des filles grosses ; il les nomma *Contes moraux*. On en trouve quatre fort jolis dans dans trois mortels volumes totalement inutiles aux gens de l'art, et absolument inintelligibles pour les jolies femmes, qui se mettaient sur les dents en s'efforçant de le comprendre. Enfin il eut la place qu'il désirait, prononça un mauvais discours de réception, et d'abord après une épître morale, où la religion et les grands n'étaient pas bien traités. Il faut avouer cependant que c'est un sujet très académique. Il est bon grammairien, sait les finesses de sa langue, discute avec autant de sagacité que de douceur, et n'af-

19

fecte point cette passion de dominer, si ordinaire aux gens de lettres de son parti.

FONTENELLE

Il était de Rouen, et porta le nom de Bernard, parce que ses parents le vouèrent à saint Bernard, et lui firent porter pendant sept ans l'habit de l'Ordre. Son père le fit avocat ; il plaida une cause, et la perdit : il renonça au barreau, comme à saint Bernard. Il composa la tragédie d'*Aspar;* elle fut sifflée : il renonça au tragique, comme au barreau. Il avait de l'esprit aux dépens du sentiment ; on le voit aisément dans son opéra de *Thétis et Pélée*, dans ses églogues et dans tous ses ouvrages. Il avait en galanterie tout ce qui lui manquait en sensibilité, et c'est ce qui le rendit également aimable pour tout le monde. Comme rien ne l'affectait, rien ne pouvait lui donner de l'humeur ; ses vertus sociales étaient dues à ce défaut. La satire glissait sur son âme : Boissy avait fait une brochure assez plate, intitulée l'*Élève de Therpsicore;* Fontenelle y était très maltraité : Boissy, ayant besoin de lui, l'alla trouver, et se confondit en repentirs et en pardons sur son petit libelle. « Consolez-vous, Monsieur, lui répondit Fontenelle, je ne l'ai pas lu, et je n'en ai entendu parler nulle part. » S'il n'était pas susceptible de haine, on l'a taxé de ne l'être guère plus d'amitié. Il passait sa vie chez madame de Tencin. Quand on lui annonça sa mort, il dit avec sa douceur ordinaire : « Hé bien, j'irai dîner chez la Geoffrin. » Une si grande indifférence pour tous les événements ménagea ses organes, et le fit vivre jusqu'à cent ans moins six semaines. Piron, qui était son voisin, se trouvant à la fenêtre quand on le portait en terre, s'écria : « Ma nièce, viens, viens voir une chose extraordinaire ; voilà le bonhomme Fontenelle qui sort de chez lui, et ce n'est pas pour aller dîner en ville. »

MADAME DESNOYERS

Elle était de Nîmes, perdit sa mère en naissant, et fut élevée dans le protestantisme. Elle embrassa ensuite la religion catholique, dont elle ne faisait aucun cas, épousa monsieur Desnoyers, qu'elle estimait autant que la religion catholique, et en conséquence écrivit tout au moins des lettres galantes.

CRÉBILLON FILS

Crébillon le père avait du génie, et point d'esprit ; son fils, au contraire, a de l'esprit, et point de génie. Ils vécurent toujours fort mal ensemble. Le fils était le premier à accréditer le bruit que c'était un Chartreux qui faisait les tragédies de son père. Un jour celui-ci, dans un accès de colère, dit : « Je ne puis pas concevoir que tu sois mon fils. — Que sait-on? dit l'autre ; c'est peut-être le Chartreux qui vous en a épargné les frais. »

Crébillon le fils ne s'est distingué que par des romans très libres et sans imagination, si on en excepte *Tenzaï et Néardané*. Il composa le *Sopha,* où il y a de l'esprit, et même de la philosophie dans quelques chapitres ; les *Égarements du cœur,* qu'il n'a point finis : ce fut Madame Staford qui, en l'épousant, les acheva, à ce qu'on dit dans le temps. Il passait pour être insolent avec les femmes, sans avoir de quoi justifier son insolence. Madame de Pompadour, toujours bienfaisante, eut pitié de son peu de fortune, et lui fit accorder, à la mort de son père, la pension de deux mille livres qu'il avait sur la cassette, ce qui lui suffit pour passer sa vie à dire du mal des femmes et des grands sur le pavé de Paris.

MADAME DE SÉVIGNÉ

MADAME DE SÉVIGNÉ est un exemple que l'amour qu'on a pour ses enfants porte aussi un bandeau. Elle aima passionnément sa fille, madame de Grignan.

Il faut en bénir Dieu, puisque cela nous a valu les lettres les plus légèrement écrites. Un jour elle entendit un *Credo* en musique ; elle s'écria tout haut : « Ah ! que cela est faux ! » et ajouta tout de suite : « C'est du chant que je parle. » Elle disait au comte de Bussy-Rabutin : « Sauvons-nous comme notre bon parent saint François de Salles ; il conduit les gens au paradis par de si beaux chemins ! »

MARIVAUX

Marivaux, né en Auvergne, fut la caricature de M. de Fontenelle ; il se fit un style à lui, dont personne n'auvrait voulu faire le sien. Il est le premier qui ait mis la métaphysique en comédies. Il connaissait le cœur humain, mais il avait le défaut d'alambiquer trop le sentiment, et d'avoir recours à des brouilleries de valet pour former le nœud de presque toutes ses pièces. Son *Spectateur français*, ouvrage périodique, eut peu de succès en France et lui fit la plus grande réputation chez les Anglais, qui pour les choses de goût sont à deux siècles de nous. Marivaux était un très honnête homme, mais incommode dans la société. On n'osait se parler bas devant lui sans qu'il ne crût que ce fût à son préjudice. J'ai éprouvé qu'il avait une fierté d'âme maladroite. Il vint un jour chez moi me confier que ses affaires n'étaient pas bonnes, et qu'il était décidé à s'envelir dans une retraite éloignée de Paris : je représentai sa situation à Mme la duchesse de Choiseul, en la priant de tâcher de lui faire avoir une pension. Elle eut la bonté d'en parler à Mme de Pompadour, qui en fut étonnée; elle faisait toucher tous les ans mille écus à Marivaux, et pour ménager sa délicatesse, et obliger sans ostentation, elle les lui faisait toucher comme venant du roi, Marivaux, voyant que j'avais découvert le mystère, me battit froid, tomba dans la mélancolie, et mourut quelques mois après.

MONSIEUR DE FÉNELON

Fénelon, l'un des plus beaux génies qu'ait produits l'Église, était du Périgord; il vint achever ses études à Paris. Il commença à prêcher à l'âge de dix-neuf ans; mais son oncle ne voulut pas qu'il continuât. Étant prêtre, il reprit la prédication, et devint supérieur des Nouvelles-Catholiques. Le roi l'envoya faire des missions en Saintonge dans le pays d'Aunis; il ne pouvait pas employer un homme qui eût l'esprit plus liant et l'âme plus douce. Il semblait que Dieu l'avait formé pour persuader; il était doué de cette éloquence attirante, si nécessaire et si rare dans un ministre qui prêche une religion de paix. Le duc de

Beauviliers, gouverneur des petits-fils de France, en fit nommer précepteur M. de Fenélon. Le Roi le nomma archevêque de Cambrai ; alors, par motif de conscience, il se démit de son abbaye et de son prieuré. On peut juger par là que, s'il était fait pour élever des princes, il ne l'était pas pour habiter la cour. Monsieur de Bossuet, qu'on regarde comme Père de l'Église, était aussi père des manœuvres de l'intrigue. Il était le plus ancien ami de M. de Fénelon ; mais comme le mérite éminent et surtout les vertus de ce dernier lui faisaient ombrage, il s'éleva contre les *Maximes des Saints*, impliqua charitablement son ami dans l'affaire de Mme Guion, et le fit exiler dans son diocèse. Dès que M. de Fénelon vit son ouvrage condamné à Rome, il monta lui-même en chaire et publia sa condamnation, à laquelle il se soumit avec une docilité d'enfant. Son *Télémaque* est un chef-d'œuvre de politique, de morale et d'agrément. M. Bossuet le trouva scandaleux, parce qu'il n'aurait pas été capable de le faire. Enfin M. de Cambrai mourut âgé de soixante-trois ans, et le parti janséniste, qui prêche toujours la charité, fit aussitôt cette épitaphe :

> Ci-gît, qui deux fois se damna,
> L'une pour Molinos, l'autre pour Molina.

MONTESQUIEU

C'EST un des hommes qui ont le plus honoré la France; il ne ressemble point aux auteurs qui tournent sans cesse dans le même cercle, et qui passent leur vie à ne faire qu'un seul ouvrage, sous vingt titres différents. Le *Temple de Gnide*, les *Lettres Persanes*, la *Décadence des Romains* et l'*Esprit des Lois*, sont tous les quatre d'un genre entièrement opposé. C'est le peintre des Grâces, un censeur fin et plaisant, un historien philosophe, et un législateur profond. Le Président de Montesquieu fut de l'Académie française pour ses *Lettres persanes*, à condition qu'il les désavouerait; et le *Temple de Gnide* lui valut de bonnes fortunes, à condition qu'il les cacherait. Il aimait beaucoup les femmes et connaissait beaucoup les hommes, par conséquent ne les estimait guère; mais, comme il n'était pas sauvage, il les voyait, parce qu'il sentait que la société est un besoin. Il était si bon père qu'il croyait de bonne foi que son fils valait mieux que lui. Il était ami doux et solide; sa conversation était rompue, comme ses ouvrages. Il avait de la gaieté et de la réflexion ; il savait raisonner, en même temps bien causer. Il était extrêmement distrait: il partit un jour de Fontainebleau, et fit aller son carrosse devant lui, afin de le suivre à pied pendant une heure, pour faire de l'exercice. Il alla jusqu'à Villejuif, croyant n'être qu'à

Chailly. Son livre de l'*Esprit des Lois* est traduit dans toutes les langues, et sera par tout pays un ouvrage classique, malgré les clameurs des dévots, les critiques de la Sorbonne, de Fréron et même de M. Dupin. La *Gazette Ecclésiastique* se crut obligée, par charité, de le censurer lourdement. Le Président eut la hardiesse de lui répondre par une apologie qui est un modèle d'éloquence et de fine plaisanterie. L'auteur janséniste, se voyant confondu, dit que le Président était athée. Il mourut cependant dans des sentiments très chrétiens, en disant que « la morale de l'Évangile était une chose excellente, et le plus beau présent que Dieu ait pu faire aux hommes. » Malgré cela, les experts assurent qu'il est damné.

MADEMOISELLE DE LUSSAN

Elle m'a dit souvent qu'elle était fille naturelle du prince Thomas de Savoie, comte de Soissons, et de sa sœur; elle avait su le persuader à M. de Soubise-Carignan, qui lui accordait sa protection et y joignait de l'argent très fréquemment. Elle avait eu l'adresse de trouver accès auprès de Mme de Pompadour; elle lui dédia plusieurs de ses romans. Les épîtres dédicatoires étaient en vers, et c'était moi qui les faisais. Je m'intéressais beaucoup à elle, je lui trouvais des goûts conformes aux miens. Elle était vraiment capable d'amitié, aimait beaucoup la dépense, et surtout la bonne chère. Elle gagnait trois fois la semaine des indigestions avec toute la gaieté possible, et j'étais son partenaire. Elle obtint une pension de deux mille livres sur le *Mercure* par la protection de M. de Soubise. Je suis contraint d'avouer que, loin de devoir la naissance à un inceste illustre, elle était fille très illégitime d'un cocher et d'une diseuse de bonne aventure nommée *La Fleury*. La profession de son père était écrite sur son visage, et peinte dans le son de sa voix. A vingt-cinq ans, elle fit connaissance avec M. Huet, évêque d'Avranches, qui, en saint évêque, lui conseilla de faire des romans. Elle débuta par *la comtesse de Gondès*. Elle eut pour amant La Serre, gentilhomme périgourdin dont la mère était Navailles. Il perdit le fonds de trente mille livres de rente à jouer dans les maisons publiques ; il s'avisa ensuite de faire des opéras. *Pyrame et Thisbé* est le plus connu, et n'est pas sans mérite. Il était bon critique, avait le caractère doux et le ton assez noble. Mademoiselle de Lussan le garda et le soigna avec toutes les recherches possibles, jusqu'à l'âge de quatre-vingt-dix ans qu'il mourut. Elle le grondait assez pour qu'on la crût sa femme ; mais elle s'était épargné les frais de la cérémonie. Deux ans après la mort de La Serre, elle gagna une indigestion pour laquelle un chirurgien lui fit prendre le bain, ce qui fut cause que ce fut sa dernière.

PÉLISSON

La petite vérole l'avait si fort défiguré que Mme de Sévigné disait de lui qu'il abusait de la permission que les hommes ont d'être laids. Une dame le prit un jour par la main, et le conduisit chez un peintre en disant au dernier : « Tout comme cela, trait pour trait, » et sortit brusquement. Le peintre le fixa, et le pria de se tenir en place. Pélisson demanda l'explication de l'aventure. « Monsieur, répondit le peintre, j'ai entrepris de représenter, pour cette dame, la tentation de Jésus-Christ dans le désert ; nous contestons depuis une heure sur la forme qu'il faut donner au diable, elle vous fait l'honneur de vous prendre pour modèle. » La beauté de son âme le dédommageait de sa figure. Il était sur le point d'abjurer lorsque M. de Montausier dit à mademoiselle Scudéri que, si cela arrivait, il serait précepteur du Dauphin et président à mortier. Pélisson, en étant informé, différa son abjuration, afin de ne point embrasser la religon catholique par des motifs humains. Il faisait tous les ans la fête de sa réunion à l'Eglise, et célébrait chaque année sa sortie de la Bastille en délivrant quelques prisonniers.

LE PÈRE BOUGEANT

CE Révérend Père Jésuite était distingué par le nombre et la variété de ses talents. Il a écrit sur la Philosophie, la Théologie et l'Histoire. Quand il avait besoin d'argent pour acheter ou du café, ou du chocolat, ou du tabac, il disait naïvement: « Je vais faire un monstre qui me vaudra un louis. » C'était une petite feuille qui annonçait la rencontre d'un monstre très extraordinaire qu'on avait vu dans un pays très éloigné, et qui n'avait jamais existé. Il s'est immortalisé par son *Traité de Westphalie ;* il finit par composer ses *Amusements philosophiques sur le langage des bêtes*, pour prouver qu'elles ne sont pas des machines, et pour se convaincre que souvent les hommes en sont: on l'exila à La Flèche.

Histoire amoureuse des Gaules.

MONSIEUR le comte de BUSSI RABUTIN, auteur de cet ouvrage, était, sans contredit, l'homme le plus vain qu'on ait jamais vu. Il n'a composé des mémoires que pour dire du mal de tout le monde. Il était aussi satirique qu'un auteur qui n'aurait que sa méchanceté pour tout patrimoine. Ce malheureux défaut, qui n'était en lui qu'un penchant, et non pas un talent, le fit tomber dans la disgrâce ; personne ne le plaignit. On lui eut cependant la grande obligation d'être le père de l'évêque de Luçon, qui était le dieu de la bonne compagnie. Le père, quoique militaire, outragea les femmes ; le fils, quoique évêque, répara auprès d'elles tous les torts paternels. Il n'en conduisit pas son diocèse avec moins de prudence et de régularité, et prouva que l'esprit de douceur gagne plus d'âmes à la religion qu'une grande calotte qui ne couvre que des cheveux gras et une tête vide.

Mémoires du comte de Gramont.

CET ouvrage est la tête de ceux qu'il faut régulièrement relire tous les ans. C'est un chef-d'œuvre de légéreté, de grâce, de naturel et de fines plaisanteries. Le comte Antoine Hamilton en est l'auteur ; son goût s'était perfectionné à la cour de France. Le comte de Cailus, qui le voyait souvent chez sa mère, m'a certifié plus d'une fois qu'il n'était point aimable. Cependant ses contes et tout ce qu'il a composé respirent l'agrément, la facilité et le ton d'un homme du monde. Le chevalier de Gramont, en reconnaissance de ce que le comte Hamilton avait écrit ses *Mémoires*, y voulut ajouter un article, en devenant amoureux de sa sœur. Le chevalier fit l'épreuve qu'il n'était pas également adroit à tous les jeux. Mademoiselle Hamilton se trouva dans l'embarras, et le chevalier, pour s'en tirer, prit le parti de s'esquiver. Le frère aîné de la demoiselle, pour rattraper l'honneur de sa sœur, courut après l'amant, et l'atteignit lorsqu'il était sur le point de passer la mer. « Chevalier de Gramont, lui dit-il d'un ton menaçant, n'avez-vous rien oublié à Londres ? — Oui, Monsieur, répondit le comte de Gramont, j'ai oublié d'épouser mademoiselle votre sœur. » Et il l'épousa.

Poésies de Malherbe.

MALHERBE était de Caen ; il quitta son pays à dix-sept ans, et s'attacha au duc d'Angoulême, fils de Charles IX. Il eut ensuite pour Mécène le cardinal du Péron, qui le présenta à Henri IV, dont il eut l'estime, ainsi que celle de la reine-mère. Il fut le premier qui enrichit la poésie française par de grandes idées et de belles images, sans être gigantesques. Il était plus sensible à la pureté de la langue qu'à la vérité de la religion. Son confesseur, l'exhortant à la mort avec des expressions peu choisies, lui demandait « s'il ne désirait pas jouir du bonheur de l'autre vie. — Ne m'en parlez pas, lui répliqua Malherbe, votre mauvais style m'en dégoûte. » Il avait le plus grand mépris pour les hommes en général, à dater d'Abel ; il aurait pu même dater d'Adam. « Ne voilà-t-il pas un beau début ? s'écriait-il. Ils n'étaient que quatre au monde, et l'un des deux va tuer son frère ! » L'archevêque de Rouen l'invita à un sermon qu'il devait prêcher, et préalablement on lui donna à dîner. Malherbe s'endormit en sortant de table. Le prélat voulut le réveiller pour le conduire au sermon. « Oh ! Monseigneur, lui dit-il, ne voyez-vous pas que je dormirai bien sans cela ? » L'abbé de Malherbe a fait faire une belle édition des œuvres de ce grand homme ; le portrait de l'auteur est à la tête, avec cet hémistiche de Despréaux : *Enfin Malherbe vint*. Cette épigraphe prouve que l'abbé de Malherbe est un homme de goût, et le refus qu'il a fait de l'évêché de Béziers annonce qu'il se connaît en bonheur.

FAVART et sa Femme

CHARLES-SIMON FAVART est le fils d'un pâtissier, a été pâtissier lui-même, et du collège où il faisait de très bonnes études il venait quelquefois chez son père faire d'excellents petits pâtés. La nature, qui dispense les talents sans exiger des preuves de noblesse, avait pétri l'âme de Quinaut dans la boutique de son père le boulanger, et en avait formé le modèle inimitable de nos poètes lyriques ; elle fut presque aussi libérale envers Favart, et lui donna la volupté et la délicatesse de goût qui font composer de jolis vers. Il débuta par un petit poème de *la Pucelle d'Orléans*, qui remporta le prix aux Jeux Floraux. Encouragé par ce premier succès et poussé par son génie, il imagina une nouvelle forme pour l'Opéra-Comique, et d'un spectacle très libre en fit un spectacle anacréontique. Il donna *la Chercheuse d'esprit*, qui eut un succès prodigieux. On admira le choix des airs, l'élégance des pensées, la tournure des couplets et la facture de la pièce. Il pria à dîner plusieurs beaux-esprits à la tête desquels était Crébillon. Il lui avait envoyé, la veille, un pâté, avec *la Chercheuse d'esprit* dedans. Le poète tragique lui rapporta ces quatre vers :

> Il est un auteur en crédit,
> Dont la Muse a le don de plaire;
> Il fit *la Chercheuse d'Esprit*,
> Et n'en chercha point pour le faire.

Favart composa beaucoup d'autres opéras comiques, toujours avec le même succès. Il devint amoureux de Bénoîte-Justine de Roncerey, connue sous le nom de Chantilly. Elle est née à Avignon en 1727. Son père et sa mère la menèrent en Lorraine, où ils étaient attachés au roi de Pologne, en qualité de musiciens. La petite Chantilly commença par annoncer du talent pour la danse. Elle vint à l'Opéra-Comique ; Favart l'admira, l'aima et l'épousa. Ce mariage leur causa bien de chagrins ; le maréchal de Saxe leur donna la direction de sa troupe de l'armée. Il devint éperdu de la femme, qui, par contrariété, redoubla d'amour pour son mari, et prit le maréchal dans la plus grande aversion. Elle se déroba et vint à Paris, où elle débuta, sur le Théâtre Italien, dans le ballet des *Savoyards;* elle attira toute la France. Le maréchal, piqué, la fit enlever, et la menaça de faire périr Favart si elle ne se rendait pas. Elle fut effrayée, et, par amour pour son mari, elle lui fut infidèle. Le pauvre Favart, désespéré, craignant les menaces continuelles du général, se cacha dans une espèce de souterrain, où il gagna le scorbut, et ne vécut que du talent qu'il avait de peindre à la lumière des éventails. Le maréchal mourut; et, comme la Chantilly mêlait à ses faveurs qu'on lui arrachait les reproches les plus cruels, elle ne tira guère d'autres avantages de sa situation que sa liberté. Elle en profita pour rentrer à la Comédie Italienne. Son mari revint avec elle; elle le pressa, le presse et le pressera toujours de composer des pièces. Favart est d'une paresse insurmontable, promet sans cesse, tient rarement, et se laisse éternellement gagner par le temps. C'est lui et sa femme qui ont fait le tort au bon goût d'introduire les pièces à ariettes. Le *Bajoco* fut la première; il donna ensuite *Ninette à la Cour,* dont sa femme avait choisi tous les airs, et qui sont parodiés singulièrement bien. Comme elle a l'imagination extrêmement gaie, elle communiquait ses idées à Favart et à quelques-uns de ses amis, qui les mettaient en œuvre de concert avec elle; et ce sont ces productions, qui, avec raison, paraissent sous son nom, parce qu'elle y a la meilleure part. M. le duc de Praslin chargea son mari, au dernier traité de paix, de faire une comédie sur cet évènement. Le sujet était scabreux ; cependant *l'Anglais à Bordeaux* parut avec éclat, et valut à son auteur une pension de mille livres. L'année dernière, M. de Richelieu lui fit faire, pour Fontainebleau, *la fée Urgelle*, où sa femme joue la vieille d'une manière inimitable. On fut assez content de ce spectacle pour donner à Favart le titre de compositeur de la cour, avec mille livres d'appointement. Cette charge, créée pour lui, le forcera de travailler. C'est ainsi qu'on devrait toujours faire tourner au profit du public les récompenses des gens de lettres.

VOLTAIRE

François-Arouet de Voltaire, né à Paris en 1694, est certainement l'homme le plus étonnant que la nature ait produit dans tous les siècles ; quand elle le forma, sans doute il lui restait un plus grand nombre d'âmes que de corps, ce qui la décida à en faire entrer cinq ou six différentes dans le corps de Voltaire. Peut-être fu-telle aussi généreuse aux dépens de quelques autres ; car on rencontre bien des corps dans lesquels elle a oublié de mettre une âme. Il y a dans Voltaire de quoi faire passer six hommes à l'immortalité. Ses *Pièces fugitives* seules, bien supérieures à celles de Chaulieu, passeront à la postérité. Sa *Henriade,* quoique accusée injustement de n'être pas un poème épique, sera l'unique qui restera à la nation. Ses tragédies sont des chefs-d'œuvre d'intérêt et d'humanité ; l'*Enfant prodigue* et surtout *Nanine* sont d'excellentes comédies. On lui refuse le talent de faire de bons opéras : *Samson* seul mérite à son auteur le nom de poète lyrique. Il est encore plus séduisant dans sa prose que dans ses vers ; le prestige ne l'abandonne jamais. On l'accuse de n'être pas historien exact ; mais il est historien philosophe et amusant, ce qui est bien décisif pour trouver des lecteurs. Il a mis la raison même en romans ; elle parle et fait toujours rire dans *Zadig, Memnon* et *Candide;* dans les bons morceaux de *la Pucelle,* il est plus plaisant que l'Arioste. Il est inconcevable qu'un homme qui n'a pas cessé de travailler pour la gloire de sa nation se soit toujours mis dans la nécessité de n'y pouvoir pas vivre. Mme la marquise du Châtelet avait huit volumes in-4°, manuscrits et bien reliés, des lettres qu'il lui avait écrites. On n'imaginerait pas que dans des lettres d'amour on s'occupât d'une autre divinité que de celle dont on a le cœur plein, et qu'on fît plus d'épigrammes contre la religion que de madrigaux pour sa maîtresse. Voilà cependant ce qui arrivait à Voltaire. Mme du Châtelet n'avait rien de caché pour moi ; je restais souvent tête à tête avec elle jusqu'à cinq heures du matin, et il n'y avait que l'amitié la plus vraie qui faisait les frais de nos veilles. Elle me disait quelquefois qu'elle était entièrement détachée de Voltaire. Je ne répondais rien, je tirais un des huit volumes, et je lisais quelques lettres : je remarquais des yeux humides de larmes ; je renfermais le livre promptement, en lui disant: « Vous n'êtes pas guérie. » La dernière année de sa vie, je fis la même épreuve ; elle les critiquait : je fus convaincu que la cure était faite. Elle me confia que Saint-Lambert avait été son médecin. Elle partit pour la Lorraine, où elle mourut. Voltaire, inquiet de ne pas trouver ses lettres, crut que j'en étais dépositaire, et m'en écrivit. Je ne les avais pas. On assure qu'elles ont été brûlées. J'ai rapporté cette anecdote pour prouver le manie qui tourmente un homme aussi singulier. Il avait encore une faiblesse : c'était d'être sensible aux mauvais critiques, aux méchants vers qu'on faisait contre lui. Couvert de gloire, il était le martyr de l'envieux le plus obscur.

TABLE

Notice sur Voisenon............................ v
La Navette d'amour............................ 1
Tant mieux pour elle........................... 11
Il eut raison.................................. 73
Il eut tort.................................... 85
Le sultan Misapouf et la princesse Grisemine ou les métamorphoses............................ 91
Histoire de la Félicité........................ 156
Zulmis et Zelmaïde............................. 199
Ni trop ni trop peu............................ 247
Les à-propos................................... 257
Anecdotes littéraires.......................... 269

www.ingramcontent.com/pod-product-compliance
Lightning Source LLC
Chambersburg PA
CBHW071252160426
43196CB00009B/1254